财务管控事关全局 利润倍增水

为什么你的公司
没利润

周慧敏

王丽华 ————

著

写给中小企业老板
超醒脑的财务思维课

老板及高管必备的财务思维基本功修炼手册

☑ 打通财务思维　　☑ 抓住经营命脉　　☑ 实现利润裂变

民主与建设出版社
·北京·

图书在版编目（CIP）数据

为什么你的公司没利润：写给中小企业老板超醒脑
的财务思维课 / 周慧敏，王丽华著 . —北京：民主与
建设出版社，2024.3
ISBN 978-7-5139-4551-6

Ⅰ . ①为⋯ Ⅱ . ①周⋯ ②王⋯ Ⅲ . ①中小企业 – 企
业管理 – 财务管理 – 研究 – 中国 Ⅳ . ① F279.243

中国国家版本馆 CIP 数据核字（2024）第 063172 号

为什么你的公司没利润：写给中小企业老板超醒脑的财务思维课
WEISHENME NI DE GONGSI MEI LIRUN : XIE GEI ZHONGXIAO QIYE
LAOBAN CHAO XINGNAO DE CAIWU SIWEIKE

著　　者	周慧敏　　王丽华
责任编辑	廖晓莹
封面设计	袁丽静
出版发行	民主与建设出版社有限责任公司
电　　话	（010）59417747　59419778
社　　址	北京市海淀区西三环中路 10 号望海楼 E 座 7 层
邮　　编	100142
印　　刷	河北万卷印刷有限公司
版　　次	2024 年 3 月第 1 版
印　　次	2024 年 4 月第 1 次印刷
开　　本	710 毫米 ×1000 毫米　　1/16
印　　张	20.5
字　　数	300 千字
书　　号	ISBN 978-7-5139-4551-6
定　　价	98.00 元

注：如有印、装质量问题，请与出版社联系。

前　言

PREFACE

利润，是每个企业孜孜以求的。可如果仔细观察过一些企业的经营与管理过程会发现：大多数企业管理者对于利润的认知，还停留在报表数字上，缺乏立体的思考与探索。这种现象在中小企业更为明显。

有一句话是这么说的："人无法赚到自己认知以外的钱。"

如果利润在人们眼里只是一个数字，那它只能在报表上被看到。可如果把利润理解为收入和成本的差额，管理者就能在持续的收入中看到利润，也能从省下的成本中看到利润。若是思维再宽泛些，管理者还可以在产品身上看到利润，在客户身上看到利润，在员工身上看到利润，甚至能从风险中看到利润，从别人的利润里看到自己的利润。

只有看到了，才会想办法去得到。所以，能得到多少利润，取决于企业管理者的思维与认知。

这就是本书创作的缘起，以财务的视角拆解利润的公式，剖析利润的本质，从不同的角度带领读者认识利润，读懂利润，最后赢得利润。希望能为占据了企业数量九成以上的中小企业，开启全新的利润探索之路。

作为中小企业老板，您可能已经经历了市场竞争、环境突变、成本压力等各种挑战，也面对过创业初期门可罗雀的惨淡场面。如今所求不过是怎么更有智慧地去经营，去管理，实现可持续盈利。本书恰好可以为您提供答案。

在本书中，我们会详细探讨公司收入从哪里来，了解看得见的成本与看不见的成本，颠覆固有思维，学会用信息差赚钱，用被动盈利模式"躺赢"，学会怎么赋予产品情绪价值，怎么利用光环效应吸引顾客，并掌握成本控制的策略，理清税务事项，扛起"制度"这杆大旗，促成全员成本意识的形成，从而最大化收入，最小化成本，实现利润倍增。

不仅如此，现金流、资本运作、融资破局、企业文化、业财融合等关乎企业利润的其他关键话题，也将在本书中一一探讨，为中小企业老板展示如何将现有的利润转化为未来更大的盈利，如何通过智慧的资本运作提高企业的财务效率，如何让管理价值真正落地变现。

这些方法、策略的底层逻辑都是可以学习的，也是可以拿来直接用的。学是为了看到别人的出路，用是为了从别人的出路里找自己的出路。

商场风云变幻，中小企业想生存，想谋发展，企业领导人必须具备通盘的财务思维、深刻的利润认知，方能智对挑战、抓住机遇。本书的目标就是唤醒这些中小企业老板的思维意识，透过一系列切实可行的解决方案，道出利润的秘密。

无论是正在寻求突破的企业家，还是希望提升管理水平的职业经理人，相信都能从本书中得到深刻的洞见和实用的策略。

目 录

CONTENTS

第七课
管不住的成本是留不住的利润

第八课
从现金流看利润的质量

第九课
用别人的钱创造自己的利润

第十课
管理艺术的变现

第一课

利润不仅仅是一个数字

✍ 认识利润，读懂利润，方能赢得利润。

01 公司存在的目的就是追求利润

什么是公司？

《中华人民共和国公司法》简明扼要地指出：公司是以营利为目的从事商业活动的组织。"营利"二字一语道出公司经营的目标就是追求利润。公司本质上是一个营利性组织。所以，追求利润就成了一件理所应当的事情。

"巧妇难为无米之炊"

有的人，你跟他谈利润，他跟你谈价值；你说没钱成不了事，他说人生而应该有梦想。这不禁让人想起"何不食肉糜"的典故。

西晋时期，不知人间疾苦的晋惠帝听说百姓遭灾无粮，被活活饿死，疑惑地问道："他们没粮食吃，为什么不吃肉粥？"

这真令人无言以对。如果有肉粥，百姓何故饿死？如果有资本，谁不想没有后顾之忧地尽情追逐梦想，实现更大的价值？

利润是一个企业"安身立命"的根本，钱来钱去，分毫不剩，无异于坐吃山空。即便资本雄厚，也总有犯难的一天。缺乏物质基础的支撑，所谓的梦想与追求只能是空中楼阁。

而且，最可怕的不是暂时看不到利润，是一直看不到希望。有人曾说：

今天很残酷，明天更残酷，后天很美好。但是绝大多数人死在了明天晚上。

这句话的本意是鼓励大家坚持，成功需要不懈的努力。但自己主动放弃是一回事，"饿死"在明天晚上就是另一回事了。

繁华的闹市，静谧的巷子里，有一家手工皮鞋店。

创始人李师傅从小对皮鞋情有独钟，为了追求心中的理想，辞去了高薪的工作，开了这家小店。

初期，李师傅的鞋手工精细，设计独特，受到许多人的喜欢。但随着大量快时尚品牌和低价鞋品涌入市场，店里的生意逐渐下滑。李师傅为了维持皮鞋品质，没有降低成本。相反，他还加大了投入，购进更多好皮料，期望通过优质的产品赢得市场。

但残酷的现实是，大多数消费者更乐意追求性价比，而不是手工艺术。年复一年，店里的亏损如雪球般越滚越大。身边的亲友劝他关门，但李师傅始终相信，只要坚持，总会有希望。

然而，生活毕竟不是电视剧，人生也未必处处有转机。经过5年的苦苦支撑，即使有再多的情感和执着，店里已经没有资金付下个月的房租，连家里都快吃不上饭了。一天，当一位老顾客问及什么时候上新款皮鞋时，李师傅含泪告诉他："我恐怕不能再为您做鞋了。"

最后，这家手工皮鞋店还是关了门。

这不是我们看到的第一个创业失败的故事，也不是最后一个。

透过这家小店关门的事例，我们能看到梦想破灭的现实。故事中没有直接说明，却隐含了李师傅不愿意为了利润降低皮鞋品质这一选择，最终让梦想与利润背道而驰。因为没有利润的支持，李师傅只能向现实低头，关掉了心中的梦想。其实，如果这位李师傅能转变一下思维，在追求产品品质的同时，也能变通地迎合下市场，说不定还会有转机。

企业如果没有利润作为根基，终究难以存活。追求利润真的不是一件羞于启齿的事情，也跟做人的底线和企业价值观没有直接关系，不是说追求利润就代表只看重利润，多的是两全其美的办法，利润和品质本不是只能择其一的选择，这一点需要部分企业扭正思维。

君子爱财，取之有道

《论语》有云：

子曰："富与贵，是人之所欲也；不以其道得之，不处也。"

企业终究是人经营的企业，而爱财的属性是人类天然的欲望。孔子早在千年以前就已经言明：人们追求财富是正常的，但不当得利是不可取的。羞于启齿谈利润是一个极端，不择手段谋利润就是另外一个极端了。企业要想长久经营，基本前提还是活在阳光下。企业应该追求利润，也应该坚持走正道。

✿ 勤

追求利润的正道很多，当属勤为首。

每个人都见过街边卖煎饼馃子的小摊贩。流动摊位，起早贪黑，其中艰辛不足为外人道也。但是，你真的知道卖煎饼馃子的利润吗？我们一起来粗略地估算一下，如图 1-1 所示。

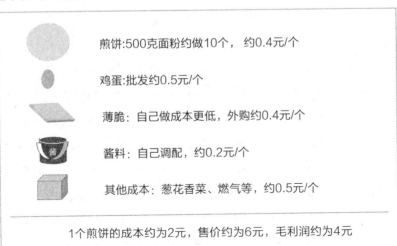

煎饼:500克面粉约做10个，约0.4元/个

鸡蛋:批发约0.5元/个

薄脆：自己做成本更低，外购约0.4元/个

酱料：自己调配，约0.2元/个

其他成本：葱花香菜、燃气等，约0.5元/个

1个煎饼的成本约为2元，售价约为6元，毛利润约为4元

图 1-1　一个煎饼馃子的毛利润估算

有不少人把煎饼馃子作为早餐，假设一个小摊贩每天摆摊 4 个小时，只卖早餐。熟练的摊主 2 分钟就能做好 1 个煎饼馃子，1 个小时约做 30 个，4 个小时约做 120 个。

由于可能不会一直有人前来购买，假设每天能卖出 100 个煎饼馃子，1 个煎饼馃子的毛利润是 4 元，一天的毛利润就是 400 元。一个月按 30 天算，毛利润就是 12000 元。

这个数字已经超出普通打工人的平均工资很多了。

以上只是一个简单的估算，不够精确，各地物价有所不同，其中毛利润具体是多少还要结合实际情况来计算。而且小摊的固定费用，比如摊煎饼的工具、小车等成本都没有计算在内，摊位位于什么地方、出摊的时间长短等因素也会影响收入的情况。但是，不管怎么说，足可以看出，卖煎饼确实是有利润空间的，不一定比打工人赚得少。

然而，很多人是不屑于这种利润的，为什么？

因为这纯粹是个辛苦活，挣的是辛苦钱，而有的人心里想的是一本万利的买卖，是轻松又赚钱的生意，所以不愿意干这种活。

可轻松又赚钱的生意有吗？不能说完全没有，但是大概率不属于普通人，也不属于普通公司。即便有，当有人走出了第一条路，后面多的是人蜂拥而上，很快里面的红利就会被瓜分完。除非你有其他人复制不了的优势，如果真的有，那也是另外一条正道，不一定非要靠"勤"赚钱。

所以，很多闯出来的企业家，你去采访时，他们都能给你讲出一部艰难的奋斗史。他们大多起于微末，愿意做别人不愿意做的麻烦事、辛苦事，去挣别人不屑于挣的"小钱"，日积月累，才有了质变的跃迁。

❀ 俭和变

追求利润不光是要赚钱，还要守得住钱。很多企业热火朝天在做预算管理、成本控制，三令五申宣讲费用报销制度，都是为了降低成本，这就是"俭"。"历览前贤国与家，成由勤俭破由奢。"国家尚且如此，遑论企业。

而"变"强调的是灵活性，就像李师傅的手工鞋店关门的结局虽然令人唏嘘，但不思求变才是让其与利润背道而驰的关键。企业赚钱的方式有很多，营销上百招，总能找到合适的。哪怕是模仿别人，未必不能走出一条坦途。怕的是跟李师傅一样的企业老板不思求变，坚守着固有的理念，却忘了如今市场竞争的激烈，买方市场的局势，早已不是那个"酒香不怕巷子深"的时代。

"俭"和"变"也是企业向外求知的道路。"勤"靠自身，而求"俭"、求"变"不光要有主动的心，也要有相应的手段。

市面上很多的书籍与课程都是在教企业怎么"俭"，怎么"变"，怎么控制成本，提高效率，怎么做营销，赚更多的钱。这也是企业老板们迫切需要改变认知的领域。看看那些好的办法，试着实践一下，说不定利润就能如你所愿地增长。

❀ 德

追求利润的正道始于勤，归于德。"得道多助，失道寡助"的道理大家都懂。企业得道就是要有正心，存正念。

那些欠债不还坑合作方、出售假冒伪劣产品欺骗消费者、偷税漏税欺瞒国家的企业，不必多说，最后只能面临"众叛亲离"，被法律制裁的下场，只是时间早晚罢了。前车之鉴不计其数，仍有人敢铤而走险，足见利润的诱惑之大。

如此诱惑之下，还能有正心、存正念的企业正是坚守着一个"德"字。

"德"是利他，不懂利他其实是把别人都当成了傻子。一个好的盈利模式能让参与的人都看到可得的利润，一款好的产品能让消费者看到产品对自身的价值。现实中，谁都不是傻子，生意的本质是等价交换，如果有人不能给别人带来任何价值，却想着从别人那里抢得利益，那不好意思，没有人会愿意配合，除非被欺骗、被蒙蔽，而这就是非正常手段，利益受损的一方有权利用法律的武器讨回自己的东西，侵害他人利益的一方什么都留不下，还要面临赔偿，典型的"偷鸡不成蚀把米"。

"德"也是责任，公司存在的目的是追求利润，但这个利润不是装进了老板一个人的口袋，企业中的每名员工都将从中获益，每个岗位的存在都得益于公司的利润。因为连年亏损的企业常会迫不得已裁掉利润率低的业务，所以创造价值少的岗位唯恐朝不保夕。

企业有了利润，业务随之扩张，需要的人手也就多了。为什么国家鼓励创业，中小企业更是强力扶持的对象？恰恰是因为这占据企业数量九成以上的中小企业，为社会提供着绝大多数的就业岗位。除此之外，企业有利润才会上缴所得税，国家收税用于公众福利，受益的还是我们每一个人。种种循环，都是责任的体现。

02　剩余价值：解读利润的本质

在《资本论》中，剩余价值是商品的价值减去生产资料成本（不变资本）和工人工资（可变资本）所剩下的余额，而利润是剩余价值的转换形式。

什么是剩余价值

在了解什么是剩余价值之前，我们要先知道商品的价值是怎么来的。

早期，亚当·斯密和大卫·李嘉图认为，商品的价值与生产所需要的劳动量有关。卡尔·海因里希·马克思在此基础上提出，商品的价值是由生产该商品所需要的社会必要劳动时间决定的。

从这些观点可以看出：劳动力是一个影响商品价值的决定性因素。

我们通常认为，买卖是一个等价交换的过程，人们买东西都会考虑"值不值"的问题，不小心当了"冤大头"，会懊恼不已。通过生活中的观察亦能发现，商品从一堆原材料变成商品，是实现了价值增长的。比如，面粉、鸡蛋等原材料成为煎饼馃子，就是一个价值增长的过程。我们能很直观地看到一个煎饼馃子的制作过程，也能在市场上得知每种原材料的价值，自然可以简单估算出一个煎饼馃子的成本，假设就是2元，可如果它现在要卖6元，这是怎么实现等价交换的呢？

劳动力就是答案。

煎饼馃子摊主花费时间和精力从各处采购这些材料，制作成半成品，如把面粉做成面糊，调配酱料，切碎葱花等等，并把它们运送到摊位，给每个来购买的人现场制作煎饼馃子，收摊再把相关器具运送回家，必要的时候还得进行一定的清洁工作。所有的活儿都是靠摊主的劳动力完成的，正是摊主投入的劳动量、花费的劳动时间，让一堆原材料变成了一个香喷喷的煎饼馃子，实现了价值增长，也就能等价交换了。相当于我们买煎饼馃子，买的不光是一个煎饼馃子所需要的原材料，更是摊主的劳动量和劳动时间。

这么说的话，那煎饼馃子从2元卖到6元，多付的4元都是摊主的工资吗？理论上应该是这样的，但是实际生活中并不是的。把这件事放到企业里一想就知道了，老板并不会把卖出商品的收入，减去相关由原料构成的成本所剩下的钱，全部用来给员工发工资，不然老板赚什么？

而发完工资剩下的部分，其实就是剩余价值。煎饼馃子摊主如果雇人来干活，也不会把得到的4元全给这名员工，而自己剩下的部分，即剩余价值。

《资本论》里有一个公式：

$$商品价值 = 不变资本 + 可变资本 + 剩余价值$$

不变资本就是指那些生产资料成本，工人的工资就是可变成本，抛开这些，剩下的就是剩余价值。

我们来举个例子计算一下：

假设一家公司老板用 1 万元作为资本购入原材料，然后雇用了 3 个人，让他们用手工把这些原材料做成商品，最后通过这 3 名员工的劳动，产出了价值 3 万元的商品，老板拿去卖，获得了 3 万元资金，并给这 3 名员工每人发了 3000 元的工资，剩余价值怎么计算？如图 1-2 所示。

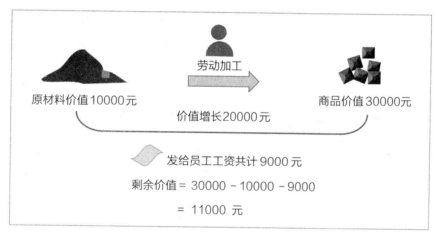

原材料价值10000元　　价值增长20000元　　商品价值30000元

发给员工工资共计 9000 元

剩余价值 = 30000 - 10000 - 9000

= 11000 元

图 1-2　剩余价值的计算案例

其实，按照剩余价值理论的观点，这个价值增长 2 万元的结果是因为员工劳动产生的，老板只给员工发了 9000 元的工资，抛去原材料，剩余的 11000 元相当于从员工所干的超过 9000 元价值的劳动里获得的。

也就是说，员工干的活价值不止 9000 元，多干的价值就进了老板的口袋。

剩余价值的存在，展示了从劳动力中赚取利润的途径。当生产资料，如工厂、机器等在老板手中，他们就拥有了决定工资的权力。而员工实际上并不会获得与自身所产生的价值相等的报酬。尽管求职是一个双向选择，但主导权大多在企业手里，这也是为什么经常有关于劳动权益、公平薪酬等议题的争论。

不过，现代经济发展已经不同于早期阶段，当时大多数生产活动都是工人劳动完成的，劳动力就是主要的生产力。这种背景让人更容易观察到劳动与商品价值之间的密切联系。而在今天的信息经济和数字经济中，知识、创新、管理、技术等因素在价值创造中的作用常常被提起。所以，商品的价值已经不单单由劳动力决定了。

比如，一个改良版的煎饼馃子，因其酱料味道独特，更受到人们的欢迎，价值自然比普通的煎饼馃子要高，价格也贵。但实际上这酱料并没有增加什么成本，只不过用一种新的调料替代了原本酱料中的一味调料，摊主制作的过程、所付出的劳动也跟之前是一样的，那么这个改良版煎饼馃子的价值增长比原来多，多的部分就不是劳动力所创造的了，而是酱料配方，放到企业可能就是专利权，属于无形资产。

而且，我们刚刚的分析完全忽略了老板，全程没有提到老板对商品增值产生的作用，管理的价值没有体现出来。在现实中，不管是出售商品，还是招聘员工，再加上培训员工加工商品的办法，每一个环节都有老板参与的身影，这就是管理的价值。

即便如此，劳动力仍然是价值创造的核心要素之一，并不能被简单替代。

其实，不管商品价值是因为什么因素增长的，都不影响剩余价值的结果，因为剩余价值是一个相对于可变资本而言的概念，跟不变资本和商品的增值多少没有关系：可变资本多，剩余价值就少；可变资本少，剩余价值就多。

利润是剩余价值的转换形式之一

在商品价值中，生产资料成本自然不是利润，发给员工的工资也不能称之为利润，所以买卖商品的利润，只能从剩余价值中找。这跟我们所熟知的收入减去成本就是利润的常识是相通的。

以劳动力为代表的各种生产要素的参与，让一件商品实现了价值增长，待抛去可变资本，剩下的这部分越大，企业的利润空间也就越大。当然，这不代表剩余价值全部都是利润。根据剩余价值理论，利润只是剩余价值的转换形式之一。企业的老板并不是唯一从剩余价值里获益的人。

我们给图1-2的例子加上一个背景，假如老板用于购入原材料的1万元是从银行借的，员工劳动或存放原材料的地方（即办公场所）是从别人处租的，那么付给银行的利息和付给房东的租金，也是要从剩余价值里出的，如图1-3所示。

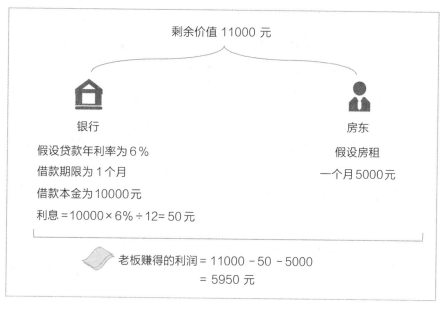

图1-3 剩余价值的转换形式

因为在计算剩余价值时，已经把投入的1万元抛去了，相当于商品卖出收到的3万元已经先行还了银行的1万元，剩余价值中需要减去给银行的利息，另外减去给房东的租金，最后剩下的才是老板赚得的利润。

在这个例子中，商品11000元的剩余价值被转换成了三种形式：利息、租金和利润。银行得到 50 元的利息，房东得到 5000 元的租金，老板得到 5950 元的利润。可见，利润的本质确是剩余价值的一种转换形式。

利润来自已经变现的剩余价值

利润是剩余价值的一种转换形式，但并不是说有剩余价值就一定有利润，那些没变现的剩余价值是转换不成利润的。为什么这么说呢？

请先思考一个问题，如果利润都是从剩余价值转换而来，那为什么企业还会亏损？

市面上有很多企业连年亏损，但员工的工资依旧在发。尤其是初创企业，头几年几乎没有利润，难道说它们生产的商品其实没有剩余价值？显然不是，剩余价值是存在的，许多企业在早期没有利润，可能是因为它们前期投入的成本很高，这种投资旨在长远的回报，而不是短期的利润。

另外，我们都知道，虽然价值决定价格，但价格不一定等于价值。

有的企业出于快速占领市场、迅速回笼资金、清理库存等原因，采取降价促销的策略，这就导致收入低于成本。该情况下，尽管商品本身存在剩余价值，却可能因为销售价格太低而无法让剩余价值成为正数。

当然，即便企业没有降价，也不一定就能把全部商品卖出去，毕竟市场竞争的残酷性不需要多说，因而商品的剩余价值不一定都能变成现金。有的商品甚至还有保质期，期限一过，商品自动失去使用价值，自然变不了现，企业亏得一塌糊涂。

以上种种其实体现出一个不争的事实，那就是企业经营是存在风险的。

所以，剩余价值并不一定都能变成现金，也就是说，企业不一定能得到理论上全部的剩余价值，即便得到了一小部分，但是像利息、租金等，却是必须先行支付的。这种时候，就只能压缩利润的空间，甚至直接亏本经营。

03　利润是对风险的一种补偿

俗话说："富贵险中求，也在险中丢。"

这话赤裸裸地揭示了风险与收益的关系，高收益意味着高风险，但不是谁都敢于冒险，也不是谁都承担得起风险，如此说来，利润其实也可以看成是企业承担风险所获得的一种补偿。

风险在前，收益在后

商贸活动自古有之，横贯亚欧大陆，甚至远及北非的丝绸之路见证了多少商人胡客的冒险故事。

《后汉书·西域传》中记载："驰命走驿，不绝于时月；商胡贩客，日款于塞下。"这一文学记载所描绘的正是丝绸之路上的繁荣景象，传信的驿站，奔波的马匹，几乎不停歇，来往的商贩下榻于塞下。正是由于这些商贸活动的存在，我国的丝绸等销往国外，而黄瓜、葡萄、胡桃、大蒜、香菜等输入国内，一出一进之间，古代经济得到极大的活跃。

这种贩运的盈利方式很简单，就是赚点儿差价的事。很多东西在当地并不算昂贵，但贩运到了另一个地方就成了奢侈品，如《宋史》中记载："茶之为利甚博，商贾转致于西北，利尝至数倍。"这丰厚的利润吸引了多少商人争先恐后。

不过，很多时候我们只看到了这些转运贸易带来的不可思议的利润，看到了那些顺利回来、一步登天的人所获得的收益，而忽略了对方这一路的艰辛，没看到他们获利之前承担的风险。一路上长途跋涉，车马缓慢，会经过湖泊、沙漠，或遇上极端恶劣天气，或碰上人为祸事，血本无归都算平常之事，严重的话，人财两空也不鲜见，所付出的代价是常人难以想象的。多少倒在沿线的商人，都是没扛住风险的结果。

所以，去走这条路的人很多，但真正顺利回归并赚到理想利润的人却很少。这就是风险在前，收益在后。

在今天，大众创业，万众创新。创业也是一种投资，投资有风险，这一点人人皆知。而投资股票的人更是不计其数，那么，其中有多少人是真正赚到钱的呢？

根据二八定律，世界上80％的财富掌握在20％的人手中，所以成功的人只是少数，大多数人更可能在看到收益之前，先倒在风险的压力下。

可为什么还是有那么多人要投资，要创业？这是因为风险和收益很多时候是一种正向关系，二者相辅相成，相互依存。风险在一定程度上是收益的催化剂。就像丝绸之路千难万险，依然让人趋之若鹜，正是因为其中利润的吸引力真的让人难以抵抗，从古至今，皆是如此。

从经济学角度来说，投资者宁愿面对这么高的风险，也不肯放弃，是因为他们期望从中可以获得更高的回报。这被称为风险溢价，是投资者为承担额外风险所要求的额外回报，相当于说，他们所获得的利润可以看作对承担风险的一种补偿。

如此也能解释得通为什么很多企业一直在亏损，可仍旧在坚持。创业初期，公司三年五年没有利润都属正常，仍有那么多人前仆后继，失败一次，还会接着创业。就是因为他们认为只要承担得住这些风险，预期就能得到更大的收益。

而站在哲学的视角，风险和不确定性是生命的一部分，也正因为有了那么多不确定性，人生才有了波折和起伏，积极应对这些风险和挑战，人们可以更好地体验生命的丰富多彩，实现人生的价值追求，这也是另外一种收益，一种精神层面的收益。

所以，高风险可能意味着高回报，利益当前，很多人愿意冒险一试，"搏一搏，单车变摩托"。

利润越高，应该越有危机感

曾有知名的企业家说过："我不会做利润率超过 25% 的生意。"很多人对此很疑惑，甚至戏言"有钱不赚是傻子"，但是到底谁傻呢？

曹老板是一位睿智的商人。某天，他发现了一个十分赚钱的机会——一款秘制酱料的独家经销权，据说是某厨师世家代代相传的配方，放入少许就能令普通菜肴瞬间变得美味。出售配方经销权的人，大谈其中的利润多么可观，简直是一本万利的生意。但曹老板深知高利润也意味着高风险，深思熟虑之后，并没有投入这个项目。

与此同时，李老板正在四处寻找商机，被这个短期内可能获得高利润的商机吸引。于是投入大量的资金和时间，赢得了这款秘制酱料的独家经销权，期望能快速获得丰厚的回报。

刚开始，市场反馈确实很好，李老板很快赚回了一半的本钱，为使资金回笼更快，短期内看到更多利润，他又加大投入制作了一大批酱料。很多人看着这门生意十分眼馋，终于模仿配制出了相似口感的酱料，尽管不如原本的配方美味，但已经能令普通的菜肴变得好吃一些。最重要的是，价格更加低廉。

于是，这些仿制品沿着李老板打开的市场销路，进驻各大商超，就摆在李老板的酱料旁边，价格却便宜一倍，很多消费者来挑选酱料，本想尝试一下李老板的酱料，看到旁边类似的产品更便宜，就改变了选择，李老板产品原有的市场就这么被抢走了。

后来，李老板也试图通过促销、降价来减少损失，但是模仿的酱料种类越来越多，新口味也在推出。很快，这款酱料就湮没在了酱料"大军"里，成为普通的一员。

回过头算算账，李老板不仅没赚到钱，反而因为库存积压严重，资金链断裂，最终不得不停了生意，背上沉重的债务。曹老板得知这件事，很庆幸自己没有蹚这趟浑水。

投资者不是傻子，若是真有稳赚不赔的买卖谁会放弃呢？正是因为不傻，反而十分理智，看透了高收益背后的高风险，曹老板才会产生危机感，选择不参与这个项目。

李老板的选择也未必全是错的，开始的时候确实能赚到钱，只不过后来被可能的收益冲昏了头脑，忽略了风险，如果走得更稳一些，提前控制好风险，说不定也是一门不错的生意。但他却在发现市场变化之后毫无警惕，不及时止损，仍然扩大生产加大投入，最后只能赔个精光，还背上了债务。

"人无远虑，必有近忧。"一个项目利润越高，老板们应该越有危机感，如果忽略了背后的风险，很可能血本无归。

辩证看待风险与利润

利润越高，应该越有危机感，这一道理并非劝人拒绝做风险高的事情，毕竟"富贵险中求"，越有风险的地方，能赚得利润的机会也就越大；这句俗语是在强调要用一种辩证的思维来看待风险和利润的关系。

经营企业本身就是一件有风险的事情，法律风险、财务风险、市场风险等，真要展开细说，那不是一本书能说得完的，企业的风险控制也是一门大学问。难道因为有风险就不创业、不投资、不经营了吗？

不是的，正因为有这些风险，才让利润成为"高岭之花"，非寻常人可得。唯有不顾山路崎岖，勇于冒险攀山之人，才可能摘得这诱人的花朵。而在山下叹气，或半路攀登失败的人，只能看着别人赚钱。这其实是一种选择，不能断言走某一条路就一定正确，毕竟不是谁都担得起那些风险，只不过天上掉馅饼的事不常有，稳赚不赔的买卖无处寻。所以，那些承担了各种风险才获得的利润，反而成了一种补偿。

既然风险在前，收益在后，利润越高，风险越大。那么，想要获得利润，就得先学会控制风险，如何在可控的风险下得到对应的利润是企业管理者的必修课。注意，这里说的是控制风险，不是消除风险，因为企业的风险是不可能消除的，风险和利润本身就是并存的。辩证来看，消除了风险也意味着消除了利润。更何况一些政策风险、市场风险等外部风险，非企业之力所能加以控制。面对这种情况，对风险的快速响应和适应能力倒成了衡量一家企业风险管理能力的重要标准了。

不仅如此，在市场变化莫测的今天，企业不能仅仅靠控制风险来寻求发展，而是更应该学会怎么把风险转化为推动利润增长的动力，扩大风险的积极影响，或将风险分担出去。

比如，当某产品市场已经基本饱和，企业可加大研发投入，开发新产品，主动承担研发风险以突破利润瓶颈；当有其余竞争者进入市场，出现恶意竞争苗头，如果无法有效阻断，企业要尝试将机会转让给第三方，共享部分利益，而非一家独大；当项目规模较大，利润丰厚，为了把握机会，企业可联合更多合作伙伴来共同争取，有钱大家一起赚，同时把个人风险分担出去。还有一个最直接的办法，就是提前将风险转移给第三方，如购买保险，这样企业更能坦然面对各种风险，毫无后顾之忧地追求利润。

风险与利润本身就是一种辩证的关系，风险存在于市场的每一个角落，也正是因为这些风险的存在，市场才呈现出不确定性与多元化的特点，为企业提供着无尽的机会与可能。企业管理者应该深谙这种关系的本质与运行规律，找到一种于风险中求利润的生存与发展之道。

04 权衡短期利润与长期价值

了解过企业财务管理目标的人都知道，利润最大化和企业价值最大化是两个最常见的目标。二者分别强调了企业在运营和发展过程中的不同侧重点，目标不同，企业在每个决策节点的选择自然有所不同，这实际上是对于短期利润与长期价值的权衡。

利润最大化目标

利润最大化很好理解，就是企业在经营发展的过程中，做任何决策的时候都要优先考虑眼前的利润，利润越多，说明企业财富越多。

之前说过，企业存在的主要目的就是追求利润，所以，很多企业把利润最大化当成了最直接的目标。过去很多企业一直是这么做的，包括现在很多企业管理者下意识也是这么想的。

在这个目标的驱动下，企业自然而然会最大化销售收入、最小化成本费用，以便给中间的利润腾空间，经济核算水平和管理效能随之得到了提升。工作效率成了每名员工头上的命题。要快，再快一点！要好，再好一些！不管是生产力，还是管理流程，一切为了创造利润服务。这一选择其实没有什么不对，反而恰好能营造出很多企业老板理想中的状态。因为这么做的优势是那么明显，企业往往能在短期内就看到经济效益整体向好的结果。

不过，其中也有难以忽视的局限性。因为利润最大化只能看到钱的多少，看不到钱的价值。利润最大化目标并不考虑货币的时间价值，这一点在企业投资的时候特别明显。

要知道，同样是 100 万元，今天得到和明天得到，能实现的价值可不一样。企业的钱并不会闲在那里，早一天拿到就可能早一天用于其他的投资机会，哪怕什么项目都不投，放在银行也是有利息的，而现在投资了某个项目，钱就不能干别的，相当于企业的投资有成本。货币时间价值恰是资本成本的基础，也算最低的资本成本。

比如，现在有两个投资方案摆在企业面前，两个方案的投资期限都是 2 年，区别在于甲方案第一年年末可盈利 100 万元，第二年年末再盈利 100 万元，而乙方案直接在第二年年末盈利 205 万元。

看起来甲方案投资盈利总计才 200 万元，而乙方案能盈利 205 万元，按照利润最大化的目标，企业就应该选择乙方案，但事实真的如此吗？如果把货币的时间价值引入，假设企业的资本成本是 10%，我们来分别详细计算一下两个方案的利润现值就明白了，如图 1-4 所示。

甲方案

VS

乙方案

▶ 第 1 年年末：100 万元

现值 $= 100/(1+10\%)^1 = 90.91$（万元）

▶ 第 2 年年末：100 万元

现值 $= 100/(1+10\%)^2 = 82.64$（万元）

▲总利润 $= 100+100 = 200$（万元）

▲利润现值 $= 90.91+82.64 = 173.55$（万元）

▶ 第 2 年年末：205 万元

▲总利润 $= 205$ 万元

▲利润现值 $= 205/(1+10\%)^2 = 169.42$（万元）

甲方案的总利润低于乙方案

甲方案的利润现值高于乙方案

图 1-4　企业投资方案现值计算

由此可以看出，即便甲方案看起来利润更少，可因为能提前收到更多的钱，变得更有价值，利润现值高于乙方案，成为更好的投资选择，这就是货币的时间价值带来的不同结果。利润最大化目标在不少情况下是不能有效区分两个项目真正价值的，企业很可能选择失误。

除了货币的时间价值，上面的例子还忽略了一个很重要的指标，也是利润最大化目标所没有考虑到的，就是投资额。甲方案与乙方案的比较其实是基于两个项目的投资额相等的情况下计算的现值，如果甲方案需要投资 500 万元，而乙方案需要投资 1000 万元，那最后的现值计算结果更是差别很大。遑论投资额越高，风险自然也更大，这都是需要综合考量的，一旦把大量资金投进去，企业陷入资金危机的可能也就加大了。

利润说到底只是一个报表数字，会计的处理方式、记账科目选择的不同都会影响这个数字。比如，企业卖出了商品，发出了货物，会计就会确认收入，利润就有了，但实际呢？这货款对方可能根本没付，时间长了甚至会成为一笔坏账，压根收不回来。管理者如果只顾低头盯着利润数字，忽略了真实的经营状况，也忘了抬头看看未来的价值，对于暂时看不到回报但对自身长远有益的投资项目一概不理，那才真是糟糕！

利润最大化是一个沿用了很久的目标，即便在今天，很多企业创立之初，没有那么多资金用来做长远投资，更没有那么多条件引入大量的资本，就需要在短时间内看到投入回报。只要某个项目赚钱，比银行利息赚得多就是不错的选择，先活下来才是最重要的，其他的事情都要往后放，这时候自然把利润看得比较重，算是一种生存之道。

企业价值最大化目标

随着时间的推移，企业在发展，管理理论也在进步，相关学者和企业老板慢慢意识到，利润最大化目标的局限性对企业的影响已经不容小觑。相比之下，价值最大化目标就成了更好的选择。

企业价值最大化意味着价值就是一切决策的风向标，所有经营管理活动都要围绕提高价值展开，包括但不限于利润的提升，创新力、市场份额的提升，资本结构的优化，以及社会责任的承担，等等。借由这些努力，企业可以不断增加市值，实现股东财富的最大化。

利润最大化目标的很多局限性，在企业价值最大化目标这里是被规避了的，因为企业价值最大化这一目标鼓励用发展的眼光看问题，关注企业的长期战略规划和投资。所以，像货币的时间价值、投资额、投资风险等利润最大化目标没有考虑到的因素，在企业价值最大化目标中都是会考虑到的。

甚至在保证利润的前提下，企业价值最大化目标还重视品牌声誉的建设，关注员工福利和关系改善，承担应尽的社会责任。这样的目标会驱使企业管理者选择更加理性和有远见的管理策略，不仅把该得的利润都赚到，也能长期保持价值增长。

不过，企业价值最大化目标并非完美无缺。在实际操作过程中，企业价值的量化和评估不是那么容易的，因为价值本身并不像利润那样一目了然。

一些上市公司还好，市场估值就能在一定程度上体现出企业的价值，但大部分中小企业还是非上市公司，它们的价值怎么被计算和评估是一个大难题。评估的过程把控、评估的指标选择、评估的标准和方式都可能让结果出现很大偏差。

如果企业过度依赖于这些财务指标，而指标本身又有很大误差的话，企业的决策就可能失真。更重要的是，企业还需考虑多方利益相关者的诉求和期望，这让价值最大化目标的实施愈发复杂了，需要更完善的评估体系和能力更强的人员来操作完成。

不同目标下的不同选择

在企业的管理实践中，明确的目标是企业发展的指南针，是企业资源分配的依据。在不同的目标驱动下，企业会做出不同的选择。

在一座城市里，分布着两家颇具规模的咖啡连锁店：乐利咖啡和嘉美咖啡。两者曾共同经历了市场上行阶段，然而，在一个经济短暂下行的时期，它们因追求目标的不同做出了截然不同的决策，走上了两条截然不同的道路。

乐利咖啡的管理者是个对数字极其敏感的人，他坚信企业就是要实现利润的最大化。当市场出现萎缩时，大刀阔斧地削减成本，减少员工福利，下调原材料的品质标准，以降低成本。可店内的环境和服务质量也随之下滑。在短时间内，这些举措的确为乐利咖啡带来了较高的净利润，但却逐渐失去了原有的顾客群。咖啡的品质下降和员工服务热情的减少使得客户流失率日增。

另一家咖啡店——嘉美咖啡的管理者认为，价值最大化才是企业的追求。经济下行，企业应该把控成本，但要把目光放长远，有些成本能减，有些对企业长期发展有利的成本不能减。嘉美咖啡决定优化管理流程，用效率提升来降低成本，暂停分店开张的计划，但原有的员工培训和福利保留，力求保持高标准的服务质量。甚至增加了对社区和环保项目的投资，并在店里标注环保宣传语。短期内，嘉美咖啡的利润增速的确放缓了，但是赢得了客户和各门店所在社区的喜爱和信任，客户忠诚度逐渐提高，口碑也日渐传开，慢慢地，更多人愿意为嘉美咖啡的优质服务和社会责任买单。

三年后，这座城市乐利咖啡的门店缩减一半，而嘉美咖啡凭借坚实的品牌形象，获得了持续稳定的增长动力，门店不仅没少，还在原有基础上新增了两成。

透过这两家咖啡店的对比，我们能清楚地看到，不同目标下企业的选择，而选择的不同，导致的结局也大相径庭。

利润是每个企业都想要的，但只看重利润就会短视。从一个更宏观的长远视角来说，企业价值最大化目标是优于利润最大化目标的，因为经营企业毕竟不是"打一枪换一个地方"，长久经营、发展壮大是大多数企业建立的初衷。所以，长期价值仍是最终的追求。

企业价值最大化目标不仅仅关注眼前的利润，而且着眼于企业的长期健康和可持续发展，而这，能够在很大程度上真正地实现企业和社会双赢。

05　读懂利润的公式

利润不是一个可以直接观测到的数据，而是需要整合与分析多项财务数据才能得到的派生数据。简单点说，利润要靠计算推导出来，而不是像收入和费用数据一样能直接统计出来。这一点区别，令利润的大小受到其他数据的影响很深。

因此，读懂利润的计算公式，就能掌握与利润相关的所有影响因素，知道提高利润该从哪里下手。

利润＝收入－成本

在人们的普遍认知里，做一件事赚多少钱，就是用收入减去做事付出的成本，留下的就是利润。所以，跟利润相关的两大主要因素就是收入和成本。而开源和节流也就成了提高利润的两大主流方式。

这里的"收入"和"成本"是从一个广泛意义上来说的，不像会计准则中把收入、收益、利得、成本、费用、损失等内容区分得那么详细。

"利润＝收入－成本"这一公式也是编制企业利润表的依据，只不过在利润表中（如表 1-1 所示），相关的项目要素更多，其实是把广泛意义上的收入和成本更加细化了，比如，将费用和成本区分开，再把营业发生的收入和支出与营业外发生的收入和支出区分开，最后扣除税费，才能得到一个真正的经营成果数字，即净利润。

表 1-1 利润表的公式逻辑

报表项目	内容解读
营业收入	主营业务收入：公司做主业挣来的钱 其他业务收入：公司做副业挣来的钱
营业成本	主营业务成本：公司做主业发生的成本 其他业务成本：公司做副业发生的成本
营业税金及附加	公司经营缴税
销售费用	销售产品的花销，如广告费
管理费用	管理公司的花销，如管理层的工资
财务费用	借钱、付钱要承担的利息和手续费等
研发费用	研发创新的花销
其他收益	政府补助等
投资收益	投资赚的钱（损失记负数）
公允价值变动收益	市场变化带来的收益变动（损失记负数）
资产处置收益	变卖资产赚的钱（损失记负数）
资产减值损失	资产贬值亏的钱
信用减值损失	款项收不回来亏损的钱
营业利润	＝营业收入－营业成本－营业税金及附加－销售费用－管理费用－财务费用－研发费用＋其他收益＋投资收益＋公允价值变动收益＋资产处置收益－资产减值损失－信用减值损失
营业外收入	意外来财
营业外支出	意外破财
利润总额	＝营业利润＋营业外收入－营业外支出
所得税费用	公司赚钱了要缴税
净利润	＝利润总额－所得税费用

在计算营业利润、利润总额、净利润的公式中，凡是"＋"的项目基本是企业可能的收入、利得等；凡是"－"的项目，都是企业需要支出的、广泛意义上的"成本"。最后留下的就是净利润。

净利润＝营业收入－营业成本－营业税金及附加－销售费用－管理费用－财务费用－研发费用＋其他收益＋投资收益＋公允价值变动收益＋资产处置收益－资产减值损失－信用减值损失＋营业外收入－营业外支出－所得税费用

从上面的公式可以看出，净利润是一项多么复杂的指标，公式中的每一个项目都跟最后的净利润相关，每一项数据的变化都会引起净利润数据的变化。它们共同揭示了企业的经营成果，绘制出企业的财务全景。

比如，研发费用数据是企业创新投入的剪影；销售费用、管理费用数据则展示了运营的效率和成本控制能力；较高的财务费用可能暗示企业依赖较多的外部资本，也可能意味着更高的财务风险；投资收益则彰显了企业的投资智慧和资本运作能力，数据越好，企业的利润来源越多。总之，利润表里的每一个项目都值得深究，绝不是摆在那里好看而已。

读懂净利润公式是每一名企业管理者的必修课。它不仅仅是一个会计公式，更是一个全面理解和把握企业情况的综合性工具，能帮助管理者审视企业现状，指引企业迈向更高的业绩水准。

当净利润结果不如预期，管理者可以逐项排查问题出在哪个方面，利用公式中的各项数据深刻解读企业在市场中的定位，以及潜在的机遇和挑战，有针对性地去发现问题、分析问题、解决问题，从而为企业创造更多的价值。

利润＝投资总额 × 投资回报率

英国古典经济学家亚当·斯密曾在《国富论》中提到：

利润完全受所投资本的价值的支配，利润的多少与资本的大小恰成比例。

这句话所表述的是一个基本的经济认知，即企业的利润是受企业所接收到的投资资本影响的。通常情况下，企业资本越雄厚，企业的利润越多。一家公司从成立之初到后续多轮融资，股东陆续投进公司的钱就是企业的资本，被用来购买资产，安排生产与经营活动，从而创造价值并产生利润。

可以说，企业的资本构成了产生利润的基础，而资本的规模往往直接决定了企业的盈利能力，这是因为更多的资本允许企业实现更大的规模和效率，进一步增加其利润，也能接纳企业在一定范围内的试错，帮助企业抵御经营风险。

在我们熟知的资产负债表中，净资产就是一个反映企业自有资本的重要指标。净资产越高，表明企业的资本基础越雄厚。进一步来看，为了更详细地评估公司回报股东的投资价值，投资回报率是一个最直接的指标，其公式为：

$$投资回报率 = 年利润 / 投资总额 \times 100\%$$

当企业年利润较高而投资总额适中时，ROI值通常会比较高，表明企业在使用其资源方面表现得相当出色，能够为股东创造更多的价值。ROI本身具有可比性，是评估和比较不同投资策略效果的重要工具，常用来确定哪些项目可以提供更高的回报，方便企业做出选择。

所以，反过来说，利润也可以这么计算：

$$利润 = 投资总额 \times 投资回报率$$

也就是说，在投资回报率一定的情况下，投资的金额越高，所获得的利润也就越大。

在企业经营过程中，股东投入的资本会被用于研发创新、采购资产、购进材料、生产商品等，而利润则是企业经营活动的最终收益。当投资回报率保持一定，实际上代表企业的盈利效率或资本使用效率是稳定的。

　　简单来说，某个项目的盈利水平很难有更大的突破。就好像卖煎饼馃子大概率比不上卖酒水的利润率。企业经营也是一样，很多项目的利润空间就那么大，盈利模式几乎已经固定，很难突破这个模式，实现投资回报率的翻升。这时候，企业想要增加利润，就只能通过增加投资额来实现。

　　比如，如果一家企业的投资回报率稳定在 20%，那么投资 1000 万元就能实现 200 万元的利润。如果企业决定增加投资额到 2000 万元，按照同样的回报率，利润也会相应地增长到 400 万元。

　　当然，这不过是一个理想化状态下的计算，实际操作中，企业还需要考虑很多其他因素，如市场环境的变化、投资项目的风险等，这些都可能影响到投资回报率的稳定性。但不可否认，投资额对于最后利润的结果影响甚大，因而是一名企业管理者需要重点考虑的内容。

第二课

公司的收入从哪里来

> ✍ 收入是利润的来源，没有收入就没有利润。

01 主业的贡献：核心收入

每家企业成立，都会办理营业执照，列入营业执照经营范围的业务，一般是企业的主营业务。主营业务就是企业的财源，为企业贡献了绝大多数的收入。

企业的"面子"与"里子"

主营业务收入是企业在其核心业务领域内通过销售商品或提供服务获得的收入。说简单些，就是企业干"正事"获得的收入。

什么是"正事"？在企业的语境中，"正事"是那些与企业的核心使命、核心价值和长期战略紧密相连的业务。

当我们提起一家企业，首先会说某某企业是卖什么产品的，提供什么服务的。比如，提起贵州茅台酒股份有限公司，几乎没有人不知道是卖酒的，贵州茅台酒系列产品的生产和销售等业务就是这家公司的主营业务之一。

主营业务既是一家企业的"面子"，也是一家企业的"里子"。一家企业品牌能不能做大做强，做到家喻户晓，这"面子"上的功夫靠的就是拿得出手的主营业务，企业的主营业务越是稳定、成熟，越能够反映出企业的综合实力。这是因为，主营业务一般是企业各项资源集中投入的领域，企业的核心技术、核心竞争力就在于此，称得上是企业生存和发展的基础。

不过，"面子"终究只是外在，一家企业的"里子"才是真正的价值所在，也是内部管理者和外部投资者看重的地方。在财务报表中，主营业务收入是一项很重要的数据，用来评估企业经营状况和盈利能力。

主营业务收入高通常显示企业拥有优质的顾客群基础和品牌影响力，有稳定的市场需求与核心竞争力，可以提供独特或高品质的产品与服务来保持收入增长。

同时，在营收总额中，主营业务收入占比高也是一个积极的信号，这意味着企业具有明确的市场定位和业务方向，知道该干什么，且管理到位，执行力强，能集中资源和精力在关键领域深耕细作。

"华为"这个名字，在全球范围内享有一定的声誉和影响力。华为之所以能够做到这一点，无疑与其卓越的主营业务——通信网络设备、智能终端制造等紧密相关。

华为始于 1987 年，最初是一家销售交换机的小公司。随着时间的推移，华为进入通信网络设备和服务领域。华为的发展历程就是一个由内而外、由小到大的过程，其中的核心驱动力便是其不断创新和升级的主营业务。

华为在通信网络技术（ICT）和智能终端制造业务中的专注和深耕，让它逐步积累了大量的核心技术和专利。技术的持续迭代，也令这家公司终于站在行业的前沿，引领着行业的方向和潮流。华为在 5G 技术的研发和推广中所发挥的作用，就是一个典型的例证。

直到今天，这个名字已经成为普通大众口中都能知道的品牌。我们提起华为，都会知道这是一家经营什么业务的公司，ICT 基础设施业务、终端业务、云业务、数字能源业务等都是华为的"名片"。年报显示，华为的主营业务不仅带来了高额的收入，更创造了丰富的现金流，支撑起华为在研发和市场拓展上的大量投入，彰显出公司的内部实力。

不管是茅台，还是华为，说来说去，主营业务是一家企业内外的综合体现，也是一家企业的核心收入来源。企业在主营业务领域的深度钻研，让企业自身更可能在产品质量、技术研发，甚至市场营销方面具备出类拔萃的表现，这本质上是"集中力量办大事"的理念。

企业如果定位不明，业务分散，就可能什么都做，反而什么都做不好，有明确的业务主次，知道该干什么，要干什么，才能把有限的资源利用到极致，打造出企业的核心竞争力。

主营业务与盈利模式

明确了主营业务，不代表就能获得收入，想要获得收入得有一个合理的盈利模式，让业务真正能赚来钱。盈利模式就是企业通过规划和运营其业务来实现盈利的策略和方法。从二者的关系来说，主营业务是盈利模式的主体，盈利模式就是围绕主营业务设计的，是确保企业能够赚来钱的框架。主营业务的选择和发展影响着企业的盈利模式。同样，盈利模式的选择和实施也会对企业的主营业务定位产生影响。

盈利模式不止一种，企业可根据自身的资源和市场情况来选择单独使用，或者多种模式齐上阵。总之，哪种模式最赚钱，哪种模式就最有效。

这里列举一些常见的盈利模式，如表 2-1 所示。

表 2-1　常见的盈利模式盘点

盈利模式	解读	实例
销售模式	企业自己生产或购买商品，销售给消费者或分销商。可以是实物商品，也可以是虚拟商品。赚的是商品成本（生产成本或购入成本）与售价之间的差价	这是最传统的盈利方式。制造企业居多。我们在大街上能看到的商店、超市、服装店，几乎都是这种盈利模式
订阅模式	消费者定期支付费用，获得对产品或服务的持续访问权限。分固定订阅和分层订阅。固定订阅就是同一服务周期支付；分层订阅就是提供不同功能的订阅选项	很多软件应用、视频网站是这种盈利模式。定期购买会员就能持续访问，购买不同等级的会员可以获得不同的服务

续表

盈利模式	解读	实例
广告模式	提供免费内容或服务来吸引用户，同时通过展示广告来赚取收入。这种模式通常依赖于大量的用户流量和数据分析来优化广告效果	视频网站、小说网站、搜索引擎、社交媒体平台等大多是这种盈利模式，通过分析用户的搜索和浏览行为来个性化推荐，为广告商创造价值并赚取广告费
授权模式	将企业的知识产权、技术或品牌授权给第三方来实现盈利。这种方式可以扩大品牌影响力，同时可以带来额外的收入	很多动漫影视公司把自家的动画角色和故事授权给其他公司，来制作玩具、游戏，以及其他商品，赚取授权费
交易费用模式	企业提供一个平台来促成买卖双方的交易，交易成功则收取一定比例的交易费用或佣金。这种模式依赖于平台的规模和用户基础	很多购物平台、外卖平台、打车平台都属于这一类盈利模式
数据售卖模式	企业收集并分析大量的数据，提供有价值的信息或洞察。这些数据可以用于市场研究、广告定向或其他商业应用，借此来赚取收入	一些数据分析或调查公司都在通过这种方式赚钱。例如，收集和分析大量的行业市场数据，向企业出售这些数据和分析报告来赚取收入
增值服务模式	企业提供基本服务外的高端服务或功能，来实现盈利。这种模式可以提高企业的利润率，同时提高客户的满意度和忠诚度	例如，很多航空公司除了提供基本的飞行服务外，还提供一系列的增值服务，如优先登机、额外行李额或升级到商务舱等
免费与增值模式	与增值服务模式很类似，区别在于基础服务是免费的，仅对一些额外的功能或服务收费。这种模式可以吸引大量的用户，同时通过微小的交易把免费用户转化为付费用户	许多在线游戏就是这种盈利模式，提供免费的基本游戏体验，但会出售虚拟货币或道具，来帮助玩家更快地进步，获得更好的游戏体验
联名模式	企业合作联名，共同推广产品或服务。这种模式可以扩大企业的市场覆盖率和影响力，同时带来额外的收入和资源	很火的瑞幸咖啡与贵州茅台推出的联名咖啡——酱香拿铁，就是这种盈利模式的典型之作
咨询与专业服务模式	企业提供专业的咨询或服务，通常根据时间或项目来收费。这种模式依赖于企业的专业知识和经验	如麦肯锡公司提供的一系列管理咨询服务，帮助企业解决各种商业和管理问题。还有很多企业教育培训服务，按课程或项目收费

盈利模式不是固定的，企业可以围绕同一业务组合使用不同的盈利

模式，也能随时根据市场环境调整盈利模式，甚至能在创新盈利模式的过程中逐渐转变主营业务的定位，转向新的发展方向也未可知。

"不管黑猫白猫，能捉老鼠的就是好猫。"所以，不管什么盈利模式，能让业务赚来更多收入就是好模式。

02 企业也可以做个"斜杠青年"

在企业的利润表中，营业收入除了主营业务收入，还有其他业务收入。我们已经知道主营业务收入是企业干"正事"赚来的钱，那其他营业收入是什么钱呢？其实是企业做副业赚来的。

企业做副业的真相

"斜杠青年"一词近年在社交媒体上爆火，斜杠指的是"/"符号，表示多种身份。比如，一个人自我介绍可能会写：

张某：程序员 / 作家 / 会计师。

斜杠青年说的就是那些身兼多职、多技能、多兴趣的人群。现在基本代表利用主业之外的剩余时间干副业的人。

在商业领域，企业从事副业活动的情况也很普遍。可毕竟资源是有限的，企业不去专攻主业，做这些是为什么呢？总不可能是有钱任性，做着好玩的。

经常听到这样一句话："不要把鸡蛋放在一个篮子里。"

这句话所传达的核心理念就是分散风险。经营企业也在时时刻刻做投资，任何一个市场都有周期性和变化性。企业如果一直都做单一的业务或产品线，相当于把鸡蛋放在一个篮子里，很可能因为市场瓶颈、技术更新、消费者需求变化或政策变更等原因，一朝面临窘境。

比如，数码相机的出现，就令胶卷市场骤缩，网购需求的增加挤占了线下实体店的市场空间。所以，企业做一名"斜杠青年"是一种将风险分散的策略，反映了企业对于可持续增长和多元化收益源的追求。

当然，赚钱的副业企业才会做，亏本的副业就很容易被放弃，从这一点来看，企业做副业的一个更重要的原因，是找到新的利润增长点。当前市场竞争这么激烈，仅仅依赖单一的业务模式或收入来源还是不够的，把资源集中起来专攻主业是正确的，但是多条路子多条生路，多份收入也能让企业走得更稳。

所以，一些企业在主业之外，还拥有五花八门的副业。这些副业可以是与主业相关的延伸产品或服务，也可以是完全独立和新颖的业务领域。这是企业对市场多元化和不确定性的一种有力回应。

有一家专注做软件开发的科技公司，其主要产品是定制化的企业资源管理软件（Enterprise Resource Planning, ERP）。在专注于软件开发的同时，该公司内部因为具备了一些外部资源，设立了一个小型项目——智能家居解决方案，公司领导视其为一种实验性质的尝试，偶尔有一些收入，但并不稳定。

后来，随着市场的日益饱和和技术的飞速更新，该科技公司的 ERP 软件市场开始显现出持续的萎缩趋势，失去了竞争优势。在一系列的财务和市场压力之下，公司几乎陷入了崩溃的边缘。

就在绝望之际，反而是当初的那个小项目给了企业绝处逢生的机会。乘着人工智能的风口，智能家居解决方案业务忽然爆火，尽管业务规模不大，也为企业带来了意想不到的利润，使得企业赢得了一个"喘息之机"。该科技公司得以借此机会重新整合并调整软件开发业务，着力于技术创新和市场重新定位，终于走出了低谷，再一次焕发生机。

从这个故事就可以看出，做得好的副业平时能给企业多挣点儿"零花钱"，关键时刻甚至可能力挽狂澜。

这家科技企业重新焕发生机并非侥幸，其实是前瞻性思维和多元化战略的一种体现。这说明，企业经营，业务虽然要有主次，但不能永远只局限于一种模式或一个领域，这样会把路越走越窄。应该进行多元化的尝试，发现更多的可能性和机会，即使是看似不起眼的副业，也有可能在未来成为企业的救命稻草或新的增长点。

围绕主业开展的副业

企业做副业，最常见的选择，就是围绕主业开展一系列增值与附加业务。一个典型的例子就是书店。

在过去，书店仅仅是一个卖书的地方，但现在的书店，真是各有各的特色，有的会结合咖啡馆，有的增加了艺术画廊等元素，甚至一些书店还会不定期举办一些文化活动，顾客来到店里，阅读环境需求、饮品消费需求、书签等小礼品购物需求、活动参与需求都能得到满足。

这种主业和副业的结合模式是相辅相成的。

比如，咖啡业务为顾客提供了一个可以放松心情、沉浸在书的世界中的舒适环境。人们在品尝咖啡的同时安静地阅读，让身心得到更多的愉悦和满足。如此，顾客愿意在书店停留更长的时间，图书消费的可能性就随之增加了。艺术画廊的装饰和艺术品销售业务的引入，则为书店增添了更多的文化和艺术氛围，吸引更多艺术爱好者前来消费。

至于各种文化活动更不用说，它们能够吸引的人群更多。这些活动可以是作者签名会，可以是主题讲座，也可以是文艺工作坊等，为顾客提供更多的互动和体验机会，书店不再仅仅是一个购书的地方，更成了一个文化交流和学习的平台，除了赚取场地费，还能间接用副业带动图书销售的收入。

还有的书店会销售一些与阅读相关的配套产品，如书签、笔记本，一些消费者很乐意为了得到配套礼品购买整本图书，这些小而美的配套产品收入算书店的其他业务收入，但图书的销售收入可是书店的主营业务收入。

不光是书店这种模式，其他领域的生态化业务布局也十分类似。

前些年流行的泛娱乐战略就是这种类型，企业通过购买热门小说知识产权（IP），制作系列产品，包括但不限于书籍、动漫、电影、电视剧和游戏，构建出一个庞大的业务链，为了尽可能丰富产品线、增加营收渠道，企业还会生产影视歌曲和各种相关的周边产品，如明星海报、联名水杯。

同一个 IP 能做出来这么多的业务，有的是主营业务，有的是其他业务，但总归都是围绕一个核心 IP 在产出，业务之间相辅相成，共同创造更大的市场价值和社会影响力，将故事、视觉、声音和各种衍生品紧密结合在一起，形成了一种多维度、多角度的综合娱乐体验。

类似泛娱乐战略的还有泛旅游业务，一些旅游公司把"吃喝玩乐住行购"一价全含了，这些模式实际上是把企业的资源价值利用到了极致，所有能赚到的钱全都囊括了进来，值得其他企业借鉴。

另辟蹊径的副业

也不是所有的副业都一定跟主业相关，多的是企业另辟蹊径，经营一些脑洞大开的副业。甚至让不少消费者惊呼：原来它家还卖这个！

如今正是一个行业边界模糊的时代，企业界的跨界变得尤为常见。许多企业不仅仅满足于自身的主营业务，积极抓住多元化的机遇，用一种全新的、无拘无束的方式展现了自身的多元化发展方向，这也给了一些已经发展到衰退期的老牌企业一个业务转型的机会。

企业开展与主营业务完全不相关的新型副业，无异于换一条赛道从零开始，这种选择是复杂的，因为它不仅涉及对新领域的深刻理解和熟练掌握，还涉及对现有资源和能力的重新配置与整合。

不过，这些脑洞大开的副业尝试也具有很赞的一面，如果企业能够成功地把握住新赛道的机会，将极有可能打造出一个多元化和互补的业务体系，实现更加稳健和可持续的发展。

还有一点，与主业不相关也意味着风险的关联性弱，即便主业因为一些外部风险经营不下去了，副业也能迅速"顶上"，这才符合风险分散的最大化原则。但如果是那种关联性很强的业务，主业不行，副业可能也就不行了。

回过头，再看看前边所说的那家科技公司的故事，其实还有一个"番外篇"。

> 后来，人工智能市场十分活跃，该科技公司重新"活过来"之后，公司高层做出了一个重大决定——将更多的资源和精力转向智能家居解决方案这一盈利增长点，副业转主业！
>
> 令人惊喜的是，这一战略调整取得了显著的效果。智能家居解决方案业务不仅实现了高速增长，更为企业带来了丰厚的利润。有了这一坚实的资金基础，该科技公司的 ERP 软件开发业务这一主业也逐渐恢复。
>
> 如今，该科技公司已经成为一家多元化的科技企业，软件开发和智能家居解决方案两大业务板块相辅相成，共同推动着企业的持续和稳健发展。

这就是企业开辟另一条赛道的一个最大的优势。副业发展得好，可以转为主业；副业发展得一般，就成为主业的辅助；副业发展得不好，随时可以舍弃。

其实，任何企业的发展都不是一帆风顺的，总会有这样或那样的压力。企业应该具备足够的灵活性，适应外部的变化。这也是一种创新。副业存在的意义不只是为了赚取一些蝇头小利，更主要的是补充和拓展原有业务，为企业打开新的市场空间和发展机遇，支持企业走得更远。

03　投资收益，企业的另一块"蛋糕"

企业在发展初期，需要通过做业务来完成原始的资本积累，当资本积累到一定程度，比做业务赚钱更容易的是"钱生钱"。这时候，对外投资就成了另外一种选择，目的是投资收益这块"蛋糕"。

为什么"钱生钱"更容易

企业从 0 开始，想要赚到第一个 100 万很难，但是当有了 100 万，第二个、第三个 100 万，却要容易得多。

这句话揭示了一个经济学和投资理财领域的基本原则，即资本积累和增值通常是一个加速的过程。一开始，企业需要投入巨大的努力来获得初始的资本，一旦过了这个阶段，资本的增长往往会变得更快、更容易。

我们可以从资本的复利效应来看待这个问题。

复利效应是指资本的收益不仅来自初始的投资额，而且来自之前的收益。随着时间的推移，资本的增长将呈现出指数增长的特征，使得资本在后期的增长速度显著高于初期。

假设企业投资了一个项目，金额是 100 万元，第一年获得 10％ 的收益，也就是 10 万元。年末，企业的资本增加到 110 万元。

复利效应的魅力是从第二年开始真正显现的。

在第 2 年，企业继续保持 10％ 的年增长率，这时就不是基于最初的 100 万元来计算，而是基于 110 万元计算。

到第 2 年年末，企业的资本将增加到 121 万。你会注意到，仅仅两年的时间，企业增值21万元，已经超越了简单的线性增长，即20万元。

随着时间的推移，这种复利效应将变得更加明显和强烈。

第3年年末：$100（1+10\%）^3=133.1$（万元）

第4年年末：$100（1+10\%）^4=146.4$（万元）

第5年年末：$100（1+10\%）^5=161.1$（万元）

……

第10年年末：$100（1+10\%）^{10}=259.4$（万元）

第15年年末：$100（1+10\%）^{15}=417.7$（万元）

第20年年末：$100（1+10\%）^{20}=672.7$（万元）

第25年年末：$100（1+10\%）^{25}=1083.5$（万元）

……

到第10年末时，你会发现企业的投资资本已经增长到了259.4万元，这比简单地每年在100万元基础上增加10%要多得多。

当到了第25年末，当初的100万元已经积累到了1000万元以上。

如果按100万元的投资额，10%的收益率来做业务，企业每年只能赚到10万元，25年也只能赚到250万元，跟1083.5万元对比不要太明显。

这就是复利效应的力量。它不仅仅是"钱生钱"，而是"钱生钱再生钱"，在每个周期，收益都是基于前一周期已经增加的总资本。随着时间的推移，资本的增长速度不是线性的，而是呈指数级别的。

上面这个例子仅仅是基于固定的10%的增长率。如果企业能够通过优秀的投资策略和投后管理来提高年度增长率，或者利用杠杆，借钱增加投资额，都能让复利效应更加显著，资本的增长也更为迅速和震撼。例如，把收益率提到20%，那么100万变成1000万，只需要13年，比25年缩短了近一半的时间。或者利用投资杠杆把100万投资额翻3

倍，在收益率是 10% 不变的情况下，变成 1000 万也是不到 13 年就可以完成。

利用复利效应，在更长的时间尺度上，例如几十年，企业的财富积累将达到令人难以置信的高度，这是一个强大而可怕的工具。

仅仅是因为复利效应，"钱生钱"看起来虽然比做一次业务挣一次业务的钱要容易，但是好像也没有那么轻而易举。这样想的话可就小看资本的力量了。有了复利效应，企业的资本积累速度加快，马太效应就会更加凸显。在经济学中，马太效应是指实力越雄厚的组织，有更多的机会去获得更多的资源、资本或信息。其实就是人们常说的"有钱的会越来越有钱"。

当我们将复利效应与马太效应结合起来看时，就可以发现一种极为强大的财富集中和增长动力。

有了资本的积累，不单单是金钱变多了，机会也变多了，有更大的可能去享受到更高的投资回报。随着时间的推移，这种优势将变得越来越明显。例如，我们经常会看到，大企业因为拥有更多的资源，规模优势加大，技术研发、市场营销等方面的投入毫不吝惜，自然更容易获得市场份额，赢得收益。而这些收益再次被投回企业，形成一个资本不断累积的良性循环。

这个逻辑放在对外投资上是一样的。很多好的项目所需要的初始投资都是一个天文数字，企业有了积累的资本，才可能突破门槛的限制，接触到更好的项目，最重要的是，可能快人一步获得相关投资信息。

好项目必然人人趋之若鹜，很多时候都握在更有实力的人手中，谁会像做慈善一样拉一个实力不怎么样的公司一起投资呢？万一回报还没看到，你就要先撤资，或者干脆公司没了，欠债被强制赎回的活，投资本金怎么办？这就是为什么弱者机会少，因为人家可能根本不愿意"带你玩"。

所以，强者也喜欢跟更强的人合作，信息的共享也只在一定的圈层。有了资本的积累，哪怕你没有看好一些项目，也可能会有很多机会都通知到你，机会甚至自动摆到眼前，供你挑选。

在这种情况下，企业的资本就如同滚雪球一般，越滚越大，速度越来越快。在一定程度上拉大与其他企业的差距，形成一种"强者愈强"的趋势，这也是马太效应的一个重要体现，也是"钱生钱"更容易的原因。

资金保值，跑赢通胀

对中小企业来说，找到好的投资项目不是那么容易的一件事，复利效应和马太效应的作用在它们身上可能暂时不那么明显，除了那些投资类的公司，对外投资就是他们的主营业务，其他普通的公司最大的需求可能并不是通过对外投资扩大资本，单纯是想要实现资金保值而已。

我们都知道通货膨胀，这一现象指的是货币供应增加或需求超过供应，导致一般价格水平上升，而货币的购买力相应地下降。这是现代经济社会中一个普遍且不可避免的现象，因为伴随着经济的发展和扩张，通常会有更多的货币进入市场流通，促使物价上升。

在一个健康发展的经济体系中，适度的通货膨胀是可以被接受的，甚至是有利的，能刺激消费和投资，因为人们预期商品将来会涨价，所以更愿意现在就消费或者投资，这跟所谓的"买涨不买跌"想法差不多。但如果出现高通货膨胀或恶性通货膨胀，就非常不利了，人们的购买力会被大幅度侵蚀。今天6块钱就能买到的煎饼馃子，明天10块钱才能买到，钱不值钱。不过，政府和央行一般会调整财政政策与货币政策，以控制和管理通货膨胀，尽量保持价格稳定和经济的健康发展。

不单是消费者，企业的资金也会因为通货膨胀降低实际购买力。资金对企业的重要性不用多说，所以，企业需要寻找能够跑赢通货膨胀的投资机会来实现资金保值，这也是财务管理的重要工作之一。

企业想要使资金保值，投资理财是它们首先能想到的办法，毕竟大部分企业并没有多余的时间和精力专门去做各种业务，那么看到好的项目或理财产品，直接投资不失为一种省力的选择，还能避开一些日常管理和运营工作，省略掉与直接经营业务相关的大量固定成本和变动成本，专注于选择和管理投资组合即可，省心省力省时间。

"蛋糕"怎么吃

投资本身是一种风险和回报的游戏，有风险意识的企业在参与这场游戏前必然需要做好前期准备，毕竟做投资的初衷其实也是在分散企业的风险。

当前的市场环境这么复杂，竞争又激烈，如果企业长期固守着单一的业务领域或市场，一旦遭遇行业衰退或市场疲软，经营风险就会大大增加。这跟有些企业去做副业的逻辑是差不多的，企业需要透过投资这个策略来拓展业务范围和市场空间，让资本保值，甚至增值。

投资可以让企业把资金放到不同的行业、市场和地区，有效降低特定市场的风险。这跟那种"赌徒"心态的投资不同，企业投资必须稳健第一，如果做投资反而加大了企业的风险，把好不容易做业务赚来的钱全都"打了水漂"，那就得不偿失了。

既然好项目有限，投资风险还高，即便不需要专门去经营业务，企业也是要慎重对待这件事的。很多企业会设立专门的风险投资部门，负责研究和评估各种投资项目，避开投资陷阱。完善的风险投资部门还会配套专业的风险管理和控制机制，标准明确，程序严谨，审查严格，力求最大化保护好企业的利益。当业务成熟之后，有的企业甚至会设立投资基金，由专业的投资团队来管理和运营。

可以观察到，很多成熟的企业都有投资业务，将部分资金投向有潜力的创业公司或者技术前景好的企业。这一做法所图不光是那些收益金额，除了资本保值增值外，投资收益这块"蛋糕"还有另一个甜头，那就是借由投资所得到的先进技术和市场资源，都可能成为企业自己未来的业务目标和利润增长点。

04　其他收益的隐藏福利

在利润表中还暗含着一笔隐藏福利，即其他收益，主要来自政府补助、税收优惠等项目，这是国家对于企业的支持，而抓住每一份资源是一家企业应该做的事。

政府补助是怎么回事

在市场上，公平竞争是很多人的共识，但是有些特定的产业是国家重点扶持的，比如，一些基础设施建设和公共服务行业。

资本逐利是天性，无利不起早，而这些行业的性质决定了它们很难通过市场机制实现有效的供给，就需要特别关注和扶持。还有一些高新技术产业，前期研发投入大，还很容易失败，但创新对一个国家来说又那么重要，需要特殊保护。

往浅了说，这种扶持关乎企业发展和劳动就业；往深了说，这实际上是国家运用财政工具进行的一种资源再分配过程，有利于社会维稳，国家富强。

在这个多元竞争的市场环境中，企业想要脱颖而出不是那么容易的，就算有心想要做出点儿成绩，研发出实实在在的技术，没有各路资源扶持，计划只能如同初生的小苗，极易夭折。但如果这些企业恰好处于政府扶持范围，就可能得到一份政府补助，是一个可靠的资金来源。

这笔资金，无论是用于初创企业的启动环节，还是用于已有技术的升级环节，都是极为宝贵的——能让企业在没有找到其他可靠融资渠道的时候，暂时维持自身的运营和发展，减轻财务压力，专注于核心业务和产品研发。

政府补助是无偿的，有偿的不是政府补助。但政府补助不是什么企业都能申请到的，想要申请必须符合条件。具体的补助形式很多，最简单的就是拨下来一笔资金，或者进行税收返还，如即征即退的增值税，还有可能无偿提供一些非货币性资产，如土地使用权。

但是，不要以为政府补助是想怎么用就能怎么用的，用途是规定好的，不能随意变更。如果是与资产相关的政府补助，就只能用来形成资产。比如，这笔补助是用来买设备的，就只能用来买设备，不能用来发工资。而其他与收益相关的政府补助，也要按照指定用途来用。

政府补助为企业提供的可不是单纯的一笔钱，更是一份独特的保障和支持。这种保障和支持体现在政策、资源和市场机会等多方面的扶持上。

某地一家科技公司决定打造一种新型空气净化设备，用于改善当地因工业化和汽车尾气排放造成的空气污染。此创新项目能保护环境，改善市民的生活品质。当地政府对这类高新技术企业扶持力度很大，设有相关补贴机制。于是，上述这家公司填写了相关材料上报申请。

当地政府看到这个项目对社区居民健康和环保的长远贡献，审查了各方面条件，发现符合补助标准，通过了该公司的申请，下发了一笔资金，助力公司完成原型机的研制和测试。

公司收到资金，迅速动员其团队，开展了一系列的研发和市场调研工作。在产品研发阶段，当地政府还多次组织座谈活动与该公司交流，了解公司的研发进展和挑战。

因为有了政府补助，该公司在某大型企业谈合作的时候很容易就获得了对方的信任，达成了合作。

随着项目的推进，一款既经济实用又高效能的空气净化设备终于被研制出来。原型机的测试效果超出了大家的预期，获得了市场和社会的高度认可。

从这个故事就可以看到，政府补助是一个信号，得到政府补助的企业更容易得到市场的信任和认可，甚至可能优先获得市场机会和客户资源。这是因为，并不是所有申请的企业都能得到这份补助，那些有实力、有潜力、有前景、有价值的企业才可能申请到。

政府审查企业的过程，实际上也帮其他企业过滤掉了一些不靠谱的合作方，可信度大大提高。

政府补助的列示与涉税事项

"其他收益"是从2018年才出现在财务报表中的，中华人民共和国财政部（简称财政部）修订一般企业财务报表格式的时候，专门在利润表里列出"其他收益"这一项目，用来反映计入其他收益的政府补助等内容。

单独列示"其他收益"，实际上是为了提高财务报告的透明度和信息准确性。因为政府补助和企业做业务赚来的收入是两种不同性质的收入来源，也不能跟投资收益混为一谈，单独列出来更为合适。这样，在分析财务报表的时候，就能轻松区分企业的经营性收入和非经营性收入，更好地判断企业的经营效益和盈利能力。企业的外部利益相关者，如投资者和债权人，也能一眼看到企业的真实经营状况和政府补助的情况。

对于上市企业来说，在收到政府部门的函件，或者已经收到资金的时候，就应该在财务报表的附注中披露这件事。具体信息包括补助的种类、金额、列报的项目；计入当期损益的政府补助金额；本期退回的政府补助金额及原因。

在税务处理上，政府补助是不需要缴纳增值税的，因为根据税务局规定："纳税人取得的财政补贴收入，与其销售货物、劳务、服务、无形资产、不动产的收入或者数量直接挂钩的，应按规定计算缴纳增值税。纳税人取得的其他情形的财政补贴收入，不属于增值税应税收入，不征收增值税。"

不过，在所得税这块，政府补助需不需要征税，还要看符不符合相关条件。条件如下：

▶企业能够提供规定资金专项用途的资金拨付文件；

▶财政部门或其他拨付资金的政府部门对该资金有专门的资金管理办法或具体管理要求；

▶企业对该资金以及以该资金发生的支出单独进行核算。

以上三点，企业必须同时满足，才能把政府补助作为不征税的收入。不符合的企业，政府补助就只能按照应税收入正常计算应纳税所得额。

要注意，满足条件后，用这些资金的支出企业不能提前计入其他费用项目，在税前抵扣，更不能同时享受税收优惠。

举个例子来说，政府补助被企业用来研发技术了，而很多高新技术企业的研发费用都是可以加计扣除的，假设加计75%，那就是如果研发费花了100元的话，可以算你花了175元，这样成本就上去了，所得税也就少了。但是，如果这笔钱是用政府补助出的，企业希望政府补助按照不征税收入来算，那就不能去加计抵扣，否则岂不是优惠了两遍？

具体地，企业可以专门去计算到底怎么扣除对企业更优惠，因为也不是满足了那些条件，政府补助就必须作为不征税收入的，企业可以自行选择。如果其他优惠算下来更合适，就选择按照征税收入去计算；如果不合适，就选择按照不征税收入，这样就能减少企业收入，也能缩小利润，降低企业所得税税负。

最后提醒一点，如果不符合条件，只能作为征税收入，但是在五年之内这笔钱却没有花出去，也没有缴回，那剩下的资金必须在第六年一次性作为应税收入去计算所得税的应纳税所得额。也就是说，五年之内钱没花完，第六年都算作为被征收对象的你的收入，必须缴税。

其他收益的其他事项

除了政府补助，其他收益这一项目，也核算一些其他事项。比如，2019 年 5 月 16 日，财政部修订的《企业会计准则第 12 号——债务重组》中就做出了相关规定，而根据规定债务人以非金融资产抵债的重组损益计入"其他收益"。

债务人以非金融资产抵债的重组损益是什么意思呢？

举个例子，甲公司向乙公司购买了一批价值 10 万元的货物，约好三个月内付款。随后乙公司发货了，甲公司收到货已经使用，但因为还没到付款期限，暂时未付款。

过了两个月，甲公司突然发生资金周转困难，到了付款期限还是还不上，这怎么办呢？于是甲乙公司坐下来商量。

甲公司提到："我们公司有一台新买不久的机器设备，10 万元买的，用这个抵债吧？"

乙公司看了看设备的信息，同意了。然后，甲公司转让了设备，抵了货款。

但实际上，这设备原值 10 万元，已经用了半年，折旧 1 万元早已经计入制造费用，净值是 9 万元。这时候用净值 9 万元的固定资产抵了10 万元的货款，相当于企业收益了 1 万元，甲公司的账务会这样处理：

借：应付账款 100000

　　贷：固定资产 90000

　　　　其他收益 10000（倒挤）

于是，期末结账出表，没有其他事情发生的话，甲公司利润表中的"其他收益"一项，就会列示 1 万元。

这就是债务人以非金融资产抵债的重组损益的一种典型情况，抵债的可以是固定资产，也可以是库存商品等，总之不能是金融资产。

除此之外，个人所得税手续费返还、增值税加计抵减额等项目也在其他收益中列示。

员工个税一般是由企业代扣代缴的，这本身其实是企业在帮忙，所以税务部门会给企业返还一定的手续费，具体的情况和金额通常取决于政策细则和实施细节，不过，这钱对企业来说，大小也算一笔收入，但是又不符合其他收入的科目，所以计入其他收益。

增值税加计抵减额很容易跟政府补助混淆，但前者不是政府补助，仔细区分的话，增值税加计抵减额属于一项税收优惠政策，并不在政府补助的涵盖范围之内，不算是政府直接向企业无偿提供的补贴。

另外，企业购买商品或接受服务的时候，都要支付增值税作为进项税额，而卖出货物或向别人提供服务，则会产生销项税额。正常情况下，这进项税额和销项税额相互一抵销，剩下的就是企业需要缴纳的增值税，而增值税加计抵减就是进项税额按照一定比例计算出增值税加计抵减额，用于抵减应交增值税。

以下是一个计算示例，如图 2-1 所示。

正常情况：

> 假设某企业，
> ▶ 增值税进项税额2000元，销项税额3000元
> ▲ 企业应交增值税＝销项税额－进行税额＝3000-2000=1000元

增值税加计抵减：

> 假设增值税加计抵减10％，
> ▶ 增值税加计抵减额＝2000×10％＝200元

那么，企业就会进行账务处理，把原本的应交税费－应交增值税调整200元入其他收益，账务处理如下：

借：应交税费－应交增值税 200

贷：其他收益 200

企业实际要交的增值税＝1000-200＝800元

相当于收益了200元

图 2-1　企业增值税加计抵减计算示例

在例子中，当抵减了200元，企业实际上最后只需要缴纳800元增值税，而抵减的200元相当于一笔企业的收入，这笔钱就需要计入其他收益。

这个事项本质上是一项税收优惠政策，很多人会跟政府补助混淆，要特别区分开，增值税加计抵减额不符合政府补助的定义，不算是政府直接向企业无偿提供的补贴，不过这一项跟政府补助一样，都要计入其他收益。

所以，管理者或投资者看到企业利润表中的"其他收益"，不要单纯以为这都是政府补助，也有其他的事项在内。

05　营业外收入未必都是好事

很多人可能听到过一句话："营业外收入就是天上掉馅饼的事！"

确实存在这种情况，但这只知其一不知其二，未能窥得事情的全貌。由于企业管理不善造成的失误也可能计入营业外收入。当一家企业营业外收入长期过多，更是一种经营异常的信号。

营业外收入的几种情形

在利润表中，看到"营业外收入"这一项目，管理者不可天真地以为这都是有人无偿捐赠的利得。在会计处理上，能够计入营业外收入的情形甚多，一起来看看。

❀ 捐赠利得

当企业因为一些原因得到一笔实实在在的捐款，可能来自非营利组织、其他的企业，甚至可能来自个人。

> 一群年轻人创业，坚持了3年，公司经营刚刚平稳，突然又一次遭遇困难。难关眼看过不去了，于是商议解散公司。在跟一直在公司做保洁的阿姨商量提前结束劳务合同的时候，阿姨忽然出声询问公司遇到了什么困难，也许她能帮得上忙。

原来，这位阿姨家境富足，只不过退休后不愿在家享清闲，遂在家门口找了份保洁的工作。这帮年轻人跟自己的孩子差不多大，一直努力创业，她也很喜欢这个小公司，看着它一步一步成长到今天。平时这群年轻人在公司吃饭，也时常给阿姨带一份，一来二去，关系很好。

在得知发生了什么事情后，阿姨不想看这家公司就这么结束，于是拿出 100 万元，捐赠给这家小公司，帮这群年轻人渡过了难关。

这种情形是企业现实中很难遇到的，更常见的捐赠利得可能是企业遭遇了自然灾害，于是得到一笔捐款。不管是因为什么，这种收入一般是计入营业外收入的，并非企业经营所得。

❀ 政府补助

营业外收入里也有政府补助，但这里的政府补助，跟前面所说的计入其他收益的政府补助是不一样的。

其实，在其他收益科目出现之前，很多企业就把政府补助列示在营业外收入这一项。在其他收益科目出现后，利润表里的其他收益是列示在日常经营活动里的，而营业外收入是被列示在日常经营活动之外的。

也就是说，与企业日常经营活动相关的政府补助是被列示在"其他收益"中的，而与经营活动无关的政府补助需要被列示在"营业外收入"中。

企业符合条件的话，可以申请的政府补助多种多样，那怎么区分是否与日常经营活动相关呢？

其实这没有明确的规定，但是一般来说，企业去申请政府补助基本上是为了日常经营活动，正常情况下的大部分政府补助应该计入其他收益，不然也不会专门列出这一项了。所以，之前才在其他收益部分着重介绍政府补助。有且仅有这份补助跟企业日常经营活动真的没有关系的情况下，才应该计入营业外收入。

有的企业把同一种性质的政府补助今年计入其他收益，明年又改成营业外收入了，来回调，让人摸不着头脑，这样是不可取的。

❀ 非流动资产处置利得

企业的日常经营活动是什么？

基本就是做业务，主营业务、其他业务，可能还会做一些投资理财之类的。一般来说，除了专门买卖机器设备、房屋之类商品的企业之外，其他企业卖房、卖地、卖知识产权不算是日常经营活动的，很少有企业每天没事就卖自家公司的非流动资产，很多是偶尔设备坏了、旧了，办公楼用不到了才去卖掉。

所以，处置非流动资产不算公司的日常经营活动，自然就属于营业外。

那么，当一项资产已经没有什么价值，处置反而可以获得收益，或者获得的收益高于设备的价值，这时候，所得到的净收益就会被计入营业外收入。

比如，公司有一台设备，购入的时候1万元，分5年折旧，没有净残值。5年后这台设备在企业的账面上已经没有价值了，报废出售，假设得到500元，扣除出售过程支付的杂七杂八的费用50元，剩下的净收益450元就是营业外收入。

❀ 非货币性资产交换利得

也不是所有的企业交易都是用货币支付的，比如，有的企业用一栋楼换对方一项技术专利，或者用库存商品交换一台机器设备等，如图2-2所示。

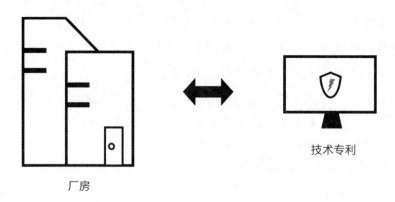

技术专利

厂房

图 2-2　非货币性资产交换

只要交换的双方都不是付的货币资产，如银行存款、应收账款、应付票据之类的，纯粹是用固定资产、无形资产等非货币性资产进行交易，即便涉及补差价，也小于总交易价格的25%，这时候就属于非货币性资产交换。

当某企业交易所得的资产公允价值，高于自己换出资产的账面价值，就会形成非货币性资产交换利得，就像你在销售平台用一个价值5元的苹果，换来对方一个价值10元的西瓜，扣掉你因为交换付出的1元手续费，就会占到4元的"便宜"，计入营业外收入。

✿ 确实无法支付的应付账款

举个例子来说，甲公司向乙公司购入一批商品，货已发，款未付。后来，乙公司因为一些原因忽然倒闭了，注销了公司，甲公司要付款的时候才知道消息，可现在乙公司已经没有了，这笔应付账款已经不能支付了，这种情形下，甲公司就可以上报税务部门，把款项记为营业外收入。

要注意，只能是因为对方的原因不能付款了企业才可以这么做，不能是因为自己付不起款了，或者打算赖账了就把钱计入营业外收入。

❀ 诉讼、和解赔偿款

企业开门做生意，难免碰上磕磕绊绊，与其他企业或个人之间发生争议或纠纷。当事情最终解决，无论是通过达成和解协议还是通过法律诉讼，如果对方支付给企业赔偿款，企业一般需将这些赔偿款计入营业外收入。

❀ 债务重组利得

企业在日常经营过程中，说不定什么时候就会遇到资金链断裂，没办法按计划偿还债务，或者债务水平已经超出了可承受的程度。

债务重组可以帮企业减轻债务负担，降低偿债风险，恢复偿债能力。不过，债务重组利得要在双方谈判达成协议后才能实现，目的是帮助债务人避免债务违约。有时候，债务重组能让债权人获得更好的债务回收条件。比如，原本的偿还条件可能导致债权人收不回来这些钱，造成坏账，现在条件变一变，倒可能收回九成，即便损失一成，也比之前什么都收不回来要好。

如果在重组过程中，债务人发现，重组债务的原本账面价值，高于现在正常还债所要付出的价值，就意味着企业账面欠的债多，实际不需要还这么多。那么，多出来的差额可以看成不用还的债务，计入营业外收入。

❀ 罚款收入

企业的罚款收入一般是营业外收入。因为罚款收入不是企业日常经营活动所产生的收入，而是源于一次性的、非常规的交易或事件，如违规行为或违约纠纷导致的罚款。毕竟哪家企业也不会天天都能从别人那里罚点儿钱来，否则就成了专业找茬儿的。

❀ 税收返还

税收返还也是企业营业外收入的一种常见形式，用于鼓励特定经济行为，减轻企业的税负。比如，当企业把公司注册在特定的园区，能够享受一定比例的税收返还，这笔钱通常会计入营业外收入。这是因为税收返还款项是非经常性、特殊性质的收入，与企业的核心业务活动没有直接关联。

❀ 盘盈利得

正常情况下，企业所有的资产都应该在账面上有所体现，但是，人为的工作就没办法完全避开失误。

比如，当企业盘点自己的资产，发现账面有某一型号机器设备 4 台，实际去车间一数竟然有 5 台，这就是盘盈。库存盘盈一旦发生，大概率是出于人为错误计量、错误记录原有库存、货物损失未及时记录等原因，这可不是公司正常经营活动的一部分。而是一种特殊性质的情况，一种需要通过会计调整来反映实际的情况。这个例子里多出来的 1 台机器当然不能置之不理，要在账面有所体现，一般是计入营业外收入。

这种营业外收入可不是什么好事，也许是员工不小心出错，也可能是故意为之，但无论哪种，出了差错不能被及时发现，就说明公司内部的管理控制机制有问题，不是单纯在账面处理了就能摆平这次的麻烦，还需要在管理上改进，方可堵住后面的漏洞，不重复出现类似情况。

营业外收入长期过多显示企业经营异常

营业外收入有时的确能给企业带来收益，比如，当企业需要资金，出售资产能筹到一些，解决债务问题，或用来进行战略性投资。不过营业外收入也可能显示企业存在管理问题，甚至经营异常。

在前面所介绍的营业外收入的几种情形中，我们能发现一点共性，就是这些收入都来自企业非日常经营活动。也就是说，如果一家企业运行很平稳，没什么突发事件，按理说应该很少会有营业外收入。如果我们看到一家企业的财务报表中，营业外收入长期存在，且数额不低，这就很不正常了。

有的企业因为一系列非经常性事件，产生了长期过多的营业外收入，比如，频繁地去出售资产、一直在打官司、经常得到罚款收入。虽然表面看起来这些事件可能是正当的，但当偶发事件成为一种常态，不得不引起外部利益相关者的关注与担忧，因为企业的财务数据将难以预测和解释。

更有甚者，一些公司的营业外收入倒成了主要的收入来源，比主营业务收入还要多，岂不是暗示企业每天经营的重点都不在自己的业务上，反倒靠各种不正当手段在获利，或者纯靠各种"运气""好事"在维持运转。主业荒废就会市场份额下降、竞争力不足，或出现产品服务质量问题，如此一来，这家企业离倒闭也就不远了，如同一个人整天无所事事，专门去钻空子、占便宜，靠这些钱过活，终究不是长久之计。

长期过多的营业外收入也可能反映一家公司财务合规出现了问题。比如，不正当的会计实践——或许有企业试图将正常营业收入转化为营业外收入来美化财务报表，误导投资者或债权人。这可是一项有严重合规风险和法律问题的行为，万万要避开。

归根结底，企业经营还是要专心于自身核心业务，谨慎使用营业外收入来补充盈利。虽然这些收入可以为企业提供一定程度的财务支持，但不应成为主要的盈利来源。管理者应该用一种正确态度来重新审视营业外收入，视其为一种机会，而非一种依靠。

第三课

看得见的成本与看不见的成本

✍ 成本与利润，此消彼长。

01 利润表里的成本

企业要收入自然要付出成本，在利润表中，主营业务成本和其他业务成本加起来就是营业成本，分别对应企业的主营业务收入和其他业务收入，即企业做主业和副业所需要付出的成本。

从干脆面的生产过程看成本

干脆面是很多人的童年回忆，一袋干脆面的生产会涉及多个环节和资源，原材料、人工、水电、厂房租金、生产设备折旧，处处都是成本。以此为例，我们来看看一家干脆面企业的大致生产过程（图3-1），对企业的成本有一个初步认识。

图 3-1 干脆面的生产过程

无米不成炊，想生产干脆面要先从原材料采购开始。主要的原材料包括面粉、水、食用盐、食用油和添加剂。这一步所涉及的成本取决于采购的数量和价格，且可能占到生产成本的一大部分。

面粉是干脆面的主要成分，企业需要将原材料中的面粉与水混合，制成面团。企业制作面团很少用人力了，都是用机器工作，如用喷淋控制器控制水量的添加，用双轴和面机揉面，另有少量人工去操作机器、监督进程，所以，机器本身使用就会折旧，机器运转需要用电，这些都是成本，人工操作也是成本，制造过程中的材料损耗还是成本。

做好的面团只有通过滚压机成型，才能变成一定厚度和宽度的面片，这要用到滚压机械，需要消耗设备和电力成本，并配有人工去操作和监督机器运作，工人的工资也要计入成本。大块的面片只有经过切割才能成为方便的长度，然后利用蒸面机、油炸机等机器来蒸煮或烘烤面片，使之预熟，做成我们熟悉的干脆面样子。

关键的一步来了，无味的面饼可不好吃，企业要将预熟的面片喷洒上各种调味料，做成不同口味的干脆面，并放置在烘干室中烘干，目的是去除多余的水分，烘干后在冷却室中冷却至室温，然后包装成一袋一袋的，通常用的是铝箔包装，以保持食品的新鲜度和防潮性。这调味、烘干、冷却、包装的过程都需要机器和人工参与，采购的包装物也需要另外购买，然后装箱，各种口味分类标注。

经过上述工序，一袋干脆面基本算是生产完成了，但是质量合不合格还需要人工检验，确保干脆面符合食品安全和质量标准，抽检合格才能入库保存，等待发售。

这整个过程的每个步骤都涉及不同的成本，而这干脆面的生产成本就会列示在干脆面企业的利润表"主营业务成本"中，这一成本跟卖干脆面获得的"主营业务收入"是相对应的。分析成本项目是每家企业都要做的事情，也是管理控制的必要手段，干脆面企业也不例外。这些成本的管控对于确保干脆面的质量和成本效益至关重要，同时影响着最终的市场价格和竞争力。

生产成本就是营业成本吗

从前面干脆面的生产过程我们可以看到，企业是付出了材料、人工、电力、机器折旧等成本，才换来一箱箱的干脆面，这一生产过程所涉及的成本总和都可以视为生产成本。可以说，生产的核心任务就是将原材料和其他资源转化成最终可销售的产品或提供的服务。而生产成本代表着企业在生产过程中的投入，反映出企业为创造价值所做出的努力。

那生产成本就是营业成本吗？不见得，因为生产活动和销售活动是两码事，而营业成本这一概念归属于销售活动。

以干脆面的生产为例，每支出一项成本，比如，使用了面粉，就会先计入生产成本，记账如下：

借：生产成本
　　贷：原材料 - 面粉

当干脆面生产成功，并不是直接就销售出去的，而是入库等待发售。生产成本汇集各种生产支出，期末就会结转到库存商品中，如下：

借：库存商品
　　贷：生产成本

最后反映在账面上，库存商品属于资产负债表中的"存货"项目。假如生产1000箱的干脆面成本是10000元，期末存货项目就会列示数据10000元。

存货是企业尚未售出的产品，被视为公司资产的一部分。这么来看，企业的各种生产支出只不过换了一种形式存在，这一箱箱的干脆面实际上就是生产成本的总和。这表示企业已经投入了一定的资金和资源来制造这些产品，但它们还没有转化为营业收入。所以，此时生产成本只体现在资产负债表的"存货"里，利润表里的"营业成本"是没有数字的。

不过，随着产品的销售，这部分成本就会被逐渐确认成"营业成本"，每卖出一袋干脆面，企业就会将生产成本从"存货"转移到"营业成本"中。公司会通过借记主营业务成本来表示增加，以反映销售的产品成本。同时，公司会贷记库存商品，以减少存货的价值，如下：

> 借：主营业务成本
> 　　贷：库存商品

这通常发生在企业的会计周期结束时，以反映特定期间内所销售的产品成本。营业成本的增加意味着企业已经销售了产品，获得了相应的营业收入。该记账方法有助于企业跟踪生产成本、了解存货的价值，并在财务报表中准确地反映销售活动的成本和盈利情况。

回顾以上过程，生产成本和营业成本之间的关系可以如此理解：随着产品的制造和完成，生产成本最初体现在存货项目中，存货的价值等于生产成本的总和。然后，随着产品的销售，生产成本逐渐从存货项目中转移到营业成本中，同时企业获得了相应的营业收入。生产成本最终以营业成本的形式在利润表中得以体现。自然，生产成本此时就不能营业成本混为一谈了。

值得一提的是，这一区别在制造企业中体现得更为明显，而服务型企业基本没有生产这一环节，不需要大规模的生产设备或大量的原材料，自然也几乎没有生产成本，营业成本也相对于制造企业来说普遍较低，存货这一项目用得很少。然而，无论企业的性质如何，都应该密切关注营业成本，因为这直接影响着企业的盈利能力和竞争力。精细管理营业成本可以帮助企业提高毛利润率，从而提高利润水平，更好地应对市场挑战，实现长期成功。

固定成本与变动成本的差异

成本可以分为固定成本和变动成本两类，分别在成本结构中扮演不同的角色，二者的差异从字面就能看出来。

固定成本，顾名思义，就是不受产量或生产规模变化影响的成本。不管你是生产多少产品，还是提供多少服务，这些成本都保持不变。固定成本通常与基础设施、设备租赁、管理人员工资等直接相关。比如，干脆面生产企业租用了一座小型工厂，每月租金5万元，这就是固定成本，不管你这个月是生产1万箱干脆面，还是停工不干，都得交这5万元。这些成本不会随着干脆面的生产量增加而变化，是固定不变的。

变动成本与固定成本正好相反，变动成本是与产量或生产规模变化相关的成本。也就是说，随着生产或销售的增加，变动成本也会相应增加，反之亦然。变动成本通常与原材料、劳动力等直接相关。

比如，公司购买面粉、调味料等原材料来制造干脆面，这些原材料成本与生产数量成比例增加，生产的干脆面越多，消耗的面粉、调味料就越多。还有生产线上的工人工资，随着生产增加，就可能需要更多的工人。这些成本在短期内灵活变化，与生产活动紧密关联。

固定成本和变动成本提供了关于成本结构、盈利能力和风险的关键信息，创业者掌握企业的成本构成是控制成本和制订预算的先手工作。识别哪些成本是固定的，能让企业据此制定长期成本控制策略，考虑基础设施投资和长期承诺，确保财务稳定。而了解变动成本，则有助于短期内的预算编制和应对市场波动，因为这些成本会随着生产或销售量的变化而波动。

具体到决策场景中，如果企业计划扩大生产规模，就需要考虑增加变动成本，同时要谨慎评估是否能够覆盖这些额外成本并获得利润。如果企业考虑合并收购另一家公司，就需要了解固定成本的影响，以确定整合后的财务可行性。

在一定的条件下，固定成本是可以转化成变动成本的，比如，厂房租金一般被认为是固定成本，无论产多产少都要交，但是如果产品销量很好，企业要大规模扩张，生产设备增加很多台，工人也扩招，那原本的厂房空间就已经无法容纳这么多生产设备和生产工人了，此时企业可能会扩大厂房面积，多租面积就要多出租金，产量每增加一倍，可能厂房就要再扩张一倍，此时的厂房租金就成了变动成本。

02　企业费用的多维透视

销售费用、管理费用、财务费用几乎是每个企业都会遇到的，费用管控也是企业内部控制的重头戏，如何在不同费用项目之间取得平衡，确保企业保持稳健的财务状况、持续的盈利和竞争力，是管理者的必修课。

"打头阵"的销售费用

销售费用常常被形容为"打头阵"的费用。这个说法强调了其在企业业务经营和市场竞争中的关键作用，影响着企业产品或服务的市场曝光度和销售量。

在如今的市场中，信息传播之迅猛前所未有。无论是传统媒体，如电视和报纸，还是数字媒体，如社交媒体和搜索引擎，都成了企业推广产品或服务的渠道。我们打开手机、电视，登录各大网站，随时可见的广告、铺天盖地的宣传，这种信息爆炸使得市场竞争日益激烈。

产品行不行，得用过才知道，但没人知道你的产品，又何来的市场呢？如此一来，企业想脱颖而出，就得付出真金白银，吸引消费者的关注，如此一来，才有了我们看到的广告视频、图片集合、明星推广。可以说，销售费用的投入是企业进入市场的第一步，用来"打头阵"，也算投石问路。

其实，除了这些广告费、市场推广费，企业为了销售所支出的费用，都是销售费用，比如，销售人员的工资。没有销售人员，谁去开展营销活动？谁去跟广告商接洽？谁去跑渠道？而在这些过程中，发生的业务招待费、销售活动的场地租赁费、销售人员租车费、展会搭建设计费、活动现场发放的礼品购买费，以及销售人员天南海北去见客户的差旅费等，也都属于销售费用。

企业统计销售费用，绝不仅仅是为了在利润表上填个数字这么简单，更是为了从这些数字中找到有用的信息。比如分析不同业务项目销售费用的支出，企业可以更好地了解资源分配情况，优化支出，确保资金被用在刀刃上。而且投入与产出的对比能得到投资回报率，这对于企业衡量当前的销售策略、销售渠道的有效性来说十分关键，投入高、回报低，就该及时止损，投入低、回报高就该把路子走通，持续拓宽，甚至成为一个典型，供后面的业务项目参考。

举个例子，假设有一家食品公司，生产并销售各种零食。以下是该公司某年的销售费用数据，如表3-1所示：

表3-1　某食品公司某年销售费用

项目	金额（单位：元）
广告费	1000000
销售人员薪酬和提成	2000000
渠道费用（包括物流和分销）	500000
售后服务费	100000
销售费用合计	3600000

逐项浏览即可看到，该食品公司投入了100万元用于投放广告，这

有助于增加产品的曝光度，吸引更多潜在客户。而销售费用中的"大头"是销售人员的基本薪酬和提成，有 200 万元之多。

销售人员是公司与客户之间的链接，一笔订单成与不成，买方看价值，卖方看利润，双方都满意是交易的基础，但很多时候，还要凭销售人员的三寸不烂之舌才能让公司产品成功推销出去。

沟通能力强，工作热情高，自然需要钱来驱动，发放提成本身就是激励销售团队的一种方式。反过来说，销售人员的基本薪酬和提成也反映着销售人员的努力和业绩，卖出的越多，企业越有赚头，销售人员得到的也更多，这是一件双赢的事情。

除此之外，渠道费用主要用来让产品顺利送达客户手中，达成交易没有用，企业发货不管是直接发给消费者，还是发给分销渠道，这个过程中的装卸、保存、中转、运输都需要经费支持，该食品公司在该年度投入了 50 万元，以确保产品能够高效地销售到市场。

表中除合计外，最后一项是售后服务费，这笔钱用来提供客户支持、解答客户使用疑问，以及处理产品使用问题。在这个例子中，公司投入了 10 万元用于售后服务，尽量让客户在购买后得到良好的体验。

以上只是一个简单的数据统计与浏览，是企业几乎都会做的基础性数据分析工作，也是深入挖掘数据信息的前提，分析不同销售费用项目的占比可以帮助企业了解资源分配情况。企业可以确定哪些领域的支出相对较高，以及哪些领域可能需要更多的资金投入。

在该例子中，食品公司这一年度的销售费用合计 360 万元，这是企业为推广和销售产品所投入的成本，其中，广告费占比 27.8%，这表明公司非常注重品牌推广和市场曝光。

但也引发一些思考：是否有更有效的方式来利用广告预算？是否需要重新评估广告策略以提高投资回报率？同时，销售人员基本薪酬和提成占总销售费用的 55.6%，这显示出公司希望通过销售团队的努力来促进销售增长。但薪酬体系真的科学吗？销售人员的积极性是否得到提高？应不应该重新设计销售人员的薪酬体系，让业绩不好的人逐渐淘汰，业绩好的人更有干劲儿？

不仅如此，公司还可以比较一下销售费用与销售收入之间的关系，来衡量投资回报率。比如，之前从来没有投入过这么多的广告费用，今年在广告上增加了一倍投入，那销售收入有没有因此得到提高呢？如果没有，就该考虑广告的投放是否没有达到预期效果，并根据投资回报率的数据考虑明年的广告投放策略。

只是表格其中的一项销售费用，就暗藏着如此多重要的经营信息，因而，表格中的每一项数据都值得深入挖掘。

"稳坐后方"的管理费用

管理费用的存在，是源于企业需要在其运营过程中进行一系列组织、决策、监督、协调等内部活动。

这些管理活动包括招聘和培训员工、开会制订战略计划、盘点分配资源和设备、处理法律问题、绩效评估、财务管理、信息技术支持等。相应地，企业需要付出招聘费、培训费、会议费、诉讼费、咨询费、管理人员工资、福利费、设备维护费、水电费、办公费等，这都是管理费用。

如果说销售费用是用来"打头阵"创收的，管理费用就是用来后方维稳的。这些费用让企业能够有效运营、明智决策、业务合规、留住人才、系统安全，全力给企业运转提供支持。

不过，在谈到成本控制的时候，管理费用常常是一个被关注的重点。因为企业很多不必要的资金浪费就隐藏在繁杂的管理过程中。

　　某电子公司成立二十余年，在手机制造领域拥有一定市场地位，公司规模也逐渐扩大，引入了更多的职能部门和管理层次。每个新部门都设有一名部门经理，还有多个主管和副经理，形成了多层次的管理体系。这么做的本意是为了更好地分工，然而过度膨胀的组织结构却带来了许多不必要的管理费用。

　　最基本的，每个管理岗位都需要支付相应的薪酬和福利待遇。因为管理层次的增加，公司不得不增加工资预算，这占用了大量的资金。此外，每个管理部门都需要办公空间、会议室、设备和行政支持人员，这些基础设施也带来了很多的办公费、会议费、设备维修费等额外的开支。

　　这还只是看得见的管理费用，更糟糕的是，这种多层次的管理结构拖慢了公司的决策速度，当需要制订新产品推出计划时，这一决策必须层层上报，经过各级经理、部门主管、总监、副总裁，最终提交给首席执行官批准。这种冗长的流程导致了决策的滞后，使得公司在市场上的反应速度远不如竞争对手，错失了很多市场机会。

　　从这个故事可以看出，虽然企业长久稳定离不开管理费用，但管理费用的浪费也会在有形和无形中"吃掉"企业的盈利。要想保持后方安稳，企业需得做好管理费用预算，也做好管理优化，确保资金被有效地用于核心业务和增长机会。

"精打细算"的财务费用

　　很多人看到"财务费用"的第一眼，会想当然地把这一费用当成财务部门产生的费用，这可就大错特错了。事实上，由企业财务部门产生的费用是计入管理费用的，比如，财务部门人员的工资，财务部门领用的办公用品，财务部门的电脑、打印机等设备的折旧额，甚至是财务软件系统的维护费用等。

真正的财务费用指的是企业筹集资金过程中发生的费用。当然了，筹来的资金本身并不是财务费用，但需要支付给对方的利息，支付给银行的汇款手续费，以及汇兑损益等，都是计入财务费用的。

一般来说，汇款的手续费、汇兑损益这些金额并不高，不会产生多少财务费用，企业也很少专门针对这部分钱去卡预算，这是不得不付的费用。最主要的财务费用还是利息支出。企业筹来的钱不是白得的，就像租车一样，需要付给对方租金。利息支出就是企业筹资要付出去的"租金"，也是企业的债务成本。而债务成本的多少取决于企业的融资策略和信用情况。

企业筹资的方式很多，发行债券、贷款，都可以。每种筹资方式都有不同的成本结构和利率水平。

举例来说，债券融资一般利率固定，而贷款的利率可能会根据市场利率的变化而浮动。哪种筹资方式最划算得看企业当时的情况，如果真的着急用钱，生死存亡之际，也就不说什么成本了，哪种筹资最快哪种最合适。但有选择的情况下，就需要多方"比价"，精打细算，这个"价"就是利息。

值得一提的是，一家信用优良的企业在筹资的时候更占优势，现代筹资基本会有一个信用评级的过程，综合评判企业的财务健康状况、偿债能力、行业前景等因素，用来给债权方参考。企业信用好，借方更放心，利息相对要得少；企业信用差，债权人承担的风险就高，对收益的要求也就相应提升了，筹资的企业就需要抛出更高的利息来吸引对方。

不过，有时候，拿到一张利润表，我们会看到财务费用是负数，这又是怎么一回事呢？

其实是企业得到的一些利息收入，比如，存在银行的资金给出的利息，一般会计入财务费用，用来冲抵手续费这类支出。又如，某些企业收到其他公司支付的利息，没有计入投资收益，而是计入财务费用。

有了这些资金的流入，当流入多于流出，财务费用就可能出现负数，此时不要直接误解为公司记账出现了差错，而要注意分析其背后的原因，全面理解公司的财务状况和运营绩效。

03　从边际成本看企业的未来

知道了什么是固定成本，什么是变动成本，还有一个重要的概念，叫做边际成本。边际成本越低，企业的未来之路就会越走越顺，利润增长空间越来越大，反之就会步履维艰，越做越难。

认识边际成本

边际成本是指每增加一个单位的产品或服务产量时，产生的额外总成本，也是一种增量成本。看起来，这跟变动成本有些类似，都跟产量有关，但是注意，边际成本是将固定成本的增量和变动成本的增量都包含在内的，所以，边际成本与变动成本之间在概念方面有本质的区别。

假设你经营一家面包店，租了一间店铺，销量慢慢做上来了，现在每天生产300个面包，基本能卖出去，于是考虑扩大生产量，最少每天多生产100个面包，最多每天多生产300个面包，但不知道应该增产多少最合适，如图3-2所示。

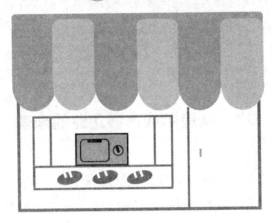

每天多生产多少个面包？
100 个？200 个？还是 300 个？

图 3-2　面包店扩大生产规模

我们来算一笔账：

▶ 门店的租金每月 10000 元；

▶ 前期购买了冰箱、醒发箱、搅拌机、烤箱等设备花费了 12 万元，预计能用 5 年，分摊到每个月折旧额约合 2000 元；

▶ 请了一位面包师月工资为 6000 元；

▶ 现在每天生产 300 个面包，每个面包需要消耗面粉、鸡蛋等材料费和水电费共计 5 元。一个月按 30 天计算的话，面包耗材一共 45000 元；

以上月度成本合计 63000 元。

如果你打算每天多生产 100 个面包，那么每个面包需要消耗面粉、鸡蛋等材料费和水电费是 5 元，其他成本不变。这种情况下，每个月能多生产 3000 个面包，需要额外付出成本 15000 元，单位边际成本为 5 元，即每多生产 1 个面包，要多产生 5 元的总成本。

如果你打算每天多生产 200 个面包，每个面包单位耗材 5 元。另外，面包师提出，多生产工作时间变长了，需要每月涨工资 2000 元，其他成本不变。这种情况下，每个月能多生产 6000 个面包，需要额外付出成本 32000 元，单位边际成本为 5.3 元，即每多生产 1 个面包，要多产生 5.3 元的总成本。

如果你打算每天多生产 300 个面包，除了每个面包耗材仍旧是 5 元外，面包师傅同样会提出来涨工资，谈一谈 2000 元他可以接受，其他成本不变。这种情况下，每个月能多生产 9000 个面包，需要额外付出成本 47000 元，单位边际成本为 5.2 元，即每多生产 1 个面包，要多产生 5.2 元的总成本。

从这个例子可以看到，目前面包店已经在每天制作 300 个面包了，当店主想扩大规模，决定生产第 301 个面包时，就需要购买额外的原材料，支付额外的人工费用，而其他成本（如房租和设备折旧费）暂时保持不变。仅仅是那些额外的变动成本是店主增加一个面包所需的材料成本和人工成本。店主要做的就是计算出来各种方案的边际成本，结合市场需求和销售情况，综合判断来辅助决策，找到最佳产量。

当然，因为增加的面包数量不同，可能发生的成本就会有变动，如果数量再往上涨，比如，增产 500 个，就需要购买新的烤箱、冰箱等设备，甚至设备放不下的话还得扩大店面，增加房租，那些原本的固定成本也会增加，这些额外的成本都会被统计到边际成本中。

规模效应带来边际成本降低

当你路过烤肠摊位的时候，是否见过上面贴着"3 元一根，5 元2 根"？

当你进店就餐，单点一碗面 20 元，一份小菜 5 元，一杯饮品 5 元，这时候你抬头发现这三样一起点，会有一个 23 元的套餐。

又或者你跟朋友一起去购物，一起买同一样东西，容易获得更低的价格。

……

这些场景的背后都有规模效应的影子。

规模效应指的是在生产或运营过程中，当产量或规模扩大时，单位成本会逐渐减少的现象。这种现象的存在是因为当企业生产规模增大时，固定成本相对于产量分摊得更广，导致单位固定成本的下降。这也意味着每多生产一个产品，固定成本对总成本的影响更小，从而降低了总成本，也降低了边际成本。

在面包店的例子中就可以看到，原本每天生产 300 个面包的时候，每个月能生产 9000 个面包，成本合计 63000 元，分摊到每个面包上，每个面包的单位成本是 7 元。

如果每天多生产 100 个面包呢？每个月就能生产 12000 个面包，总成本在原本 63000 元的基础上，再加上额外付出的 15000 元，共计 78000 元，分摊到每个面包上，每个面包的单位成本就是 6.5 元，明显比原来降低了 0.5 元。

这就是产量增加带来的成本降低，总成本降低了，说明多生产面包所产生的边际成本在降低，才拉低了总成本。

每天多生产 200 个面包的单位边际成本是 5.3 元，而多生产 300 个面包的单位边际成本是 5.2 元。换句话说，在初始成本不变的情况下，规模效应能带来边际成本的降低。

如此，也能解释为什么大规模生产总是比私人定制的成本更低，因为大规模生产的边际成本更低。我们日常生活中所能看到的大部分商品基本是批量产出的，商家提供产品或服务，我们按需选购。而一些具有个人色彩的定制内容，基本需要收取专门的定制费，比如手工量身定做旗袍，做出来的尺寸完全符合这一个人，每多做一件，额外增加的成本并不会减少。只能一件一件地赚钱，没办法走量，自然边际成本就上去了。

"一本万利"的买卖

成本和利润是此消彼长的，省下的就是赚到的。所以，管理者在决策时候，一个很重要的理念就是，尽可能让边际成本趋近于零。

什么情况下边际成本能趋近于零呢？

说白了，就是做一本万利的买卖。一次投入，坐享源源不断的收入。

比如，正在蓬勃发展的知识付费，视频课、音频课、电子书，都是一次制作，后续的复制、传送几乎没有生产成本。还有开源软件开发，一旦软件被创建并发布到开源社区，开发者可以从全球范围内的贡献者中获得大量的新功能和改进空间，无须额外投资。

当然，现实中一本万利的买卖可不好找，不过在企业经营中，以下两种不同的情景却经常出现。

场景一：某项业务虽利润平平，但入门相对容易，很好上手。不过正因为入门容易，很快就会被其他人发现这一赚钱的途径，蜂拥而至，竞争激烈，边际成本显著上升。

比如，你在某条街开了一家烧烤店，逐渐积累了一些人气，很快周围就会开满烧烤店，但客流总量毕竟有限，相互竞争之下，获客成本变得越来越高，生意越来越难做。

场景二：某项业务前期投入很大，有相对较高的门槛，困难较多。一旦步入正轨，后续的边际成本会显著降低，企业可能会得到一个潜在的利润暴增机会。

比如，做软件研发，研发费用流水一样，在成果没出来之前就是纯投入，没有任何收入，这个过程甚至可能持续三五年，也隔绝了大多数竞争对手。而当软件研发成功，其无可替代的功能会赢得市场认可，每次销售都只需提供一个访问账户，用户自行安装，几乎没有额外成本，算是边际成本趋近于零，这将为企业带来持续的高额利润。

对比两个场景，可以发现其中蕴含的逻辑：边际成本决定着企业的未来发展是越走越顺，还是越走越坎坷。

所以，在做决策的时候，企业管理者需要审慎评估业务的长期前景，了解边际成本的动态变化，并考虑规模经济效应的潜在影响，以避免陷入初期盈利但边际成本上升的业务陷阱中。

除了在业务方向的选择方面，在这个网络时代，各种技术和软件的蓬勃发展也赋予企业很多降低边际成本的机会。比如，现在几乎每家企业都会使用线上交流工具，销售人员不再需要次次都与客户当面沟通，而是隔着屏幕即可把产品销售出去，顺着网线就能面向全球市场；又如，很多数字化管理信息系统出现后，企业管理不再仅靠个人经验，各部门数据上传进去，自动汇总分析呈现到管理者面前，智能决策系统甚至还能提供决策建议，这是一种全新的数据驱动决策模式。

04　那些错失的机会成本

在企业管理中，能出现在利润表上的成本都是看得见的成本，可以被统计、被分析，但也有很多成本是看不见的、无形的、容易被忽略的，比如，机会成本。

机会成本是什么

机会成本是指企业管理者在做出决策时，选择某一方案，而放弃其他方案所失去的可能的收益。具体指被放弃的最高价值的方案所能产生的收益。

举个例子，有一家电子产品制造公司，市场变化促使公司业务调整，生产设备也要跟着更新，但供应商怎么选是摆在公司面前的一个问题。以下有三种供应方案，如表 3-2 所示。

表 3-2　某电子产品制造公司供应商选择方案

方案	供应商	设备价格	交货时间
方案 A	甲供应商	500 万元	3 个月
方案 B	乙供应商	450 万元	6 个月
方案 C	丙供应商	550 万元	3 个月

根据以上信息，该公司管理者单纯从机器成本出发，因为乙供应商的设备价格 450 万元为最低，所以选择了方案 B。这一选择到底对不对，我们来具体分析一下。

如果把交货时间一起考虑进来，方案 A 和方案 C 交货时间相同，可以更快地开始生产并上市新产品。假设按照机器的生产效率和电子产品的销售价格来预计，3 个月时间将给公司带来额外的销售收入 60 万元。而价格上方案 C 比方案 A 贵了 50 万元，所以应该优选方案 A。

现在来看 A、B 两个方案，方案 B 虽然在设备价格上比方案 A 便宜了 50 万元，但是因为交货时间最晚，不能尽快投入生产，该电子产品制造公司将失去在这 3 个月内销售产品的机会，赚不了这 60 万元。

该公司选择方案 B，相当于损失了机会成本 10 万元，这一结果是由方案 A 可能赚到的 60 万元，减去方案 A 和 B 设备价格差价 50 万元得到的。显然，方案 A 是更好的选择。

这个例子突出了机会成本的概念，即放弃某个选择以追求另一个选择可能损失的收益。即本可以赚到的钱没赚到，这就是损失，是成本。这种成本并不是直接以货币形式存在的，而是一种机会损失，需要用时间、主要资源、努力或其他资源的浪费来衡量。就如同方案 A 可能赚得的 60 万元，是真的已经赚到了吗？不是的，这只是一种预计。机会成本强调的也并不是这笔钱，而是资源的有限性和稀缺性。

在资源有限的情况下，做一件事就意味着不能做其他事情。所以决策才更需要慎重，确保选择的方案是最明智，也是最有利可图的。

千金难买"早知道"

生活中，时常会听到有人说："早知道，我就应该买那个""早知道，我应该去那家公司""早知道，我该走另一条路"……

在企业里，管理者决策失误的时候，不免会后悔没有先见之明。机会成本的核心思想在于看见可能的损失，而人们普遍对损失有着强烈的抵触情感。这也是为什么我们在日常生活中经常为了避免损失而举棋不定，陷入纠结。

谁都希望自己能把损失降到最小，世间很多遗憾并不是"我做不成某件事"，而是"我本可以去做另一件事，却做出了错误的选择"。

后悔是一种很正常的情感，然而，千金难买"早知道"，世上是没有后悔药的。机会成本这一概念本就意在提醒人们三思而后行，谋定而后动，制止或降低后悔的可能性。这实际上是在培养一种看待问题的全面性、预见性眼光，如同下棋，能看穿接下来的两三步即为高手，能看到十步、百步，就是"运筹帷幄之中，决胜千里之外"了。企业管理者也应该学会利用机会成本思维，从不同角度重新审视问题，让自己"早知道"得多一些。

在趋利思维的影响下，管理者会更看重怎么盈利，但秉承机会成本思维，思考要从损失的角度出发。

例如，当产品市场反应疲软，份额一直提升不上去的时候，企业是否应该继续投入经费推广，除了考虑自身市场潜力和盈利潜力外，还需要考虑如果营销失败将带来的损失，包括市场声誉、客户流失等。不止如此，同理，投入营销的钱，用来投资或者做其他业务是不是更赚钱？这实际上是把货币的时间价值也考虑进来，来回都是一笔钱，到底怎么用能赚到更多的钱才是企业要考虑的事。

把思路打开，产品市场反应疲软不一定只有"砸钱"营销这一条路，换一个市场、换一种业务、产品升级等，都是可能的选择。如果死板地把资金、资源继续投入可能无法起死回生的旧产品市场里，那损失可能不只是营销费用，还有错过的其他市场机会。

这么看来，机会成本思维更符合长远价值的思考，与企业价值最大化的财务目标更为贴近。因为考虑了机会成本，就意味着管理者不再专注于眼前的直接成本与收益，反而更在乎其他有长远价值的方案。

仍旧以前面某电子产品制造公司供应商所做出的选择为例，如果管理者认识到了机会成本并深入挖掘的话，不止是机器设备的交付时间，还有不同供应商设备的生产效率、使用寿命，设备款的支付方式，分期还是一次性交付，这些因素都要考虑在内，综合判断之下才可能真正算出来一个相对完整的机会成本，优中择优，为企业带来最大化的价值。

之前我们看到在相同的交货时间下，因为设备价格相差 50 万元，方案 C 是不如方案 A 的，也是管理者最先放弃的。假如现在方案 C 的丙供应商言明，设备款可以延期支付，交付设备后一年内支付即可，而其他两个方案的供应商要求必须收到设备就支付全款呢？这时候，哪个方案最划算？

我们来细想，延期付款相当于方案 C 中 550 万的设备款免费借给该电子产品制造公司使用一年，如果该公司拿这笔钱进行投资，年化收益在 10% 的话，相当于可赚得收益 55 万元，而方案 C 的设备款只比方案 A 高 50 万元，如果选择方案 C，放弃方案 A，那么该电子产品制造公司相当于能再多赚 5 万元。

这就是把眼光放到一年以后，而不是眼下的购买设备的这一刻，企业就能做出更理想的决策，符合价值最大化的目标。如果按照最初的选择，该公司管理者仅仅看设备价格就认准了 B 方案，此时，企业错失的机会成本将是 15 万元。因为方案 C 同样能提前交付创收，赚得 60 万元，又能因延期付款赚得 55 万元，方案 B 和方案 C 的设备差价是 100 万元，用 60 万元加上 55 万元，再减去这 100 万元，结果就是方案 B 的机会成本，此时是 15 万元。机会成本指被放弃的最高价值的方案所能产生的收益。

机会成本越高，说明放弃某一选择所带来的潜在收益或价值越大，企业潜在的损失也就越大，该公司选择方案 B 的那一刻，相当于直接损失了 15 万元。如果此时恰好竞争对手选择了方案 C，对方赚了 15 万元，自己亏了 15 万元，拉开了 30 万元的利润差距，后续在利润表上体现出来的时候，管理者明悟到这一点，很难保证不会捶胸顿足，这就是为什么千金难买"早知道"。

有时候，选择比努力更重要

在每个人的成长过程中，似乎都被教导着要努力，只要坚持肯奋斗，哪怕再难的事，终有做成的一天。但事实真的如此吗？

俗话说："男怕入错行，女怕嫁错郎。"放到现在，不管男女都怕入错行，选错人。我们从身边的例子也能看出来，即便是能力相等的两个人，在不同的行业、不同的岗位，所能发挥出来的价值却可能完全不同。如果真的都能有志者事竟成，那应该什么行业都不会错，不管是谁，只要努力都应该能做出一番成绩。但更多的是，发现自己不适合某一职业，再努力也做不成，反而换一条路倒如鱼得水。

对于企业来说，"入错行"就是选错市场，做错业务，"选错人"就是招不到合适的员工，定位不到准确的客户，一旦方向错了，努力反而会越走越远，与目标背道而驰。所以，有时候，选择比努力更重要。

在企业管理过程中，选择与努力之间的关系可以通过机会成本来解释。假设一家制造公司正在考虑投资一项新的生产项目，项目 A 和项目 B 都是潜在的选择。项目 A 是一项新的高风险、高回报的技术创新，而项目 B 是一项相对稳定、低回报的产品扩展。公司可以选择投资其中一个项目，但无法同时进行两者。在这种情况下，机会成本就变得非常明显。

如果公司选择了项目 A，就必须放弃项目 B 的机会，而这可能会导致未来的稳定收入损失。如果公司选择了项目 B，可能错过了项目 A 带来的高回报机会。假设公司目前资产状况良好，更渴望"开疆拓土"，那么就不能错过项目 A；若是外部市场环境动荡，公司意在求稳，那么就该选择项目 B。

当然，这里也并非在否定努力的重要性，仅仅是选对方向，并不代表就能"躺赢"，没有努力，成功的果实不会自动送到嘴边。企业经营情况之复杂也绝不是一次简单的选择，而是在各种选择和努力中前进，在"谜底"没有揭晓之前，谁也不知道到底哪条路最正确，只能在事先尽可能考虑到多方面的因素，让每一次选择更趋近于企业目标，把机会成本降到最低。

05　沉没成本，已成定局

即便知道机会成本的存在，有的公司仍会坚持在一个不再有望盈利的项目上继续投资，这是因为它们已经在其中投入了大量时间和金钱，一旦放弃，这些付出就成了沉没成本，失去意义。

难以割舍的沉没成本

场景一：你与对方谈恋爱多年，双方已经没有感情，性格不合导致经常矛盾升级，彼此十分痛苦。但是回头看看相伴的岁月，在对方身上付出的金钱，耗费的精力，想了想还是结婚吧，让这些付出好歹有个结果。

场景二：你因为家人推荐，在大学学了会计专业，毕业后也顺利成了一家公司的会计，但其实心里一直不喜欢这份工作，梦想成为设计师。工作了三年，一次偶然的机会可以成为一名实习设计，但要从头开始，你想了想大学四年的努力，父母给交的学费，还有三年的工作付出，放弃了这个机会。

场景三：你闲暇之余炒股，买入了一些股票，但一片绿色。考虑到已经损失的资金，总想着没有卖出就不能认定损失，说不定还能涨回来，始终没有抛出，眼瞅着继续下跌。

场景四：你所在的公司花大价钱买了一台机器，但保修期刚过，机器就频繁出现故障，带来高昂的维修成本。尽管继续维修机器需要支付更多的费用，最佳方案可能是报废机器，但公司仍旧选择出资维修。

场景五：你所在公司的研发部门每年都要支出巨额费用，但好几年也没有研发出来一项像样的成果，每年做预算，财务经理都会提议缩减研发预算，或停止项目重新分配资源，但最后都不了了之，公司决策层选择继续投入经费。

以上场景就是沉没成本效应的体现。

人们常常会因为已经在某一件事上投入了很多的时间、金钱、资源，而变得难以割舍这件事，往往前期付出的越多，就越放不下，即便明知应该及时调头，停止投入，仍然会固执地选择继续下去。

这实际上是一种不愿意承认损失的心态，换句话说，人们更愿意承担已经发生的成本，而不是放弃。放弃已沉没的成本可能会被认为是浪费。

再加上，有的人害怕选择了放弃未来反而会更糟糕，倒不如继续坚持。比如，担心分手了找不到更合适的对象，重新选择设计的工作却一事无成，忍痛把股票抛售了却开始一路走红……这些对未来不确定性的担忧，促使人们更愿意守在舒适圈里。

沉没成本的重点不在于成本，而在于"沉没"二字。

沉没的意思就是说那些花费已经不能恢复成原本的资源。而因为有沉没成本效应的存在，企业的管理者在做决策的时候同样会受到干扰，陷入付出陷阱，如同投资买股票的心态一样，企图持续投入更多的资源来挽回之前的损失，这可不是明智的选择。

明智的选择需要参考过去、结合当下、面向未来，一旦过分执着于过去发生的沉没成本，而忽略了现在和未来，很容易让企业承受更大的损失。

"断舍离"是及时止损的智慧

"断舍离"的概念近年十分流行，中心思想就是学会舍弃一些生活中不必要的东西，比如，物品、社交，甚至是情感，让人生轻装上阵。

最常见的行为就是清理家居用品了。很多人都有存东西的习惯，购物留下的成堆垃圾袋、穿不出门的衣服、不趁手的清扫工具，还有很多几年都用不到的杂物，这些东西实打实称得上"鸡肋"二字，用起来要么用不完，要么不好用，但丢掉的话又觉得十分可惜，很浪费。尤其是那些花了不少钱买回来但又没用过几回的物品，虽然发现没什么用还占用家居空间，但又因为实在付出了一定的成本，舍不得扔，这就是沉没成本效应使然。

不过，断舍离之所以这么流行，恰恰是因为人们逐渐认识到了沉没成本本身并不能在未来带来相应的价值。通常而言，人们付出了成本都是希望得到价值回报的，可显然一件穿不出门的衣服本身就失去了使用价值，即便当初花费了不菲的价格买来，在以后的日子里，它仍旧穿不出去，只能挤在衣柜里，每每看见就换来一声叹息。所以，当有一天真的把这件大衣送进捐物箱的时候，人们才会感受到断舍离带来的轻松，摆脱那种"鸡肋"的负担，这实际上是一种及时止损的智慧。

断舍离不单适用于个人生活，在企业管理层面也具有深刻的意义。

企业管理者应该时刻保持一种对沉没成本的觉察，及时发现那些不再具有价值或已经变得低效的项目或业务，重新考虑资源分配的情况，以便将有限的资源聚焦于更具前景、更有价值的领域。

比如，在智能手机市场刚刚萌芽的时候，就有一些企业敏锐地嗅到了信息，提前部署，砍掉一些传统业务，腾出手专门做技术研发，乘着技术的东风成为一方巨头。反观一些我们曾经熟知但已经退出市场的手机品牌，因为舍不得放弃传统业务，错失了时代的机会，最终惨淡落幕。

断舍离的思维方式也可以在企业日常决策中发挥作用，如产品组合管理、市场推广和人员配置。管理者可以随时关注资源的利用率，如果某项工作效益低，做事流程缓慢，或者收益不如预期，就应该及时改变策略，积极去优化产品组合、改变推广方式，或者调整人员配置，切不可一条路走到黑，放任资源的继续浪费。

机会成本比沉没成本更重要

泰戈尔说："如果你因错过太阳而流泪，那么你也将错过群星了。"这句话暗含机会成本和沉没成本的存在。当有人因为错过太阳而感到悲伤时，实际上是在关注沉没成本，太阳已经错过了，继续悲伤就相当于持续投入情绪，投入资源，而忘记了抬头看看夜空中的群星闪耀之美，"错过群星"实际上就是因沉浸在"错过太阳"的悲伤中而产生的机会成本。

关注机会成本与关注沉没成本代表了两种不同的思维方式，前者着眼于未来，后者聚焦于过去。

在商业领域，机会是创造价值和实现利润的起点。关注机会成本强调在决策时应该优先考虑未来的机会和可能性。如选择某个选项，将会获得什么样的好处；有没有更好的机会等待着。由此，对比来说，关注沉没成本侧重于过去已经发生的损失和投入。当管理者过于强调沉没成本时，就会困扰于过去的错误决策，不肯承认失败，试图通过继续投入来弥补过去的损失，从而错失其他的机会。

也就是说，沉没成本已成定局，不及时止损，机会成本就会持续增加。

假设你想给家里添置一台新电视，为此花费了很多时间在网上对比不同品牌和型号，也前往几家电器卖场实地考察。最终选中了一款电视 A，在一家卖场交了定金 100 元，约定当天送货上门，送到付尾款，售价总计 5000 元。

出了卖场你去超市购物，发现超市的电器区刚好推出一台活动款电视 B，与之前选中的那款电视同一品牌，各项参数还更好，折后 4500 元，你十分喜欢，觉得之前预订的那款电视 A 不"香"了。

此时你给那家电器卖场打电话，想要退掉之前预订的电视，对方声称已经装车在运输途中，如果退掉，100 元定金将不会退回，用于弥补运输损失。

让我们来分析一下这个情境，如图 3-3 所示。

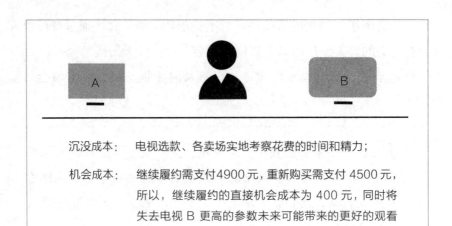

沉没成本： 电视选款、各卖场实地考察花费的时间和精力；

机会成本： 继续履约需支付4900元，重新购买需支付4500元，所以，继续履约的直接机会成本为400元，同时将失去电视 B 更高的参数未来可能带来的更好的观看体验

图 3-3　电视购买情景中的沉没成本与机会成本

沉没成本是已经确定了的，但机会成本看人们最后如何选择。显然，在这个情境中，明智的选择是退了电视 A，选择电视 B。一部分人会觉得退订单太麻烦了，而且已经付出的沉没成本也收不回来，如果不要电视 A，这 100 块就像浪费了一样，所以选择继续履约，那么就要承担机会成本。

这就是沉没成本与机会成本之间的权衡。在企业里，这样的权衡过程往往每天要上演很多遍，如果管理者不幸是一个相当重视沉没成本的人，就可能给企业带来很多不必要的损失。理智的管理者都应该明白，机会成本比沉没成本更重要，就像未来怎么样比过去如何更重要一样。毕竟无论人还是企业，都是要不断向前看的。

06　企业经得起几次试错

所谓的试错成本，其实跟其他成本都有关联。业务方向走错，企业

边际成本持续上涨；A、B方案二选一选错，机会成本升高；投入决策失误，继续投入还是没结果，都成了沉没成本。每一次成本的升高必然伴随着一次决策的失误，企业经营就是一个不断试错的过程。但一家企业又经得起几次试错呢？

鼓励试错与试错成本的平衡

企业经营本身就是一次又一次地试错。从创业开始，创业者就在试错，创业方向找不对，市场判断错误，亏到血本全无之人有的是。

世间所有事本没有百分之百的精准预测。有些错误可能当时完全不能察觉，事后把所有的选择和结果都看到，串联起来，才可能得出一个最佳选项。

就像机会成本这件事是在决策前进行评估的，选A还是选B，当下的情形一定是A更有利你才会选A，不会是明明B更好你放着不选硬去选择A。但世事难料，或许过了几个月，A方案情况急转直下，原本的收益落不了袋，反而当初不被看好的B方案摇身一变，成了人人抢手的"香饽饽"。

所以，很难直接去断言企业某一次的试错是必要还是不必要的。但确实企业最大的成本就是这么来的，因为错误需要付出代价。生死存亡时刻的临近源于一个个错误的决策，串联起来逼着企业走到破产那一步。

在鼓励试错和承担试错成本之前，企业管理者一直在试图寻求一个平衡点。换句话说，盲目试错不可取，而低成本、有回报的试错才是企业所追求的，如图3-4所示。

图 3-4　鼓励试错与试错成本的平衡

什么是低成本、有回报的试错？

简单来说，就是在进行新业务或投资项目时，通过尽可能减少成本和时间投入，以最小的代价去尝试和探索，从而获得反馈和经验，以便在后期进行更明智的决策。

其实每个老板看到新事物出现，或者关注到之前没有发现的领域，都可能产生疑问：这个业务我的公司能不能做？这个项目我能不能投？这里面的收益我能不能分到一杯羹？

这些疑问都是很正常的，因为企业在面对新的商业机会时，往往需要进行尝试和探索。不过，当你开始去尝试的时候，就已经开始试错。

有人问："前期市场调研是不是能代替试错？"

实际上，市场调研并不能完全代替试错。因为，你怎知市场调研本身不是一场试错呢？虽然市场调研可以帮助企业了解市场需求和竞争情况，但调研结果并不一定完全准确，而且市场情况也在不断变化，今天调研的结果，等你用来决策，下达指令执行，到结果出来的那天早就对不上了。所以，即使进行了市场调研，企业仍然需要进行一定的试错来验证调研结果是否准确，同时，企业这样做是在通过试错来更好地了解市场情况。

虽然市场调研不能完全替代试错，但充分的市场调研确实对于降低试错成本有利。而今一些数智化技术，如大数据、人工智能等技术的应用在许多情况下足可以在降低调研错误成本上发挥作用。寻求专业咨询的帮助不失为一种好办法。

除去低成本这一标准要求，有回报才是企业试错的终极目标。历经千辛万苦，若能看见所付出的试错成本得到应有的结果，方能称得上是圆满。哪怕中途出现错误，也能从中汲取教训，明白错误产生的原因，以及如何进行纠正，使之前的试错成本不至于白白付出。

试错的真正意义在于对认知的修正。都说"人无法赚到自己认知以外的钱"，当事情的发展超出了我们的认知范畴，无论怎么决策都难以避免错误。然而，通过试错，企业管理者可以拓展自己的认知，深入剖析每一个试错细节，找到问题的根源，进而探索到正确的道路。

如此看来，错误并不可怕，有回报的试错或可看成一次探路的投资。许多成功的商业故事都源于试错。有时候，错误的决策反而能够带来意外的收获和启示。

勇于试错、善于试错，最小化试错成本，才是企业成功的加速器。

一个企业最大的浪费，是经验的浪费

任正非曾说："一个企业最大的浪费就是经验的浪费。"

这句话是什么意思呢？就是指企业所做的每一道"错题"和正确的"解题思路"没有被专门总结传承下来，导致试错得不到回报，所有的试错成本都成了沉没成本，造成资源的浪费。

这次被一块石头绊倒，没有人去专门搬开它，下次来走这条路，被同一块石头再次绊倒。

之前的人在岗位工作中摸索下来一套自己的工作技巧，但是没有传承下来，人员一变，企业的效率瞬间被拉低。

上次部门协作碰到一个问题，花了三天时间来解决，但是没有人专门根据最后的解决办法去优化协作流程，导致下次碰到同样的问题，仍旧需要花费三天，甚至更长时间来摸索才能解决。

以上就是企业经验被浪费的真实写照，令企业的每一次探索和试错都成了无用功。

有人说："经验的总结和分享我们一直在做，表彰优秀员工，并进行汇报演讲。时不时还有财务培训会、销售培训会等，职工教育经费每年都有不小的支出。"

事实上，很多的经验分享会、内部培训会，参会人员就是走个过场，真正学到了多少，或者说学到了又在实际工作中用到多少，可能相当有限。这种分享基本是"战略"层面的分享，而不是"术"层面的落地。跟我们上面所说的经验总结是两回事。

例如，在销售培训会上，销售冠军分享自己的经验，说道：

"我平时特别注重跟客户搞好关系，做销售的，不能自己等待客户自动上门，必须主动出击。四时节气，嘘寒问暖，新品上市，主动推销。力所能及范围内，我还会帮客户处理一些生活中的小麻烦，客户使用咱们的产品有任何疑问，咱们都要及时回复，热情解决，以此来拉近跟客户的距离。"

听到这段经验分享，很多销售人员大概能得到一个战略层面的指导方向，但是，真的落到实行层面，真的能把这些事落地的有几个？

节气问候，说什么？新品上市要推销，怎么推销的？客户生活中的小麻烦根本不会主动来向一个不认识的人寻求帮助，怎么发现对方有小麻烦呢？解答产品使用问题这个大家都会，可为什么同样在热情回答，客户就觉得跟他交流很满意，给我的评价打分就成了比较满意？

要知道，细节才是决定成败的关键，否则这么好模仿的话，人人都是销冠了。而这些问题都是简单的经验分享给不出答案的。对于那些没有经历过相同场景的人来说，一般起不到具体的指导作用。自然他们也无法内化成自己的东西，举一反三，应用到实际工作中。

虽然藏在语言里的经验落不了地，但刻在流程里的章法可以成为经验的具象化。

做到这一点，需要企业内部各个部门萃取每个岗位上一线员工的经验。是的，只有真实处于这个岗位上，才能获得一手的经验。这些员工日常处理工作会遇到各种各样的问题，他们是怎么处理的，哪些工作需要跟其他人配合，先找谁，后找谁，怎么做能效率最大化，这些都藏在脑子里。没有被问到具体细节的时候，员工本人甚至也意识不到其中暗藏着效率提升的密码。因为他们本身可能不具有经验梳理的意识和能力，即使去梳理也说不出个所以然。

企业可以应用一些经验萃取的工具，帮助这些员工把专属于某个岗位的工作经验梳理出来，总结到一起就是独属于企业自己的经验贴，最后以流程的优化作为成果，形成一个工作闭环。

这里介绍一个常见的经验萃取工具：STAR 法则。

STAR 法则是一种广泛应用于团队管理、沟通技巧和问题解决等领域的行为描述和评估方法。其核心思想是将复杂的问题和情景分解为四个部分：情境（Situation）、任务（Task）、行动（Action）和结果（Result），以便更好地理解、分析和解决问题，如图 3-5 所示。

S　情境（Situation）
　　描述事情是在什么情况下发生的。

T　任务（Task）
　　明确任务的目标和要求。

A　行动（Action）
　　针对这样的情况分析，采取的行动方式。

R　结果（Result）
　　描述结果怎样，在这样的情况下学到了什么。

图 3-5　STAR 法则框架

STAR 法则是一种讲述自己经验的一个清晰、有条理的模板。比如，上述销冠分享经验中，可以就帮客户解决问题写一段具象化的经验总结：

▶情境：一次，客户购买的空调使用不久出现故障，给咱们的客服热线打电话，一直占线。于是客户找到当初向其推销产品的我。

▶任务：我的任务是帮助客户尽快解决空调故障问题，并化解客户因新产品使用没几天就出现故障，以及不能及时联系到提供售后服务的客服人员而产生的不满情绪，维护客户对品牌的信任，确保客户对我的解决方案感到满意。

▶行动：我首先向客户表示歉意，因近期正处于夏季，公司的售后保修服务有 5 年之久，所以很多老客户会前来询问一些使用问题，或者报修，因此出现占线情况。很抱歉给客户带来困扰，并表示不要着急，联系到我也是一样的，问题一定会尽快得到解决。最后向顾客咨询了方便上门维修的时间，承诺尽快上门维修。挂了电话，我给公司的维修工人紧急预约，安排第二天上午就上门维修，给客户说明了。第二天看到维修订单完成，再次联系客户表示歉意，询问维修服务是否满意，给出反馈。

▶结果：客户对我的服务表示很满意，认为我非常专业和负责任。事情圆满得到解决。这次经验让我有三点深刻认识：一是到旺季客服热线应该增设接听人员，避免上述情况出现；二是销售人员不应以自己不负责售后服务推脱，完全不帮客户解决售后问题；三是不管什么原因，客户情绪需要第一时间安抚，真诚地道歉是必须的，而且问题被妥善解决是最关键的。

以上就是利用 STAR 法则萃取经验的简单示例，在更多职能部门，如财务部、人力资源部、后勤部、运营部等，这些经验的萃取对管理流程的优化将更有利，因为这些部门主要在跟其他部门打交道，形成的经验更有利于实现企业内部的协同。

　　除了 STAR 法则，RAWER 法则、SCORE 法则都是相关的经验萃取工具，企业可以根据实际需求选择。总之，不要让一线员工的工作经验只是脑子里抽象的经验，让其具象化出来成为企业的经验才是最好的效率提升路径，也是最好的降低试错成本的方法。

第四课

利润是计算来的，也是计划来的

> ✍ 控制影响利润的变量，就能控制利润。

01　成本能决定价格吗

成本能决定价格吗？这个问题的答案是不能。商品的价格由价值决定，受供需影响。不过现实中，成本也是一件商品定价所需要考虑的重要因素，是价格的下限。

价格是由价值决定的

在经济学理论中，价值决定价格，价格反映价值，这就是价格与价值的关系。

"价值是凝结在商品中的无差别的人类劳动"，这一内容是写进课本的基础理论。也就是说，如果两种商品分别需要相同数量的劳动力花费同等时间来生产，它们的价值可能是相等的。

而价格是我们通常使用的货币数额，用于交换或购买各种物品和服务，因为价值无法直接衡量，货币又是市场交易中一种被普遍接受的媒介，所以，价格作为货币的表达方式，能使我们更容易地理解和比较不同商品和服务的价值。当一个肉夹馍标价 8 元，一个单纯的馍标价 2 元，我们自然知道肉夹馍的价值更高。即价值较高的商品通常价格也高，价值较低的商品通常价值也更低。

巴菲特有句名言："你付出的是价格，得到的是价值。"

因而人们购买商品很多时候会看性价比，看东西值不值这个价。其实就是看价格跟商品本身的价值差距几何。当价格越靠近价值，甚至低于价值，人们会更愿意去购买，如果价格远高于价值，人们就不愿意购买了。例如，在实际生活中，人们看到一个肉夹馍标价 8 元可能会买；如果标价 38 元呢？可能就会觉得不值，拒绝购买。

但人们在对比之前，是怎么知道一个商品的价值呢？难道真的去详细计算凝结在商品中的劳动力和劳动时间吗？

不是的，大概率考虑的还是商品本身的原材料成本。比如，制作肉夹馍的面粉多少钱，肉多少钱，然后粗略地加上一部分人工成本，混合成一个价值的模糊印象，对照一下价格进行判断，值还是不值。

不过，在商业交易中，价格是一种常见的价值度量方式，但并不是适用于所有情况的唯一标准。有价值的东西不一定有价格，一些东西本身就没办法用货币来衡量的，比如，企业信用。我们都知道信用好的企业往往更容易与供应商、合作伙伴和客户建立长期合作关系，连金融贷款的利息都可能比其他企业更低，这就是企业信用的价值，但谁会在每一次合作中给企业信用明码标价呢？

有价值的东西未必有价格，这一道理提醒企业管理者，交易不光看价格标签，还要看潜在价值。

例如，选择供应商不仅仅应基于价格，还需要考虑其可靠性、交货准时性和质量保证。企业经营也需要考虑社会责任，如环保、社会公益和道德道义。虽然这些因素不一定与即时的经济收益挂钩，但对企业的可持续性和长期成功具有重要作用。

供需影响价格

一瓶普通矿泉水要多少钱？如图 4-1 所示。

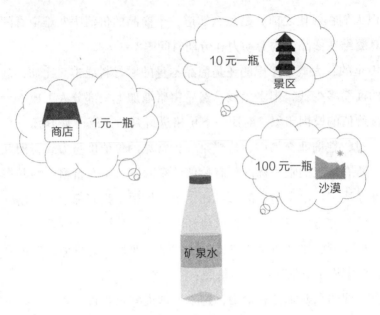

图 4-1　矿泉水的价格

　　放在商店里标价 1 元，放到景区却要标价 10 元，放到人烟很少的沙漠里甚至标价 100 元都有人买。为什么同一件商品，价格差异会这么大呢？

　　因为供需影响价格。供不应求，价格上涨；供过于求，价格下跌。

　　市区通常有许多便利店，竞争激烈，资源充足。如果这家贵消费者可以去另一家；如果觉得矿泉水贵还可以去饭店喝一杯白开水，也可以买饮料、稀饭、水果来解渴。明显的供大于求，且替代品众多，价格因而较低。

　　爬山很容易口渴，且负重很累，游客时常会出现水没带够的情况，周围又没有那么多选择，供应有限，所以商家可以设置较高的价格。

　　在沙漠里跟爬山的情况很类似，但更为极端，空气干燥、光照充足，本身的地理特征决定了水源非常稀缺，人们也更容易口渴，需求极高，供不应求，因此价格会更高。

　　如果在更为极端的情况，一口水都能救命的话，一瓶矿泉水也许能卖出天价。

上述情况跟"物以稀为贵"是一个道理，也解释了为什么同样的净度和克重下，天然钻石的价格要远高于莫桑钻。仅仅从人工成本来说，开采天然钻石的成本可能还比不上人造钻石要付出的成本，可就是因为天然钻石的稀有属性，人们更愿意为其支付更高的价格，供不应求，才令天然钻石价格变得如此高昂。这时候，商品的价格就不再简单地只由价值来决定了，而是受到人们的需求影响。

需求有时是一个很主观的东西，人们对于米、面、油这类生活必需品的需求是天然存在的，但是像钻戒这种非生活必需品的商品需求就因人而异了。

"钻石恒久远，一颗永流传"，在这句广告语的影响下，很多人把钻石与爱情挂钩，用钻石来象征坚贞不渝、长长久久的爱情，买钻戒成为求婚的标配，于是天然钻石有了莫大的市场。如果当初的广告是其他珠宝，比如，跟爱情挂钩的成了珍珠，钻戒不再如此热销，其价格就要比现在低上许多。

当一款新产品上市，基本会大面积推广告，广告的效用，恰恰证明了人们需求的主观性。在我们生活中有很多日常习惯使用的商品其实之前压根是不存在的，比如，牙膏、洗面奶，以及越来越细化的护肤品。市面上很多的广告不管是直接宣传的，还是用科普的方式来宣传的，本质就是让你相信该商品很好，应该人手一个，甚至成为生活必需品。一旦人们接受了这种设定，把这些商品融入自己的日常生活习惯，其需求就能大规模增长，然后很多东西开始悄悄涨价，因为需求上来了，价格自然要上涨。

为了不显得涨价那么直接，引起消费者反感，有准备的商家事先就会设置一个较高的价格，在初期推广的时候用打折的口吻来吸引消费者，等销量稳定，就不再有折扣，或者折扣很小，自然在价格上涨之时，比较容易被消费者所接受。

还有另一种方式是用新产品淘汰旧产品，即在原有产品的基础上进行稍稍改动，换个包装，即可作为卖点，用"产品升级"的套路来自然而然地涨价，旧产品逐渐退出市场，但实际上新产品未必比旧产品价值更高，于企业而言，甚至可能因为需求上涨带来生产规模扩大，规模效应发挥作用，生产起来更省力了，成本反而降低了。不管最后采用什么方式，这些情况本质上都是需求带来的价格上涨。

成本是价格的下限

虽然从经济学的理论上，我们没有直接看到成本对价格的影响，但在现实生活中，企业在给产品定价的时候，一定会优先考虑成本。没有人愿意做亏本的买卖，长期亏本，就算企业实力再雄厚，也有坚持不下去的一天。如果一件商品的价格低于其生产成本，企业必会及时止损，用最快的速度放弃这项业务。

有一种消费现象十分常见，就是线下试用，线上购买，如图 4-2 所示。

图 4-2 "线下试用，线上购买"的消费现象

因为人们发现，即便是同一品牌的同一款商品，线下门店的价格

往往很多时候要比线上官方旗舰店更高。其中的原因显而易见，那就是线下门店要承担更多的经营成本，比如，房租、水电、销售人员的接待服务。而线上只需要在线沟通，甚至无须沟通，自动下单，仓库直接发货，还省下了运送至门店的成本以及门店的仓储费用。这就是成本对价格影响的最直接表现。

那么，这能说明成本决定价格吗？

当然不能，比如，一碗卤面定价 50 元，面条是纯手工做的，肉是最新鲜的，卤汤是半夜起来熬的，整整熬了 12 个小时，里面的配菜是精挑的菜心，特别嫩。商家说："做这碗面，成本就得 45 元，卖 50 元，一点儿也不贵。"但是，一碗卤面在消费者心里可能就值 10 元，哪怕材料好点儿，顶多 15 元，即使你说这碗面确实卖得不贵，恐怕也没人愿意买。

这就是为什么成本不能决定价格，市场竞争决定了一件商品有很多其他的替代品。这家卖得贵，其他店卖得便宜，哪怕其他店的配菜就是普通的菜叶子，不是菜心，10 元一碗就能填饱肚子，味道也不错，为什么非要去吃那碗"天价面"呢？

价格是用来交易的，当一件商品标了价却没人来买，有价无市，就成了"死的"，相当于把商家的钱"冻结"在了这里，甚至可能直接全亏，比如，面和卤汤是有保质期的，一旦不新鲜了，就全成了沉没成本。

事实上很多时候不是成本决定价格，反而是价格决定成本。

要是想开一家面馆，就得迎合市场。如果店面所在地区人们普遍能接受的一碗面价格就是 10 元，那么定价就要差不多在 10 元上下浮动。然后再反过来控制成本，面不一定要手工的，机器做的就可以，菜是普通的菜叶，肉少放几块，只要口味差不多，一碗面卖 10 元左右，顾客才会买账。反而 50 元的卤面，上面可没有加什么山珍海味，说破天去也只是一碗面，太贵了。

所以，价格决定成本，市场上同类商品的普遍价格影响了商家的定价水平，有了定价，就有了成本的上限，控制得住成本，有得赚，买卖才能长久。如果你的能力现在做不到用这么低的成本完成这件事，但其他人可以，你就会在竞争上处于劣势，很容易被市场淘汰。

如此看来，价格就是成本的上限，成本就是价格的下限。

02　先定价格，再做产品

先来思考一个问题：先有产品，还是先有价格？这个问题跟"先有鸡，还是先有蛋"一样，从不同角度看有不同的答案。传统思路是先有产品，再谈定价，可在价格决定成本的思维下，这种传统思路正在被颠覆。

定价的时机要在前

过去，人们做生意卖产品，总是先考虑"我会做什么，就去卖什么"，产品定价通常是产品开发或制造完成之后的一个环节。产品做出来要先计算成本，然后才在此基础上设定价格，以确保盈利。

这种思路看似合理，但有一个显而易见的弊端，那就是产品制作成本容易偏高，价格不得不抬升。

开始的时候谁都想把产品做好，精益求精，当然会带来昂贵的原材料和生产过程成本，为了不亏本还有得赚，企业不得不把价格标准定得很高，相当于让成本来决定价格，这是违背经济学理论的。

价格竞争本身就是市场竞争必不可少的一环，所以，高成本的产品很难在这方面取得优势，也就限制了产品自身的市场吸引力。定价高了，普通消费者会望而却步。即便想走高端路线，在没有打出口碑之前，很难取信于人。最后的结果往往是哪边都不讨好，造成"高消费客户看不上，低消费客户买不起"的两难局面。

兼之现代社会已经开始用"以销定产"取代"以产定销"，于是，"价格决定成本"的思路就更被推崇起来，这是一种市场驱动的管理思维。

传统的"以产定销"模式强调企业根据其内部能力和资源来生产。即有多大产能，生产多少产品；有了产品再去找市场。这种方式在过去可能是有效的，因为产品种类少，需求多，根本不愁卖。

可现在呢？五花八门的商品充斥在市场上，替代品一茬接一茬地冒出来，等你生产出来再去卖，短时间内可能根本卖不出去，货压在仓库一天，成本就上涨一天，企业的资金也被"冻结"在这些暂时卖不出去的货物里，机会成本损失了一大把。

然后出现了"以销定产"，消费者时常能看到的商品预售就是在走这条路。企业先深入了解市场，洞察消费者的需求、偏好和价格敏感度。基于市场反馈来调整产品设计、产品定价和供应链策略，然后再进行生产。这意味着生产和供应不再是滞后于市场需求的，而是跟着市场需求的变化节奏来灵活调整的。

在上述环节中，定价这一环节被放在了生产之前。说明企业开始注重价格在整个价值链中的关键地位。价格不再是生产的末端，反成了生产的开端，是设定产品、控制成本和供应链的先导步骤。企业需要更精确地预测市场的价格接受度，来确保产品生产出来可以在市场价格范围内赚到钱。

在这种情况下，打破常规思路的商家越来越多，纷纷着眼于市场需求的先行性，先迎合市场把价格标准定下来。有了价格标准再去决定产品要怎么生产，用什么材料，避免闭门造车，造出一批高成本的产品，没市场又被迫低价出售，平白亏损。

定价不是要趋同

有个人做包子特别好吃，家人朋友都劝他："去卖包子吧，这么好吃肯定有人买。"于是，这个人去考察了一下市场，观察了周边包子铺的定价，又详细计算了一下自己做包子的各项成本，包括原材料、制作设备、人工成本、门店租金等。然后发现自己做包子的成本要是按照周边包子店的市场价格，连本都捞不回来，于是打消了这个念头。

过了两天，一个朋友问他："你的开店计划提上日程了没？"这个人不由得说出了真实的情况，并坦言自己放弃开店了。朋友一听，说："这可就是你傻了，定什么价格给什么价格的产品。你的包子明显比其他店铺的好吃，定价上当然要更贵。如果你担心竞争不过，打算跟其他店一个价格，那就在原有的用料上省一些，保留原有的调味方式就好了。"

听朋友一说，这个人仿佛醍醐灌顶。是啊，如果定价普通，当然应该卖普通的包子，自己做的包子用料扎实，馅多味美，别人卖 2 元一个，自己完全可以卖 3 元一个。不同的馅料定不同的价格，最好吃的一款甚至可以定 4 元一个。定好了价格再去调整包子的馅儿料配比，便宜的就素一点儿，贵的就肉多点儿，总之不会亏就是了。自己之前完全被价格竞争唬住了，总觉得自己卖得贵就会卖不出去，其实可以走特色路线的。

迎合市场给产品定价绝不等同于盲目模仿市场价格水平。这关乎企业的战略智慧和市场差异化竞争。如果你的产品与竞争对手的产品没有明显的优势或特色，当然可以尝试以类似的价格参与市场竞争，这时成本控制会成为竞争的关键。

然而，如果你的产品具有独特之处，表现出明显的优势，那就没必要别人的包子2元一个，你也卖2元一个，一上来跳入价格竞争的泥淖中。市场竞争不是只能靠价格取胜，更重要的是产品带给消费者的附加价值，也就是超出基本需求的价值。

故事里这个人做的包子明显比其他店铺好吃，除了能满足吃饱需要，还能满足味蕾需要，那么贵个1元、2元也是能被大众所接受的。因为消费者愿意为更好的口味体验支付超出饱腹需求的额外费用。在这种情况下，包子的美味带来的体验价值就可以反映在定价中，而不仅仅是迎合市场价格。

这也是为什么高端品牌可以成功运用高价策略，不担心价格高了卖不出去的原因。高端品牌通常能提供卓越的品质、独特的设计和独到的体验，他们的产品价格往往比竞争对手高出许多。然而，消费者愿意为这些附加价值支付更高的价格，他们认为这恰恰是产品真正的价值所在。

赢家的成本优势

在这个强调个性化的时代，特色就是一款产品的卖点。不过，在激烈的市场竞争中，很多产品是走不了特色路线的，因为大家都在走这条路，当人人都有特色，也就人人失去了特色，除非你的特色一骑绝尘，很难被复制。

每款产品在推出的时候，商家都会就其特色卖点着重宣扬，有的甚至会拉踩竞争对手，贬低对方的特色，并把自己的特色建立在不同于对方特色的基础上。比如，某打底裤商家为了凸显产品自然逼真，制作了双层打底裤，一层保暖，一层纱，作为卖点，而竞争对手的宣传语却是"双层的打底裤很容易被钩破"，并把单层打底裤当作其特色卖点。

其实，当这些"卖点""噱头"等都褪去之后，你会发现，站在一场竞争的终点，真正的赢家是赢在了成本优势上，而不是这些表面文章上。

因为大多数的特色卖点都很容易被复制，今天你用检测报告做宣传，将安全无害作为卖点，明天同行也能甩出一沓更厚、更全面的检测报告，但成本优势不是谁都能轻而易举获得的。

什么是成本优势？同样做包子，大家都卖 2 元一个，口味相差也不大，但是我能每个挣 1 元，你只能挣 0.5 毛。如果要打价格战，我降价到 1.5 元一个还能挣 0.5 毛，可你压根就不敢降价到 1.5 元，否则就是"颗粒无收"。

这就是成本优势，即企业在生产或提供产品或服务时，能够以更低的成本获得相同或更高质量的结果，从而在市场竞争中取得优势。打价格战谁都会，降价多简单，打折扣、有买有赠、积分兑换，套路多了去了，但是一方盈利着打，而另一方亏本着去争，谁输谁赢，谁能笑到最后，一目了然。

那赢家的成本优势是怎么来的呢？

这可就是八仙过海，各显神通了。比如，有的商家的包子店就是有更可靠的材料供应，更优惠的采购价格；或者同样的成本下这家的馅料配方就是比另一家的好吃；再或者他家资本雄厚，经营的门店是个人财产，不需要付房租；等等。不管在哪方面能独占鳌头，都能形成挤压对手的成本优势。如果两家竞争，你在这方面比我好，我在另一方面比你强，那一时之间还争不出个高下，一旦一方有了压倒性的成本优势，就会在马太效应的加持下，强者更强，直到坚持不下去的对手自动出局。

所以，先有定价，再做产品，重点还要放在压缩成本上，毕竟成本和利润此消彼长。当有了价格标准，利润空间也就出来了。比如，一个包子定价 3 元，我打算每个挣 1 元，低于这个利润就不做，然后再去看成本控制，如此才能不让成本吞噬利润，而不是只要不亏钱就能做，否则忙忙碌碌一个月，虽然没亏本，却发现只挣了 200 元，同样长久不了。

总之，先定价就是先确定了标准，在同样的起跑线上，每个企业都会想各种办法打造自己的成本优势，扩大利润空间，从而成为最后的赢家。

03　增加利润的四种思路

利润是收入和成本的差额，想要增加利润，就要拉开价格和成本的差距，于是有了以下四种思路。

思路一：价格不变，成本降低

这是最经典的思路，企业在经营过程中一直把降本增效视为长期追求。能用更低的成本生产出同样的产品，就会形成之前探讨过的成本优势。这意味着即使收入保持不变，企业也可以获得更多的净利润。

仔细注意一下身边，有一些商品十多年都没有涨过价，比如可乐，十年前就是 3 元一瓶，现在还是 3 元一瓶。这不禁让人疑问，一直不涨价不会亏本吗？事实是，某可乐公司仍在年年盈利，并不见亏损，利润数据还小有涨幅。

虽然可乐没涨价，但通货膨胀一直存在。现在的 3 元跟过去的 3 元相比可就要贬值了，那盈利从哪里来的不言而喻，自然是成本降了。可乐的生产原材料无非是水、二氧化碳、焦糖色和磷酸等内容，成本极低。而这么多年出现过很多可乐品牌，最终留下来的就那么两家。某可乐公司更是一家全球性的公司，市场份额比例极高，具备极大的规模优势，使其能够在生产和分销过程中降低成本。这就是价格不变，成本降低，带来的利润增长。

在实际的企业经营中，技术更新、人员效率提升、供应链优化等都是降低成本的可靠途径，这一思路还将在未来继续成为企业追求利润增长的常规选择。

思路二：成本不变，价格上涨

这个思路就是单纯涨价。

这么多年过去，绝大多数的商品都在涨价，20年前的煎饼馃子只要2元一个，现在要6元一个，一线大城市甚至出现20元一个的情况。涨价很正常，因为整体物价都在上涨，但是短期内产品本身没什么提升的情况下想要增加利润，给产品涨价，就需要用一些套路了，否则直接涨价会引起消费者的反感，甚至可能失去大批回头客。

成本不变，却要涨价，可以走"新瓶装旧酒"的路线，之前提过的换包装就属于这一套路。同样的产品，同样的原材料，换一个新包装，以限定新品的噱头给人以一种特殊价值，涨价更自然。

一个很常见的例子就是饮品店，比如，奶茶店、咖啡店等经常会推出季节或节日限定款饮品（图4-3），用应景的季节或者节日包装同样的饮品，虽然内装的饮品跟平时所卖的相差无几，但通过包装、命名和宣传上的创新，就能够向消费者传达出一种升级和独特的体验。这种新奇感和噱头使得客户更容易接受价格上涨。

普通杯
8元

中秋限定款"星月杯"
10元

图4-3　包装升级

让消费者直观地看到价格的上升可能会引起反感，但要是没办法直观比较就会好很多，比如，用价格分割的办法来实现涨价的目的。

以前论斤卖的糕点，一斤 15 元，大概可以装 6 块，如果现在改成一斤 18 元，相当于明晃晃地告诉消费者"涨价了"，但要是把糕点按等份切好，标价每块 3 元，就能暗戳戳地实现涨价的目的，乍一看很难直接跟以前的价格做出对比，更容易被消费者所接受，如图 4-4 所示。

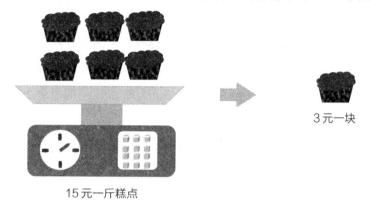

图 4-4　价格分割

类似的套路还有各种优惠套路，如凑满减、加赠品，这些是很多人曾经历过的，比如"双 11"。有细心的人去比对部分商品平时的价格后发现，号称的活动底价有的只不过是先涨价后降价的操作，最后买下来甚至可能比之前还要贵，真真应了那句"一顿操作猛如虎，一共省下两块五"。

思路三：价格上涨，成本增加

这一思路本质上还是为了涨价，而且因为在产品上做了相应地升级，涨价的幅度要更大。

假设思路二是成本不变，价格直接上涨 10%，那思路三就是成本增加 10%，价格上涨 30%，借此拉开成本与价格的差距，提升产品的利润率。

我们平时看到的月饼礼盒就是这个思路。同样几块月饼，用油纸包着就卖 10 元钱一包，加一个纸盒子给每块月饼单独包装上再放到一个大盒子里，一盒就能卖 30 元，但这些纸盒子的成本恐怕连 5 元都没有，价格却成了之前的 3 倍。

最经典的例子是手机市场的策略。每年新手机发布，价格常常会比前一代更高，而新功能的增加并不能代表生产成本的大幅增加。手机制造商会引入一些看似有吸引力但实际成本不高的新功能，例如，更好的摄像头、更大的存储空间、更高的屏幕分辨率，来借此涨价，以实现更高的盈利。这一策略的关键在于，通过巧妙的营销和品牌策略来强调这些新增功能的重要性，创造一种升级感和附加值，使消费者更愿意接受价格的上涨。

当然，类似的情况也出现在高端汽车市场中，其中一些品牌在新车型中引入豪华功能，如智能驾驶辅助系统、更豪华的内饰。虽然这些功能的成本相对较低，但能推高整车的价格，吸引追求高端体验的消费者。

还有一些机构的课程，原本是 2500 元 48 个课时，想要涨价又担心顾客流失，特推出 3200 元 50 个课时的大礼包，且承诺所有课程都做了内容升级，更贴合宝宝的生长发育情况，但更换课程内容本身对实际成本的增幅影响并不大，一家机构本身就有储备课程，单独计算 1 个课时的单价确实要比之前高很多。也就实现了不着痕迹增加利润的目的。

思路四：价格降低，成本降低

说到手机，已经是现代人出门的必备物品，比钱包都还重要。但最初手机问世的时候，称得上是一项豪华奢侈品。

20 世纪 80 年代"大哥大"进入国内市场，售价就在万元以上，要知道，当时很多人的工资一个月才两百块，甚至还有几十块的。再看今天，几乎人手一部，还是智能手机，这几十年的演变过程，也是一部手机的成本一降再降的过程。

手机的使用价值是不言而喻的，一经问世就受到很多人的追捧，虽然曾经昂贵的价格令人望而却步。不过，市场需求的旺盛刺激了制造商的创新欲望，他们开始积极寻求降低成本的途径。

最直接也是最快的途径自然是技术的进步与创新，先进的移动通信技术、高分辨率屏幕和强大的处理器，这些曾经昂贵而不易获得的技术和组件，都随着研发人员对于技术难题的攻克走下"神坛"，变得唾手可得。

同时，得益于规模效益和全球化生产，每部手机的制造成本逐渐减少。手机制造商们还在全球范围内建立了供应链，以获取更有竞争力的零部件和原材料价格。智能时代的悄然到来也给智能手机的生产助了一把力，部分制造商开始引入自动化生产线来提高生产效率，减少了人工组装和检测所需的成本。

以上种种原因使得手机本身的生产成本一降再降，再加上如今手机制造商遍地开花，不同制造商为了争夺市场份额，竞相推出价格更为亲民的手机。这种竞争现象也迫使他们在成本控制方面寻求更多创新。

在整个良性循环的作用下，现在的手机价格整体比之当初下降了很多，而生产成本其实下降了更多，给利润留足了空间。这就是企业增加利润的第四个思路，借由技术革命或其他颠覆性的措施来大规模降低成本，并带来某一类商品价格的整体下跌。

借鉴这一思路，企业想要增加利润，也可以在原有的产品线上推出低等级的亲民产品线，比如，一些护肤品品牌所拥有的产品都是中端品质，为了扩大利润，瞄准下沉市场，推出平价系列产品，把原本的护肤品的有效成分减少，同时把价格降下来，当成本和价格之间的差距依然能保持足够大，即使降价也能赚到足够的利润。

04 销量增长，利润水涨船高

除了成本和价格，一家企业能赚多少钱，还取决于产品的销量。销量跟利润是成正比的，卖得越多，利润越丰厚。所以，现代营销学之父菲利普·科特勒说："营销是公司的一切"，也就不足为奇了。

薄利多销是真理吗

说到销量，怎么让产品卖得更多、更快一直是企业追求的目标。即便没做过生意的人也大多听过"薄利多销"这个词，其实就是打折促销的意思，商家压缩自己的利润空间，用低价吸引消费者前来抢购，实现大规模销售，弥补低利润率，最终获得可观的总利润。

薄利多销并不是一个绝对的真理，只有在特定的情况下，薄利才能多销。什么情况呢？就是当这款商品价格弹性大的时候。

商品大致可以分为两类，一类是必需品，另一类是奢侈品。

必需品很好理解，就是关系到我们温饱问题的生活必备物品，比如米、面、蔬菜、油、牙刷、床单、普通衣物等；而奢侈品不单单指人们平时说的名表、珠宝、豪车之类的商品，其实只要不属于生活必需品的商品都是奢侈品，比如一件羊毛大衣，一瓶香水，一盒香烟，等等。

必需品本身价格弹性小，比如鸡蛋从4块钱一斤涨到了6块钱一斤，人们该买的还会去买，就算某一天降价到3块钱一斤，也不会人人抢购10盘回家，因为多了也吃不了。所以，这类商品不管涨价还是降价，销量的变化浮动并不大。

但奢侈品就不一样了，其本身价格弹性比较大，因为很多时候人们处于可买可不买的状态，正碰上打折便宜就会买来体验一番，碰上很贵的时候就算了。比如，羊毛大衣2000元一件的时候，销量平平，当这件衣服一折促销，200元一件，需求就会大增，每年衣服过季促销的时候，总能看到簇拥的人群，就是这么回事。

所以，企业想要采用薄利多销策略来刺激销量增长之前，要先判断一下自家的商品属于哪一类。除此之外，市场需求的规模大小也限制了到底能多销出去多少，一款产品的市场需求如果非常有限，再降价人们也消化不了这么多，何谈销量的增长？如果企业真的采取了这一策略，自身的生产能力和成本控制能力也要跟得上，确保生产供得上销售，同时即使降低价格，仍能够以薄利的积累获得足够的利润。

提高销量也可以从提高价格入手

当商家想要增长销量，第一反应是降价，走薄利多销的路线。但是，有人却反其道而行，价格不降反增，产品却大卖，这是真的吗？

拉蒙德是一家精品腕表的店主，店内主要销售手工腕表，价格相对昂贵，客流量不大。拉蒙德一直在考虑如何增加销量，一个店员表示有一些顾客很喜欢店里的腕表，但是一问价格就走了，所以降价销售应该能增加销量。

拉蒙德沉思了很久，即便把售价5万元的腕表打折卖3万元，那些觉得贵的顾客还是觉得贵，不会买的。真正买得起的顾客也不会因为价格降了2万元就一下子买入好几块一样的腕表，这么做反而会得罪曾经花了5万元买表的老客户，觉得自己当初买亏了。所以，降价绝不可行。

于是，他想到了一个独特的计划，推出高奢系列，价格翻倍。在原有的制作工艺上精益求精，采用更高级的材料和更精密的工艺，确保每块腕表都能使用更长时间。并且提供个性化定制服务，让顾客在腕表上刻上自己的名字或特殊标志。将价格翻倍带来的高额利润，用来加大宣传，以"匠人精神"作为金字招牌宣扬腕表的品质，并打通销售渠道，提高销售佣金比例。这样一来，销售人员能够更多地从每块腕表的销售中获得回报，也就更积极地推广本店的腕表。

一番操作下来，拉蒙德的腕表名气更大了，前来慕名购买的客户络绎不绝，后来，拥有一块拉蒙德的腕表甚至成为一种时尚。

拉蒙德的成功之道，其实暗含深刻的销售策略和商业智慧。价格和销量可不是成反比的，不是降价就能增长销量，涨价也能有意想不到的结果。我们一起来看看拉蒙德做了什么：

▶ 推出高奢系列，价格不降反涨；

▶ 精益求精，提升品质，为后期"匠人精神"的宣传做铺垫；

▶ 提供个性化定制服务，增加产品的附加价值；

▶ 打广告、通渠道、升佣金，全方位推广宣传。

这一套"组合拳"下来，首先让拉蒙德跳出了价格竞争的陷阱。薄利多销的做法并不总是奏效的，尤其在高端市场中。降价虽然可能会吸引那些价格敏感的客户，但对于真正喜欢手表并具备持续购买能力的客户来说，价格并不是唯一关注的因素，降价反而会损害品牌声誉，被视为是低档次的标志。这也是拉蒙德绝不降价的原因。

高奢系列产品一推出，价格虽然翻倍，但品质也跟着提升了，这一策略精准命中消费者相信"一分价钱一分货"的心态。用精益求精的工艺和高级材料，来确保每块手表都能使用更长时间，为客户提供长久的使用价值。至于个性化定制服务，意在提升产品的独特性，让客户跟品牌建立起亲密联系，因为这块手表可能会见证客户一段难能可贵的感情。

最后，也是最重要的一点，拉蒙德将价格翻倍带来的高额利润用于品牌宣传上，以"匠人精神"为宣传关键词，给消费者留下了高品质印象。而企业在渠道上花的钱，在佣金上让的利，都将进一步激发销售热情，有共同的利益才能把这些渠道资源和人力资源凝聚在一起，为了一个共同的目标努力，也正是这一步，让拉蒙德的腕表在市场竞争中占据了更优势的地位，因为同样的价位内，销售人员会不遗余力地优先推销拉蒙德的腕表。

相较薄利多销而言，尽管拉蒙德反其道而行，却依然在这一场商业竞争中获得了成功，精髓在于准确把握了自身产品的特性和客户需求的特征，不走价格竞争的老路，而是倾力打造一个高端品牌，并把涨价获得的利润用来推广，走出了一条别样的成功之路。

所以，企业想提高销量，也可以从提高价格入手。

走质还是走量，取决于产品定位

作为消费者，人人都想要物美价廉的商品，可站在商家的角度，质量和利润似乎又是一对矛盾体，难以兼得。因为质量好通常意味着成本高，成本高又要兼顾价格低，几乎就没有利润空间了，做生意就是为了盈利，既然不赚钱，这门买卖也就没人做了。

摆在很多企业面前的一个问题是：走质还是走量？

市面上的商品如果从质量与价格两个维度来分类，可以分为四种，如图4-5所示。

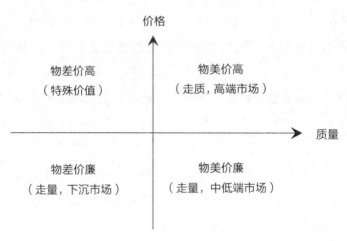

图 4-5 "质量－价格"维度的商品分类

以上不同的产品定位面向的是不同的市场需求，从高端奢侈品到超值实惠商品，再到一些低成本、高利润的产品，在市场中都有自己的客户群体，每家企业不一定只有一种商品类型，更大的可能是上述产品类型齐备。

"物美价高"的产品基本是奢侈品，走的都是品质路线，面向高端客户，产品质量很"美丽"，价格更"美丽"，单个产品的利润率很高，但带给客户的体验感和使用价值也几乎是独一无二的，拉蒙德故事中的腕表产品定位就是这一类。

"物美价廉"的产品质量要稍逊色于"物美价高"的产品，属于中低端品质，但相比于本身的价格设定来说绝对称得上超值，所以才是"物美价廉"，这种产品一般是商家的爆款产品，也是引流产品，是"走量"的，借此吸引来更多的新客户，给店内其他的商品带来更多曝光和销量，比如，很多护肤品品牌的明星产品就是这一类，消费者大多是通过这个明星产品认识了这个品牌，并开始关注店内的其他款产品。

"物差价廉"的商品通常是下沉市场的代表，面向的是低收入群体，很多9.9包邮到家的产品都是这一类。这些产品的质量一般较差，但价格极为便宜，因此消费者可以容忍其存在一定程度的缺陷。而且，一些小物件本身根本不需要多好的质量，价格低用坏了也不心疼，直接更换即可，常常作为一次性、消耗性商品。

"物差价高"的产品很多人一看到就会嗤之以鼻，这里的质量差只是代表产品成本极低，不代表很容易损坏。这类商品通常具有特殊用途或者纪念意义。毕竟消费者也不是傻瓜，专门挑这种产品来上当。商家生产这类产品主要是为了获得高额利润，甚至只需售出一件产品就能获得成倍的利润。即使卖不出去也没关系，成本很低，放在那里也不消耗什么。比如，一些景区的纪念品，带有特定地点的标志性图案或标识，制作成本很低，售价却很高，可出了景区就没得卖。还有体验游玩项目的过程照片，游客很难捕捉到，但是商家会专门拍摄下来并打印，一张照片成本很低，相纸的质量也不怎么好，显色度较差，人像并不清晰，但这种景区照片通常售价很高，有的要 30 块钱一张，可很多游客看到自己的精彩瞬间就会想"来都来了，奢侈一下，买一张留作纪念吧"。

不同的产品定位满足了不同类型客户的需求，也构成了商业市场的多元化。对于企业来说，正确定位产品，并了解目标客户的需求，是营销成功的关键。

05　利润计划要内外并举

在企业里，有一项工作就是在计划利润——做预算。要知道，做预算可不仅仅是设置一个花钱的尺度，让企业"节衣缩食"，包括企业挣多少也要做出计划。把"要挣的"和"可花的"都列出来，实际上就能确定企业某一预算期间内的盈利目标。

向外要利润

企业做预算的工作起点就是销售预算，这与"以销定产"的思路一致，整个销售预算工作的核心在于确定一个销售目标，然后化整为零，把目标分解，最终落到每个人的头上，才能实现企业总动员。

所谓的销售目标，说得浅显一些，就是预计收入，这是企业向外要利润的方向。

接下来的销售重心放在哪儿？产品定位怎么走？市场份额情况如何？这些都是企业确定销售目标所要关注与探讨的内容。具体目标的讨论过程是怎样的呢？

某公司会议室里，销售总监并财务总监、副总经理、总经理等公司领导坐在一起，如火如荼地讨论下一年的销售走向。

总经理发话："回想 5 年前坐在这里，我们讨论的是怎么扭亏转盈，定个目标只要不亏本就好。谁想 5 年后的今天，公司收入突破千万元大关，明年希望大家再接再厉，创出一个更亮眼的成绩！"

副总经理向销售总监示意："公司决策层讨论后，希望明年销售收入在数据上增长 30%。"

听到这里，销售总监面露为难："目前公司 5 个销售团队，每个团队的月业绩基本在 15 万元左右，好一点儿的月份顶多 20 万元，一下子增长这么多不好说，得想想办法。"

市场总监闻言说道："其实收入倒在其次，重要的是先占领市场，现在公司产品市场占有率只有 10%，在这上面如果能更进一步，将来会带来不可限量的收入。"

　　　　财务总监说道："可以先让各销售团队定个目标上报汇总一下
看看。"
　　　　最后，这一议题暂时被搁置，下次会议继续讨论。

　　整个会议讨论过程生动地展现了多种销售目标确定方法，这些也是
企业常见的销售目标确定方法。

　　公司5年前的销售目标是"扭亏转盈"，属于以盈亏平衡点的销售
收入作为目标，只要不亏本就可，这方法相对谨慎，旨在保证企业的基
本盈利，适用于创业初期的情况。

　　5年后的现在，副总经理根据过往5年的销售数据增长情况，提出
了更为雄心勃勃的"30%增长率"目标，这是一种以数据分析为基础的
确定方法，通过历史数据的增长趋势来设定明年的销售目标，以求更大
的市场份额和盈利。

　　而销售总监面露为难是因为根据真实销售团队单位绩效，测算出总
体销售目标不足以达到"30%增长率"。这种测算方式单纯是从实际出
发，如果目标定得太高，自己夸下海口作出保证却完不成工作，就是无
能的表现。当然，他也没有直接说不行，毕竟这是决策层讨论的结果，
所以需要考虑用什么办法来提高单位绩效，或者扩大销售团队等。

　　市场总监的建议则更侧重于市场占有率，他认为提高市场份额才是
最关键的，因为现在的市场占有率相对较低，可以通过更好的扩张带来
规模效应。

　　会议暂时没有讨论出结果，于是财务总监提出以分级上报汇总销售
目标收入的方式，通过将总目标分解为小目标，避免目标设定过于理想
化或偏于保守。这是一种管理层级的方法，确保各级部门的销售目标都
与总体目标相符。

其实，目标过高、过低都不理想，过高管理层满意，但执行层倍感压力，甚至可能产生"反正也完不成，破罐子破摔"的心态；过低则执行起来没压力，但增长效果就不尽如人意了。以上方法适用于不同阶段和企业类型，很难直接说哪一个是最优的。真实的企业场景可能是综合运用各种办法，碰撞出一个差强人意的结果。

待目标确定，就要围绕目标制定相应的产品策略、价格策略、促销策略，以及竞争策略，将各方面资源和力量调整为步调一致，整体向外努力谋划利润。之所以说销售预算是在向外谋利润，是因为一切行动都在对接外部市场，力争把"蛋糕"做大，更大一点儿，这是最直接的开源方式。

向内要利润

在开源的基础上，节流同样重要，成本费用预算就是在做这件事，本质是在企业内部要利润。

企业做成本费用预算工作，是指在预算期内对各种成本和费用进行合理规划和控制。这不是简单地设一条花销上限，超过的钱一分不出，而是通过细致的成本分析和预测，优化管理机制，盘活企业内部资源，以增效的方式来降本，实现资源的最优分配和效益提升。

过去市场竞争还未如此激烈之时，企业的目光基本是对外的，秉承"多挣点儿比省那仨瓜儿俩枣儿强"的思想，销售工作一向是重中之重。现在再看市场竞争，当某一新品上市，只要没有多大技术壁垒，要不了几天，"某家同款""某品平替"立马就能上线抢夺市场，这时候向外要利润是很困难的。

当外部市场没办法给予企业想要的利润增量时，企业的盈利能力就受到了限制，投入再多的推广费也很难得到想要的效果，性价比不足。如果企业降价抢市场，很可能打乱自己的产品定位，并败光品牌好感，一旦定位降下去，未来再想涨价，消费者可能就不买账了。

　　于是，企业的目光就不得不聚焦在"内修"上，向内部要效率，向员工要绩效。这个"要"的过程需要先制定一个标准，然后来看完成度，如此才能量化绩效，否则就只是一句空口号，即使利润没涨也能推责给外部市场，这就失去工作意义了。

　　这个标准的制定过程就是在做预算。对企业来说，重要的是总体成本的降低，运营效率的提升，所以把目标拆解到每名员工头上就可以作为员工工作绩效的判断标准。

　　当每名员工的工作任务和职责都与成本控制相关联，那每名员工都会成为企业成本控制的参与者，他们不仅仅关注任务的完成情况，同时会注意确保将成本和费用控制在预算范围内。例如，销售人员策划一次销售活动，不仅要保证活动效果，还要绞尽脑汁地控制活动经费。

　　但是，想要马儿跑，就得给马吃草，把预算目标和绩效目标挂钩其实是一个施压过程，员工未必会心甘情愿地去执行。比如，经费卡了，销售活动的效果打几分折扣也没办法直接看得出来。所以，这需要利益和绩效双轮驱动。也就是说，预算目标不光要与绩效目标挂钩，还要与奖金挂钩，满足员工的需求，形成利益共同体来达成总体目标。

第五课

好模式造就好利润

> ✍ 赚钱有"套路",模式得人心。

01　利用信息不对称赚钱

从古至今，信息一直是一项重要的资源，无论是战场博弈还是商场博弈，谁掌握了信息，谁就拥有主动权。依托信息不对称打造盈利模式，是企业的长期策略之一。

信息不对称的天然存在

场景一：大学毕业，你忙于找工作，同寝室的同学已经保研成功。羡慕之余不免心中困惑，对方考试成绩不如自己，为什么最后是他保研成功了？虚心请教之下得知，对方从大一入学就在为保研做准备，积极参加各种能加学分的活动，争当学生干部，本科期间就发表了论文，并请本校带研究生的专业导师多次指导，于是在保研过程中，综合成绩居第一名。了解之后，你回想自己大学几年什么都不知道的茫然状态，陷入了沉思。

场景二：你一直很喜欢手表。某一天，你在网上看到一个高端手表的特价促销广告，页面上的手表看起来非常精美，并提到这是一次限量特价促销，只剩下最后几块，距离活动结束还有30分钟，你感到时间紧迫且机不可失。可下单收到的手表却与广告中的有天壤之别，乍一看各处都长得一样，但是手感一摸就有一种廉价感，经鉴定确实是假货，再回头去找链接退货，已经找不到了。

　　　　场景三：工作几年，你想要自己创业开一家咖啡店，主推现场手磨咖啡。但是开业之后却发现顾客数量并不如预期的多。一番观察和互动调查后才发现，速食主义时代，人们更倾向快速获取一杯经济实惠的咖啡，而不是花费时间在等待一杯手磨咖啡上。

　　以上场景都是生活中存在的信息不对称现象。

　　简单来说，就是我知道的信息你不知道。当一方比另一方掌握更多、更准确的信息，就更容易在同一件事情中获利。比如，保研竞争中掌握信息的人更容易胜出。而信息匮乏的一方就更容易处于劣势，比如，消费者不了解商品品质在消费中更容易上当受骗，创业者没有充分掌握市场需求很容易创业失败。

　　信息不对称是天然存在的，信息的披露本身就存在不完全性，在某些情况下，人们可能会故意隐藏或不披露某些信息，以谋求更有利的条件。比如，某人发现了一个赚钱的路子，第一反应不是广而告之，而是守口如瓶，阻断信息的传播。

　　除了因信息的不完全披露造成的不对称外，更多的信息差本身来源于人们在信息获取、处理能力上的差异。即便在网络如此发达的今天，信息披露更加公开与透明化，但不同的人在处理和解释信息上所拥有的能力和资源有所差别。大多数人只对自己工作和生活涉及的相关信息更了解，但对其他领域的信息就相对陌生。

　　就算是在同一件事情上，因为每个人理解能力的差异和对信息价值的深挖能力不同，也会产生不同的结果。

　　例如，当企业频繁因为产品质量问题被投诉，一些管理者会追究生产部门的责任，但这一情况的背后还可能透露出另一个信息：该企业以利润最大化为目标，本身更容易忽略产品口碑这种长期的价值追求。所谓"透过现象看本质"就是如此了，信息的价值到底还是要通过处理后的结果表现出来，自然受到能力和资源的影响，正如深挖信息背后隐藏的信息这项能力就不是谁都具备的。

信息不对称带来的利润点

利用信息不对称来赚钱，就是利用"我知道，但你不知道"的信息来赚钱。中介这类职业的兴起就来源于此。

在租房市场中，租客的求租信息和房东的出租信息很难彼此恰好对上，中介就能在其中牵线搭桥，对位置、租金、户型、家具配置等方面进行信息的筛选与匹配，节省双方的时间并从中获利（图5-1）。还有留学中介，因为掌握了世界众多高校申请的条件和流程细节，可以为有需求的学生在选校、文书、网申填报等方面提供帮助，从中赚取收入。

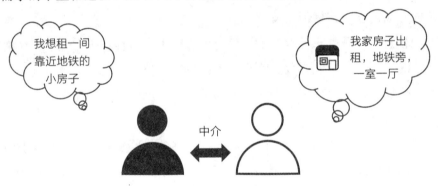

图 5-1　中介"牵线搭桥"

除了中介，各类专业咨询机构的业务本质上也是在利用信息不对称赚钱，包括财务咨询、法律咨询、管理咨询等。各类机构掌握了特定领域的专业知识和经验，这是一些个人和企业所不具备的，也是短时间内没办法拥有的，为了尽快解决自己所遇到的难题，花钱买服务就成了最直接的途径，为这类机构创造了盈利来源。

以上都是最直接的利用信息不对称赚钱的模式，即把信息本身当做盈利点，贩卖信息。

这种盈利模式本身成本很低，因为信息是没有固定形态的，不需要生产过程，也不需要仓库存放，甚至可以在同一条信息上反复盈利，就像那些留学中介、代办执照服务等，因为熟知某件事的流程细节，可以为很多人服务，符合边际成本近乎为零的赚钱思路，堪称"一本万利"的买卖。

还有一些间接的方式，本质上也是在利用信息不对称赚钱，比如商品的定价。差异化的价格策略，就建立在商家与消费者的信息差上。因为商家比消费者更了解产品的实际成本、市场需求、竞争情况，以及其他关键信息。所以能根据客户的需求、偏好和购买历史来个性化定价。这意味着，同一件商品，不同时间、不同客户可能会看到不同的价格，以便商家最大程度地赚取利润。

最经典的"大数据杀熟"现象就是这个套路，如图 5-2 所示。

新客 ￥9.9

老客 ￥29.9

图 5-2　"大数据杀熟"现象

一些在线购物、旅行预订、金融服务等平台，利用大数据分析来深入了解客户的消费习惯、历史购买记录和其他相关信息，精确识别客户类型。价格不敏感的线下客户，或者平台老客户，看到的商品价格可能会更高。而价格敏感的线下客户，或者平台的新客户，尽管产品和服务都是相同的，却更可能看到一个相对优惠的价格。

以线上平台为例，这么做是因为价格不敏感的老客户，即使看到商品价格没有折扣，或者比平时更高，但因为相信平台的质量保证，对品牌忠诚度高，大概率仍会购买。而价格敏感的客户和新客户，一看价格较高便可能直接离开，商家给予更多优惠是一种引流策略，等慢慢培养起一定的消费忠诚度，就可以抬高价格。

但此现象对消费者来说是不公平的，那些没有意识到"大数据杀熟"的消费者，可能会不知不觉地支付更高的价格。由此引发了对价格歧视和消费者权益的争议。

单论这一现象的存在，本质是一种利用信息不对称赚钱的思路。同理，一些差异化的销售策略，如不同的产品套餐和附加服务，也是一条路线，这些都是商家在信息不对称的基础上找到的利润点。

化被动为主动

商场博弈，谁掌握了信息，谁就拥有主动权。事实上，信息本身并不能直接带来利润，不是知道了这个信息，就等于有了收入。关键在于怎么利用信息。

信息本身是有时效性的，从长远来看，信息终将会传播出去或者失去效用。所以，利用信息不对称赚钱的要点在于抢占先机，这需要企业尽可能提升自己的信息获取能力。比如，招揽专业人才并配备信息挖掘技术工具，在人才与技术的加持下抢先于人，以最快的速度响应外部市场的变化。

然而，这种应对说到底还是一种被动接收信息的方式，只不过尽可能让自己接收到信息的速度快一些。还有一种更好的办法——主动出击，利用媒体和公关活动，塑造自身形象。

这么做是为了有选择地呈现产品或服务信息。"有选择"的意思是强调优点，隐藏缺点，引导消费者关注企业希望他们注意的方面，减少消费者对企业不利信息的关注，从而打造一种优势地位，拔高消费者的购买意愿。如此一来，企业不再是被动接收信息，处理信息，而是在主动创造信息，并传达给消费者。

比如，有机餐厅在推广菜品的过程中，可以重点强调食材全都是有机种植的，没有添加化学物质。更细节一点儿，可以标明每道菜本身的卡路里和营养价值，同时有选择地展示厨房内部的照片、厨师的介绍和美食制作视频，创造了一种对食品质量和卫生安全的信任感，弱化价格高的劣势，让消费者更愿意为高消费菜品买单。

这种操作十分常见，但有一点要格外注意，企业在进行广告信息输出的时候要特别注意信息的真实性，敬畏信息的力量。扬长避短不意味着要夸大其词，更不能虚假宣传，恶意竞争。

02　"躺赢"的被动盈利模式

常言道"一分耕耘，一分收获"，企业经营是一个永不停歇的过程，付出多少资源赚得多少收入，可有的企业收入并不如此，它们一次投入、回报翻倍，收入不是做加法，而在做乘法，这就是被动收入。

被动收入是"躺赢"的关键

收入怎么分主动和被动？

原本的标准是"有没有重大参与贸易或商业活动"，参与了就是主动收入，没有参与就是被动收入。

但现在，人们的简单理解是，自己主动劳动获得的收入就是主动收入，即用时间、精力和技能的投入换取相应的报酬。比如，去工地搬砖，去送快递，或者做一名会计、在公司记账，等等。可以说，绝大多数人从工作中得到的收入是主动收入。

而被动收入则是相对于主动收入的另一种模式，它还有一个很形象的名字叫做"睡后收入"，哪怕你在家睡觉，不去工作，也能获得收入，如图 5-3 所示。

图 5-3　"睡后收入"

因为这类收入不依赖于人们的时间和直接劳动力，可以通过投资、知识产权、特许经营或其他类似方式来实现。典型的被动收入包括股息、利息、租金、特许经营费和版税等。

所以，不夸张地说，有了被动收入，相当于"躺赢"。

乍一听，这不跟等着天上掉馅儿饼一样吗？其实不然，被动收入也不是直接就能获得的，需要经过一定的前期努力和铺垫。人们追求的财务自由，就是在拥有稳定的被动收入后所能达到的一种结果。

现代人普遍拥有薪酬焦虑，即便月入 5 万元，但只要这个月你没有工作，就会失去收入，一旦被解雇或者行业效益不好被降薪，都可能在一瞬间面对生活的压力。因而忙忙碌碌，未敢有一刻停下，带病上班都是一件稀松平常的事情。

对于企业而言也是一样，做业务获得的收入都是主动收入，一旦开始经营，基本不能说停就停。产品卖得出去就有收入，碰上市场行情好，能多攒下来一些利润，要是突然碰到行业限制，环境突变，产品卖不出去，而企业还需要成本费用维持运转，就可能把前期攒下的钱消耗干净，根本没有保障可言。就像一台永动机，一直被催着不停扩张、不停竞争，全员脚步匆匆，却风险不断。

那么，普通人所追求的财务自由，企业是否可以达到类似状态呢？

答案是可以。如果企业也能拥有稳定的被动收入，相当于拥有一个财务"后盾"，即可在面对各类市场变化的时候状态更稳，不必陷入"朝不保夕"的情形中。

被动收入可以是半被动的，需要些许维护成本；也可以是完全被动的，收入自动到账的类型。不管是哪种，总归企业不需要在这些方面投入大量成本，自然能节省下业务运营的时间、成本、人手，把重心放在追求更高价值的项目上。毕竟被动收入并不一定是永久性收入，有的在三五年内能稳定收入，如果环境变化，或者时效一过就可能不再流入，企业要做的是打造一个能够持续产生被动收入的盈利模式。

能够创造被动收入的业务模式

之前提过，做生意要尽可能让边际成本趋近于零，当这一目标真的实现，企业得到的收入就是被动收入。

下面列举几种相关的业务模式，如表5-1所示。

表5-1　部分能够创造被动收入的业务模式

业务模式	介绍	例子
订阅业务	由企业平台定期提供服务或内容，用户按期支付订阅费，即可获得服务或内容的访问权限。平台保持现有用户的忠诚度并持续增加客户，就可以创造可预测的、相对稳定的被动收入	流媒体、云存储、杂志或报纸订阅
授权业务	企业把拥有的专利、商标、版权等授权其他企业或个人使用，获得授权费，这样无须持续投入即可拥有稳定收入。许可和特许经营权也是如此，公司可以得到一次性或定期的许可费，甚至能从授权企业的销售额中获得一定比例收入，而无须直接参与被授权主体的日常经营	小说改编影视剧的授权、药物专利授权、连锁餐饮店的加盟模式

续表

业务模式	介绍	例子
广告业务	一些颇具吸引力的在线平台、社交媒体账户或应用程序，用户规模庞大，可以出售广告位来收取广告费。广告内容完全由对方提供。部分大型赛事为赞助商品牌宣传提供空间并收取赞助费，也是同一类型业务	短视频平台、微博、体育赛事赞助
投资业务	企业将闲置的现金用于投资股票、债券或其他金融工具，从中获得投资收益	炒股、购买银行理财产品
知识付费业务	企业投入时间和资源制作教学视频、科普读物等，内容涵盖各种领域，如技能培训、学术教育、职业发展和个人兴趣爱好，吸引感兴趣的受众付费观看来赚取收入。一旦内容创建和发布完成，可以无限期地提供给受众，无须额外的重大成本，因而算是被动收入	在线课程、教育培训、电子书、视频教程和其他知识资源付费
租赁业务	企业将闲置资产出租，当租约开始生效，就能定期收到租金。如果市场租金水平上涨，还可以涨租，增加被动收入	房产、机器设备的经营租赁

观察上面这些能够创造被动收入的业务模式，你会发现，很多业务都跟互联网有关。

是的，多数线上业务的边际成本相对于线下边际成本要更低。企业想要打造能够持续产生被动收入的盈利模式，离不开互联网这一关键"阵地"。

这是因为互联网的存在打破了地理界限，实现了虚拟化经营。企业在线下开展业务需要开设实体店面，租赁或购买不动产，雇佣更多员工。而线上业务借由网站、应用程序或电子商务平台，就能将产品或服务在线出售。这降低了初始成本和经营费用，使企业能够以更少的资金投入进入市场，后续销售的边际成本也降至一个较低的水平，边际成本自然减少。

像流媒体、云存储、在线课程、短视频平台这些业务，直接就是从网络发展衍生出来的，它们所提供的产品都是数字产品，只要前期付出一笔成本创建出来，即可被多次重复使用，后续产品的复制无须其他投入。所以每增加一笔销售收入，不会导致额外的成本增加，即边际成本趋近于零。这些业务收入在一定程度上脱离了直接的、逐单位的劳动成本，因而算是企业的被动收入。

实现被动经营

如果企业现有的主营业务，跟这些能够创造被动收入的业务模式并不挂钩，想要打造能够持续产生被动收入的盈利模式，也不是只有重新创业这一条路。

一个盈利模式，通常由五大要素组成：利润点、利润对象、利润杠杆、利润来源和利润屏障。

▶利润点：产品价值，依靠什么来产生利润；

▶利润对象：目标客户，产品面向哪类消费人群；

▶利润杠杆：探索企业扩大利润的方式，即如何以最小的投入获得最大的利润；

▶利润来源：企业盈利的具体方式，如广告模式、订阅模式；

▶利润屏障：企业限制竞争者进入市场或复制自身盈利模式的障碍，如专利、品牌认知度、经济规模、网络效应、独家合同。

可以看到，我们前面介绍的各种业务模式主要在利润来源上做出了区分，展示了哪些利润来源能创造被动收入。如果企业想在不改变现有业务的基础上创造被动收入，而利润点、利润对象、利润来源几乎是确定的，那么，最合适的切入点是利润杠杆和利润屏障。

调整利润杠杆的关键变量，企业可以改变其盈利水平。这些变量包括成本结构、价格策略、销售渠道、市场份额、生产效率等。比如，流程自动化就是一个很好的办法，即设计一套合理的流程，让一些工作自行运转。

就像过去的商品销售，销售人员要理货、摆货，等待消费者上门选购，热情接待并介绍产品，每位消费者上门都要走一遍流程。现在网上购物，商家只需要把产品链接挂上，给出详细的图文介绍，消费者自助查看、自助下单，仓库收到下单信息自动安排发货，省去了一大笔人员和门店支出，这就是流程自动化带来的效益。在其他企业看来，这些由实现了流程自动化的企业赚得的收入就是被动收入，因为即使在无人上班的深夜，也可能会有消费者自助下单，收入自动到账。

当某一门生意很赚钱，一时间市场上会蜂拥而至，利润瞬间被瓜分完，这时候企业想要有稳定的被动收入几乎不可能。利润屏障的作用就是保护利润，限制其他竞争者跟自己同台竞争，让自己的盈利模式难以被复制。

如果没有专利、版权等保护，企业可以从建立品牌忠诚度着手，也就是我们常说的"做口碑"，让消费者在选择的时候更倾向于自家产品。抑或者与供应商、分销商或其他合作伙伴签订独家合同，确保货源渠道的唯一，防止其他竞争者轻松进入市场。

还有一种利润屏障是面向客户的，就是提高客户的沉没成本。投入越多，越舍不得离开。若客户想要转向原企业的竞争对手，就需要付出更多的时间、资金或其他资源。

比如，一些软件供应商提供定制化的软件解决方案，客户需要支付高昂的价格，并在推行使用和人员培训方面投入大量资源。如果后期切换软件，不仅要支付新软件系统的使用费，还得再经历一遍培训员工、迁移数据、个性化定制的过程。这种"麻烦"会让客户更愿意继续与当前供应商续约，即使有新软件上市，也不会轻易去尝试。那么，相对稳定的续约收入，就能成为软件供应商的被动收入。

03 不走寻常路的逆向思维

"股神"巴菲特说过:"在别人恐惧时我贪婪,在别人贪婪时我恐惧。"该想法跟常规思路恰好相反,不随波逐流,不人云亦云,而是根据市场变化和估值合理性做出反向决策,或许这就是巴菲特成功的秘诀。

反其道而行之,打破思维定式

有这样一道看图写字的题目,如图 5-4 所示。

图 5-4 看图写字题目

有的孩子看到这个题目写了"月亮",也有孩子写了"香蕉""牛角"等各种答案。但除了"月亮",其他的答案无一例外被判为错误。

这就是大人的思维定式,面对问题习惯依赖过去的经验、既定的观念或已知的方法来处理,因为这些方法已经被验证,曾经奏效,所以再碰到类似的情况会被重复拿来使用。

但思维定式的存在常常将人引入固定思维陷阱，导致一系列认知偏差。回头再看看孩子们其他的回答，其实完全合情合理，不应该被判错误。

在心理学上对这一点也是有相应解释的，人们对于不确定性和风险的回避，使他们倾向于坚持自己熟悉的方法去解决棘手的事情，因为熟悉的方法带有一种安全感，即使这些方法可能已经过时。

既然认识到思维定式的局限性，打破思维定式就需要转换思维模式，逆向思维正是如此。

宋朝年间，某地天灾，蝗虫压境，有漫天之势，稻米颗粒无收。一时间粮价飞涨，民不聊生。眼看百姓无粮，几近饿死。附近州县纷纷贴出官府告示压制粮价，但商人并不买账，一看不让涨价纷纷关门歇业。即使有几家良心商家开门卖粮，库存也是杯水车薪，很快被抢购一空，跟着关门，多地饿殍遍野。

当地父母官赵大人召集人马商议对策。良久，赵大人开口："既然老路子走不通，那就反其道而行之。即刻张贴官府告示，宣布粮价自由，官府不再管制。"告示一出，该地粮价迅速暴涨，日渐翻了五倍、十倍，甚至更多。很多人不明所以，误认为赵大人官商勾结，沆瀣一气。

事情很快出现了转机，各地粮商听闻该地米价翻倍，逐利而来，越来越多的粮食被运送至此。物多则贱，当地的粮价很快开始下跌，但粮食的运输不是一件轻松的事情，如果再行运走，还需要多支付一大笔运输费。粮商发现无利可图，只想尽快脱手，回笼资金。于是，粮价更低了。

经此一事，当地的粮食危机很快过去，大家对赵大人的本事交口称赞。

这个故事充分体现了赵大人的逆向思维能力。传统思路下，官府通常会出台政策限制粮价以保护百姓，但赵大人却选择宣布粮价可自由上涨。实际上就是打破了思维定式，收回官府的压制，利用市场的力量，引导粮商们纷纷进入当地市场，自由竞争，增加市场供应。当供过于求，粮食价格下跌，最终回到百姓能够负担得起的合理水平。

可见，有时候传统方法并不一定是解决问题的最佳途径。打破思维定式，通过独特的思考方式，也许能找到创新的解决方案，得到出人意料的结果。

换一条赛道跑得更快

当大家都在说某条路子赚钱的时候，市场风口可能已经过了，拥挤的赛道只能是你推我挤，赚到钱的概率大大下降，但那些另辟蹊径的人却可能第一个尝到"螃蟹"的鲜美。

牛仔裤发明者李维·斯特劳斯的成功故事，就是一个靠逆向思维翻盘的典范。

19世纪中叶，美国西部地区掀起一股淘金热潮。彼时，大批人涌入美国西部，寻找黄金，期盼一夜暴富，李维就是其中之一。二十多岁的年轻人总是不甘于稳定的生活，向往一段冒险的旅程。

然而，当李维真正来到旧金山，看到大批量的淘金者却陷入沉思，这么多人来淘金，暴富梦真的能轮到自己吗？

看着淘金地区艰苦的生活条件，来来往往的淘金者缺衣少食，李维嗅到了不同的商机——也许，属于他的金子没有埋在地下，而是藏在这些淘金者身上。

于是，李维转换思路，在当地卖起了幕布、帐篷和其他日用品。很快，他发现了一个困扰淘金者的问题，那就是身上的衣服耐不住高强度的劳动，破损很快。经过筛选，他找到了一种坚实耐磨的帆布布料，做成了工作裤，在淘金者中相当受欢迎。这就是牛仔裤的原型。

我们今天所看到的牛仔裤品牌"李维斯"，也是李维后来所创建的。现在，牛仔裤已经成为人们衣橱里经常出现的单品，甚至带动了一股时尚热潮。

故事中，李维来到旧金山的初衷是想做一名淘金者，但他很快能认清楚现实。淘金并不能实现他的追求财富的理想。于是他转过头从大批量的淘金者身上赚钱。这个转变代表了李维对市场的深刻理解，也彰显了李维个人思维的创新。他跳出了思维定式的局限，找到了最适合自己的路。

从李维的身上，企业家们应该能感受到逆向思维的力量，有时候商机并不在表面，而是藏在冰山之下，当你的目光与其他人都不一样的时候，或许能看到利润在向你招手。

让你的客户告诉你什么最赚钱

有一个人盘了一家店，不知道卖什么，在附近街道走访了几天也没有头绪，于是他在店门口拉了一个横幅，如图5-5所示。

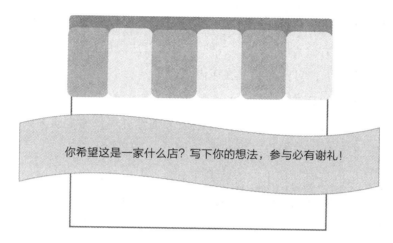

你希望这是一家什么店？写下你的想法，参与必有谢礼！

图 5-5 开店创意征集

路过的人群纷纷驻足，觉得看起来很好玩，于是拿起旁边备下的笔写下自己的想法。

一周后，这个人取下横幅，统计了消费者意见开始装修。在店面装修阶段，路过的人都会留心看看进展，猜测最后到底会开一家什么店，还有人比赛谁猜得对。

终于，在万众期待中，店面开张，贴出告示：

意见征集参与者可免费进店领取八折会员卡，以后消费全部打八折。

不管当初有没有参与的人，一股脑儿涌进店内，开业当天就办理了上千张会员卡，店内一片火爆，连续几天销售额十分喜人。

这个故事里主人公不拘泥于传统的"自己想办法开店、试营业"的旧套路，反其道而行之，让路过的行人来决定这是一家什么店。

作为一家实体店，路过的行人就是最重要的目标客户，如此行事不仅仅创新了的市场需求调研方法，更在开店前期吊足了人们的胃口，让这家店开张成为附近居民的话题中心。所以，在真正营业开始的时候店铺才会爆满，那些参与的、没参与的，只要是持续关注店铺进展的人群都会忍不住来一探究竟。

再加上当初参与者一律可领八折会员卡，部分"没参与意见征集来冒领"的消费者会产生一种"占便宜"的想法。俗话说"拿人手软"，多重心理作用下，自然而然就在店内消费了。

很多时候，人们习惯于用自己的付出来预测结果，但如果逆推过来，你想要什么结果，就可以顺着结果来推导过程。你主动去调查消费者需求，不如让消费者自己告诉你需求。这就是逆向思维。

商场里清洁电梯扶手的清洁工并不会坐上电梯去擦抹，而是站在电梯一端不动，随着扶手的自动转动即可清洁。自助餐浪费现象严重，吃不完罚款10元的策略不仅劝退了客户，也没起到什么效果。而当商家把价格提高10元，承诺不浪费奖励10元，效果立显。这都是逆向思维创造出来的不可思议。

企业在经营过程中，很多事情当以往的思路行不通或收效甚微的时候，不妨把思路转一下，或许问题一瞬间就能迎刃而解。

04　寻求合作中的"加法"

很多人有一个思维误区：利他我不就亏了？其实，不是所有的事情都那么非黑即白，不一定别人得利自己就一定会亏。授人玫瑰，手有余香的道理值得细品。

喜欢"扎堆"的商家

大街上经常能看到，卖电动车的店连在一起好几家。城市里几个著名的夜市，摊位越多人流量越大。如果有买衣服的需求，人们会立马说出来一片商业区，那里商场挨着商场，服装店鳞次栉比，各大品牌应有尽有。

有没有发现，同类业务的商家很喜欢"扎堆儿"。按理说，他们相互之间存在竞争关系，如果分散开来，岂不是能独享各自的客源，为什么还要凑在一起呢？

这其实是一种集聚效应，意在靠地理位置共享资源，于相互竞争中共同进步，实现多方共赢。

例如，商场聚在一起，会形成一条商业街，人们想逛街购物自然愿意到这里，因为选择空间大，不需要折返很多地方就能买到各种东西，如此客流量就有了。

也就是说，商家之间能相互为对方引流。消费者本来是想买一件羽绒服，看到隔壁的雪地靴不错就一起下单了；逛街渴了顺便买一杯奶茶喝；逛街饿了就近找一家饭店；若一家烤肉店排起长队，不愿意等待的顾客可能会光顾隔壁的火锅店。这就是集聚带来的客流共享。

不仅如此，聚在一起还可以共享供应商、物流等资源。这是因为店铺距离近，同一性质的商家需要的原材料又很类似，面对供应商可以获得相对优势的采购条件。比如，开奶茶店都需要水果、奶茶粉，以及各种奶茶小料。供应商同时给附近不同品牌的奶茶店供货，物流和交付成本能省一大笔，自然愿意在供货价格上有所让步。

更重要的是，距离近了相当于同台竞技，眼瞅着对面的奶茶店天天爆满，自家无人问津，就会想办法推新品、搞促销，大家相互竞争，产品越做越好，消费者选择也越来越多，整体的吸引力愈发强了。

这种现象也存在于自然界和城市之间，比如沙漠里的植物集聚在一起才能保住一片绿洲，劳动力都喜欢往北上广等大城市跑。各类产业也喜欢聚在一起，如被誉为"小商品之都"的义乌。

企业在布局的时候可以借鉴这一效应，主动加入集聚环境。就像科技企业主动加入科技类产业园区，凭借地理位置上的优势，相互之间分享实践经验和技术，形成一个合作共赢的生态系统，打造园区优势。所谓"近水楼台先得月"就是如此。

"一条龙"合作

经历过装修的人大概都知道，很多家装公司本身并不直接生产家装用品，但是有自己的供货渠道，各类供应商提供板材、瓷砖、油漆等材料。而家装公司直接对接客户，统筹指挥完成装修。这就是企业合作的一个典型案例（图5-6）。

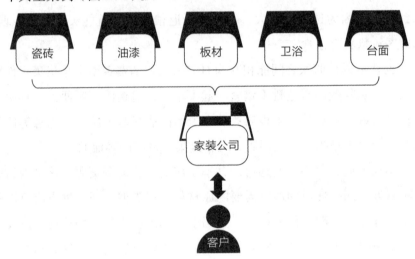

图 5-6　家装合作案例

如果这些供应商等着需要装修的客户一个一个上门，是不现实的，因为大部分客户本身没有那么多时间去一样材料一样材料地挑选，他们更愿意把这件事以一个能接受的价格外包出去。所以，这些供应商跟家装公司合作反而能得到稳定的客源。

要是客户想更省心一点儿，把装修工作全包给家装公司，那这个合作链条上，少了哪一环，都不能形成"一条龙"服务。也就是说，没有这些供应商的支持，家装公司就是一个"光杆司令"，完不成装修这件事。就算自己一家一家跑下来，一次订单哪有长期合作能省成本呢？价格高了客户不能接受，自己的生意也就黄了。

合作共赢不是一句简单的口号，是真真实实的利益纠葛。当某件事能让参与的人都获利，就会形成一股合力，为了同一个目标共同努力。若是少了共同的利益，合作是长久不了的。

再回到装修的话题，若一家装修公司想要增加利润。公司本身体量小，总共没多少人的话，向内部要效率恐怕收效甚微。那么一种办法是从供应商身上降成本，另一种办法是从销量上找收入。这两条路都离不开"合作"这一主题。

想要从供应商身上降成本就需要跟供应商谈判，以更低的价格获得材料供应。平白无故的情况下是不会有供应商愿意这么做的，只有当家装公司能带给对方更多的利益，供应商才可能看在"总价"更大的"面子"上，对"单价"让利，以维护好彼此的长期合作。

如果家装公司要从销量上找收入呢？理论上这一条是针对消费者的，但消费者相当于"散客"，一个一个去找费时费力，对方还不一定愿意选择你。有一个更快的办法，就是跟房地产开发商、物业公司合作。

现在提倡开发商精装修交付，目的是避免购房者自行装修产生大量的装修垃圾，或者擅自改动房体结构造成安全问题。其实开发商也很乐意这么做，因为可以在一定程度上抬高房价。假如原本受到限制标价每平方米 25000 元，一经装修，就可能标价每平方米 28000 元。这里面的差价必然会有一部分进了开发商的口袋。

同样，对家装公司来说，能拿下一个新楼盘的精装修权限，将是一笔很大的订单。本身集约化的装修就很省成本，所以双赢状态下，合作的机会出现了。

当然，家装公司想要拿下这一机会并不容易，有的开发商还会自己成立一家装饰公司，包揽下这部分活。若能得到这一机会自然更好，就算得不到，家装公司还是可以继续跟开发商合作的。因为即使是精装修交付，很多购房者也并不乐意自家的装修与别人家千篇一律，后期想要进行一定的改动，市场潜力很大，而这种个性化的服务开发商就做得少了。

一些家装公司会主动给开发商免费装修样板间。好的样板间非常能打动人，对房子的销量有十足的带动作用，让购房者仿佛看到自己住进新房的样子，代入感满满。这就是一个家装公司为开发商创造价值的过程。届时，再提出合作，让开发商给家装公司提供一点便利自然水到渠成。

有的购房者可能遇到过，收房交钥匙的时候，带你去验房的人穿着开发商的工作服，实际上却是家装公司的人，带购房者验完房顺便去装修好的样板间参观，并向购房者展示同户型其他实景装修的案例，承诺免费出设计，能最大程度地调动起购房者的兴趣。这种把家装推销环节暗地里融入验收流程的方式，比等待消费者上门的成单率要高得多。

这种双方合作的共赢结果是显而易见的。与物业公司合作的流程也可以参考上述过程。所以，单打独斗有时候不如双方合作效果更好，特别是在同一条产业链上的企业，相互之间不存在竞争关系，又有同一类目标客户群体，若能形成"一条龙"合作，将会给链条上的每一环节的企业带来不可思议的利润。

"利他"思维升级利润点

共赢就意味着大家都能获利，这是合作的基础。这种合作不只体现在企业之间，还体现在企业与消费者身上。

在盈利模式的五要素中，利润点指的是产品价值，即依靠什么来产生利润。从更深层次的角度来理解，这个产品能给消费者创造什么价值，有价值才会有人买单。

这种价值跟成本没有关系。有些产品本身不需要多少成本，甚至成本没办法被直接量化，但对受众价值很高，因而能卖出一个不低的价格。比如，短视频平台上的内容创作者，可能只是一种简单的发现和道理的呈现，观看的人收获的却是一种感悟，甚至会影响到未来的人生选择。这也是为什么那些情商课总有人在买。

企业在利润点上做升级，就是在思考怎么利他，为消费者创造更多的价值。

最直接的办法当然是提升产品质量，走品质路线，不把脑筋动在货不对板上，纯粹去占顾客的便宜。比如，大部分品牌手机机型迭代，就一直在更新摄像头，升级处理器，拉长电池续航时间等，一切为了拔高产品使用体验，提升产品价值。

还有另外一种利他做法，就是在服务上加分。很多人是不愿意在服务上多付出的，可能是放不下面子，总觉得服务别人就是低人一等。其实大可不必，那些靠服务出圈的商家，无一例外都看到了服务这件事本身的性价比。仅仅是把语言换一种方式表达出来，配合上微笑的表情和及时的需求响应速度，最多在一些小细节上贴心点儿，就能换来消费者的好印象，愿意持续消费，简直不要太划算。生活中不乏因为一次不好的消费体验，导致某消费者，连带其家人、朋友都对一个品牌避而远之的事情。

当然，服务不只是说接待方式，还有服务的类别，一些个性化服务、附加服务，都是在用利他思维升级利润点，这种升级最后都会在产品价格上体现出来，转化成利润进了企业的口袋，却不令消费者反感，而是叹一句"贵有贵的道理"。

05　品牌形象的光环效应

品牌对消费者就是有莫大的吸引力，部分品牌俨然明星一般，拥趸无数，新品一发布，粉丝通宵排队前来购买。在这些消费者眼中，品牌就像拥有一圈光环，让人信赖，想要拥有。

"人生若只如初见"

多少人因为一部电视剧认识了一位演员，把电视剧里的角色形象当作演员本身的性格。如果恰好这一角色形象十分正派，在观众的印象里，该演员也会是一个相当正面的好人。如果该演员随后接一些代言广告，那么他所代言的产品也很容易受到消费者推崇。

概括起来就是一句话："他人那么好，代言的产品一定不会差。"这就是关于第一印象的一个著名心理学理论——光环效应，如图 5-7 所示。

图 5-7　光环效应现象

有一个著名的心理学实验。

某高校教授向自己的学生说明接下来会有一位研究生来代课，其中一个班的学生被告知这位代课老师热情而友好，另一个班的学生则被告知这位代课老师冷漠而严肃。结果，以为代课老师十分热情的学生们对老师表现出更多亲近之意，双方交流畅快无比。而另一班级的学生则对这位代课老师很冷淡，少有亲近。

光环效应之下，人们会产生一种以偏概全的思维方式，因为对某人印象很好，会产生亲近之意，也会对这个人做的其他事情十分看好。当这个人有了出彩的表现，人们会说：

"我就知道他能做到！"

"她就是这么棒，一直都是。"

哪怕偶有不好，也不会当回事，甚至会找一个理由自我劝服：

"人非圣贤，孰能无过。"

"小失误而已，她紧张了。"

所谓"爱屋及乌"就是这个意思。

与光环效应相对应的就是恶魔效应，如果某人留给别人的印象是糟糕的，被打上"不靠谱"的标签，那么之后人们会不自觉地找证据来证明这件事。

如果这个人工作做得漂亮，人们会觉得：

"不过是巧了。"

"瞎猫碰上死耗子了！"

"嘿，太阳打西边出来了！"

偶尔这个人出错了，人们会觉得：

"这才对嘛，他就是这么一个人。"

"少见多怪，我早就习以为常啦！"

正因如此，很多明星都喜欢给自己立人设，比如热情、吃货、乐观等。一是为了凸显自己的不同，二是这些人设本身都是偏向正面的，借此博得观众的好感。好感有了，光环效应就可以发挥作用，带给明星持续的关注与流量。粉丝经济就是这么产生的。

"以貌取人"现象的存在是同样的道理，外在形象邋遢的人相比于干净整齐、赏心悦目的人，更容易遭受他人的恶意。所以，大家参加面试或者去约会，总要好好收拾打扮一番。这是在利用首因效应建立好感基础，帮自己在"初见"这一重要时刻，让他人先入为主地产生好印象。

在第一次会面结束之后，人们也会刻意去维持当前的好感基础，一遍一遍去加强这个印象，最后形成"漂亮""干净""潇洒"之类的标签，并让他人对自己的好感迁移到更多的事情上。比如：

"这个人看起来很整洁，做事也一定手脚麻利。"

"她这么温柔和善，人应该很细心。"

"他说话这么幽默，肯定是个很热情的人"

诸如此类的主观心理臆测，都是光环效应的结果。

"情人眼里出西施"

热恋期的情侣总是看对方什么都好，哪怕是丢三落四的毛病也会被解读成一种可爱，恰如古话所说"情人眼里出西施"，实际上也是一种光环效应现象。

光环效应最大的价值是让人对拥有"光环"的人或事物产生一种盲信感，这种盲信感如果能持久，可以升华为一种类似于信仰力量的忠诚感。商家对于品牌建设的热衷正源于此。

品牌建设，就是在给产品"立人设"。比如：

食品类品牌喜欢打造"亲民""无添加""健康"的形象；

护肤品品牌喜欢给自己标上"自然""高级""专业"的标签；

家具品牌强调"环保""儿童友好""设计感"的调性。

……

当消费者对某品牌抱有好感，在购物的时候就会产生倾向，即使并不了解产品的细节，但品牌对了，就有莫名的信任感。

若是有人需要为新居添置家用电器，面对琳琅满目的电视、冰箱、抽油烟机、洗衣机、空调，消费者的第一反应是先挑品牌，再挑款式。比如：

"冰箱要选某尔的。"

"空调要选某力的。"

"抽油烟机要选某太的。"

每个成功"立人设"的品牌都有自己的一批"忠实追求者",哪怕后期电器需要更换,也会下意识地优先选择同品牌,这就是品牌的光环效应带来的价值。

还有一个鲜活的例子是某果手机,身为全球著名的科技巨头,以创新、设计、用户体验而闻名。其忠实用户还有自己的专属名字——"果粉"。

纵使其他手机品牌商也提供了相似款式、功能的低价产品,那些"果粉"们也愿意支付高价购买品牌产品,不惜熬夜排队前去蹲守。因为强大的品牌价值就是品牌光环效应的核心。

不止手机,光环效应带来的是品牌全线产品的用户基础,出于对品牌的信任和价值认同,这种消费意愿甚至可以延伸到耳机、电脑等产品上,从而为品牌打造出独特的市场地位。

市场地位正是企业品牌建设的又一目标。不想当行业领导者的企业不是好企业。光环效应恰能帮助企业"逐梦"。

光环效应的产生依赖于积极的品牌形象和声誉。企业要做的是建立起初步的消费者好感,然后利用这份好感,让消费者自然而然地将企业品牌与"可信赖""优质"等积极属性联系在一起。等忠诚客户数量积累到一定程度,就会一传十、十传百,吸引更多潜在客户,量变产生质变,帮助企业在市场中获得更大的份额。

此时,企业得到的可不只是一份来自消费者的拥护,相应的金融资源、技术资源,以及渠道资源都会随之而来,"众星拱月"中行业领导者地位被奠定。

点亮品牌的"光环"

大品牌并不意味着好产品,但大品牌却有稳定的销量。中小企业在竞争困局中可能也会思考:"明明自家的产品更加质优价廉,为什么消费者还是愿意去买大牌子。"

其实并非消费者不懂算账，而是光环效应的存在让大品牌的产品更得消费者信赖。中小企业管理者只有看透光环效应的本质，点亮自身的品牌"光环"，方能破局。

根据光环效应的产生逻辑，一个点的优秀可以被人们主观延伸放大到整个面，所以打造产品的"闪光点"就是点亮品牌"光环"的第一步。

> 有一家小型电子设备制造商，一直在市场中默默无闻，直到一款新型智能手表出现在大众视野。
>
> 该表造型像一支名贵钻表，且功能强大，健康监测、通讯能力和智能家居控制无一不有。采用新型材料，符合环保标准。最重要的是价格亲民，低于市场同类产品，只要999元。一经推出在社交媒体上迅速走红，引起广泛的关注。已购人群踊跃分享他们的使用体验。这种积极的用户反馈产生了口碑效应，更多人开始注意到这家电子设备制造商。
>
> 于是，该公司旗下一些旧产品也被消费者翻出来测评了一番，发现都还不错，虽然没有那款新型智能手表有卖点，但是质量也稳扎稳打。很快，越来越多的消费者认识了这一品牌，提起这家企业交口称赞。
>
> 最后，该企业品牌终于"出圈"，旗下各种产品"躺"进了众多消费者的购物车。

看到这个故事中的新款智能手表，联想起身边那些成为话题中心的商品，比如，一条小黑裤因为显瘦火爆不已，成为人手一件的必备时尚单品。还有靠美味和健康热卖几百万份的纯肉肠。

总之，一款产品的成功可以让平时默默无闻的小众品牌一下子成为流量王者，这是营销的力量，也是点亮品牌"光环"的过程。企业不一定要每一款产品都是精品，集中力量打造一款"当家明星"，就可以迅速博得"路人缘"，实现从0到1的市场突破。

点亮品牌的"光环"需要精心策划，并不是产品上市就能自动来到每个消费者的面前，有一条捷径可以帮助企业加速制造光环效应——借力打力。

为什么那么多企业乐意花重金请明星代言，为什么不少商家让出大部分利润在网红直播间"挂车"，这都是在"借力"，借别人的"光环"，卖自己的产品。然后打着某某明星、某某网红推荐的名头持续销售，最终点亮自己的"光环"。

如果你说规模特别小的企业，请不起明星代言，也负担不起网红直播间的佣金，怎么办？已经有一部分企业走出来一条与众不同的道路，那就是先点亮创始人的光环，再通过创始人和品牌之间的捆绑力量，把光环效应投射到品牌上。

慕强是一种天然的心理，大家对强者更容易产生敬佩之意，而创业拥有自己的公司不是谁都能做到的事，因而很多人会对创业故事十分感兴趣。尤其是创始人经历过什么困难，又是怎么克服的，秉承着一种怎样的理念与追求做出来人们眼前这款产品等，个中曲折，皆为精彩。当这些内容整合在一起，就会形成一个打动人的故事。

创始人身上的专业、智慧、耐心、毅力等美好品质萦绕而起，自然形成一个闪亮的"光环"，创始人专业会让人觉得品牌专业，创始人有责任感相当于品牌有责任感，创始人踏实可靠，人们对品牌的印象也会如出一辙。于是，创始人有了"光环"，就等于品牌有了"光环"，剩下的事情就水到渠成了。

第六课

持续收入的奥秘

✍ 卖什么很重要，怎么卖更重要。

01 锤炼产品的价值

人们购买一件产品，不是在买产品本身，而是在买产品身上的价值。产品存在的意义也是为了方便客户，帮客户解决痛点，满足客户的各种需求。如果脱离了这一层，即使花费再高的生产成本，终是无用功。

精准挖掘客户痛点

做生意必须知道一个真相：再好的商品也有人嫌弃，你做不到让所有人满意。所以，不要妄图做所有人的生意。

当你真正理解这句话的意思，才能沉下心来，深挖客户痛点。找到一部分群体的共有需求。哪怕这个需求十分不起眼，甚至做出来的产品成本只有几毛，但只要对客户有价值，就有市场。

> 场景一：家里有娃的父母经常会面对孩子跑来跑去一不小心撞到头的情况，但是这只是孩子成长过程中的一个阶段，如果把家具全部换成圆角的未免大费周章，而且有甲醛、总挥发性有机化合物（TVOC）超标的隐患。这时候，一枚小小的防撞贴就派上了大用场。
>
> 场景二：如今，智能手机几乎人手一部。有人新机到手，如果没有贴上钢化膜，戴上手机壳，甚至不敢拿出门，生怕磕到碰到，心疼不已。除了保护作用，手机壳的装饰需求也不容小觑。市面上五花八门的材质，令人眼花缭乱的图案和各式各样的风格，都有各自的受众群体。

　　场景三：夏日炎炎，稍微动一动就汗如雨下，身在室内有空调的人感觉不到什么，而那些需要室外活动的人，依靠一把手摇的风扇真是越扇越热。于是有了手持小风扇，能随着人们去往各地，充满电就能持续吹风。后来，有人说，吹来吹去还是热风，一点儿都不凉快，不久，有了可以注水的小风扇，在小水箱中加入纯净水，就能边吹风，边出水雾，水雾借着风力送到脸上，凉爽一片。

　　这些场景所描述的消费者需求都不是每个人共有的，没有小孩子的家庭并不那么关注家具的弧度，喜欢裸机质感的人对手机壳嗤之以鼻，一般在室内活动的人不需要自己想办法降温……

　　没有这些商品的时候人们根本没得选，也能正常生活，无非是多注意些，忍忍就过去了。小孩子会长大，手机终究会换代，很多人也不需要一直待在户外。可当产品上市，人们有了选择，就有了需求。像防撞贴这种小商品9.9元就能买到好几个。更何况还精准命中了一部分家长的痛点。完美解决了一个小麻烦。

　　所以，想塑造产品的价值，首先要知道你的产品打算卖给谁。或者说，你的产品打算帮谁解决一些问题。而这个解决问题的能力就是这个产品本身的价值。

价值要落地，不要搞虚的

　　一些广告吹得天花乱坠，当产品一到手，消费者却发现完全不是那么回事。这就是产品的价值不落地，很容易给人一种"又上当了！"的感觉。

　　卖家号称最显瘦的一条裤子，买家买回来却十分显胖。

　　卖家宣扬可以擦锅底灰的清洁膏，买回来胳膊都擦酸了，锅底也没干净。

商品详情页中明明是蓝色的，但是买回来却偏绿色，色差明显。

这就是买家秀与卖家秀的区别，关于该系列的搞笑视频在网上也颇具人气。站在消费者的角度是看了个笑话，但作为被笑话的商家，可就不那么好过了。

企业不管是打磨产品、做口碑，还是创品牌，提高知名度，最终的目的是建立起品牌忠诚度。这是一种很直接的降低边际成本的办法。当一个顾客满意某个品牌，不需要大力宣传就会自动回购。

如今退货流程十分健全，如此大的产品差异，退货率必然居高不下。就算商品开封使用了没办法退，但差评无数的情况下，销量也堪忧，品牌忠诚度就更不要想了。

没有回头客就意味着每一点儿产品销量的提升，依靠的都是一份新的获客成本，企业的边际成本很难降下来。一旦不再投入营销费用，立刻就会失去新顾客，销量下跌。

可见，产品价值不落地，商家面临的处境简直堪忧。企业要真真实实抓住目标客户的痛点，用价值来打动人，而不是用价格。要知道，价钱再低的商品都会有人嫌贵，但只要这产品确实能解决问题，自然也会有人觉得"这钱花得值"。反过来说，如果这件产品无一是处，哪怕就卖3元钱，人们也不乐意花这笔"冤枉钱"。

要想查找真实的痛点，商家需要把自己代入客户使用场景中，如此更能感受到产品在解决问题方面的具体能力。毕竟这一能力的大小，还代表了产品的市场竞争力，这家的裤子比另一家更舒服，大概率就会卖得更好，因为喜欢的消费者甚至可能每种颜色买一条，满足不同的搭配需求。

情绪价值为产品注入灵魂

人们在提及商品价值的时候，关注点大多放在使用价值上，认为

"一件商品实用不实用才是最重要的"。可事实上，当基本需求被满足之后，更高的价值期待也会随之产生。情绪价值在如今这个时代被反复强调恰好证明了这一点（图6-1）。

真糟糕　　　　　一般般　　　　　太棒了

图6-1　情绪价值

一碗饭，能填饱肚子是满足基本需求，但能吃到美味就是有了情绪价值。

一瓶面霜，能滋润干燥的肌肤是满足基本需求，而香味独特、闻之令人放松就是得到情绪价值。

一间书店，能买书、借阅是满足基本需求，要是座椅舒适、音乐舒缓，就能给人以情绪价值。

可以说，任何一件产品，任何一项服务，都能调动人们的情绪，精心设计之下，情绪价值甚至可以成为产品最大的卖点。

那怎么为产品注入情绪价值呢？

❀ 编一个故事

一位爸爸是化学博士，自己的宝宝出生后经常爆发湿疹，难受起来哭声不断，令人心疼不已。在反复发作的情况下，持续吃药对一名婴幼儿来说显然不是一件好事情。后来发现用点儿保湿的面霜确实能缓解宝宝的瘙痒症状。可市面上很多的婴儿面霜成分并不适合湿疹宝宝。于是，这位博士爸爸专门为自己的宝宝研发了一款婴儿面霜，同时希望能帮到其他遇到类似情况的家长和孩子。

看到上面这个故事，是不是瞬间打动了那些家有湿疹宝宝的家长？

孩子的哭声令人心疼，勾起了多少父母的回忆，对面霜成分的担心命中了多少家长的隐忧。再用"化学博士"这一背景打造专业感，用"爸爸"这一身份营造认同感，家长们自然会对这位爸爸为自己宝宝制作的面霜感兴趣，想要给自己的孩子试一试。

这就是讲故事的魅力，每件产品从无到有都是一个过程，谁想到要做这件产品的？为什么做这件产品？研发阶段、生产阶段有哪些有趣的事情？每一个点，甚至是一段意外插曲都能成为一个故事，再融入一些感人的、搞笑的、惊心动魄的情节，即可引人入胜，拉近产品与顾客的距离。

❀ 多一点惊喜

你买过盲盒吗？那种不知道里面是什么，慢慢打开的惊喜，会让人觉得愉悦。又或者你玩过刮刮乐吗？也是一样的道理，说不定在哪一张里就藏着诱人的面值。

这种产品吸引人的点就在于擅长调动消费者的情绪，一会儿失落，一会儿惊喜，不知不觉间消费的金额在不断累积。

企业可以借鉴这一思路，给自己的产品增加一些惊喜感，比如，推出联名款、限定款，或者不定期赠送积分高的客户一些隐藏彩蛋。

❀ 打造某种仪式

一个与众不同的仪式，可以给消费者的生活增添一丝乐趣。比如以下这些耳熟能详的广告语：

"扭一扭，舔一舔，泡一泡"；

"掌心搓开，再轻轻上脸按压"；

"一生只能送给一个人的钻戒";

"秋天的第一杯奶茶"……

明明大家都知道不过是商家的套路，但就是有人买账。因为大多数的生活日复一日，年复一年，轨迹差别不大，甚至会产生乏味无聊的感觉。每个人回想起自己的人生，如果只有今天吃了什么，几点上班，按时睡觉，大概会毫无波澜。而仪式感能让生活泛起涟漪，哪怕是一个微小的瞬间，也能带给人久久不能平静的回味感受。

赋予产品仪式感可以从使用方式、象征意义、情感链接入手，即使就是个简单的谐音梗也聊胜于无。比如"十根烤肠"的谐音含义（图6-2）。知道了这个"梗"，多的是消费者买来拍照打卡，吃不完不重要，心意最重要。

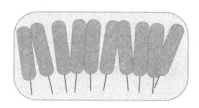　＝　时（十）常（肠）想你

图 6-2　"十根烤肠"谐音"时常想你"

❀ 制造代入感

放在超市的红糖只是一份调味料，可特殊时期，由爱人端来的一碗热腾腾的红糖水格外令人熨帖。

自热火锅比不上现做的饭菜美味。可要是放在火车上、服务区、景区山顶等一些没有美味现做饭菜的地方，来一碗热腾腾的自热火锅，总比啃冷冷的面包更让人食指大动。

一支口红，单纯描绘色彩艳丽、不沾杯，人们只是在客观评判。如果让消费者将这支口红代入一次重要会面这一情境：拿起水杯喝水，上面留下显眼的口红印，消费者就会感同身受般尴尬，此时一支不沾杯的口红不再是一支简单的口红，而是一份体面。

有代入感才更容易产生情绪。所以，企业要给自己的产品设计最佳使用场景，"场景＋产品"才能更好地调动消费者情绪。

02　把产品卖到顾客心坎里

有时候，企业销售收入低不是产品本身的质量问题，而是销售方式的问题。懂顾客，懂心理，有技巧，有策略，才能把产品卖到顾客心坎里。

畅销之路可以被复制

正所谓"一方水土，养一方人"，我国地域广阔，各地区人民都有不同的饮食习惯，口味差异时不时就能引发一场热烈的争论。但说到麻辣烫，可真是各地都有喜爱的。看着全国各地大街上开满的麻辣烫店，就知道这一小吃有多受欢迎，而且这些麻辣烫店能开下去，数量还在持续增加，实质上就是一种对于畅销模式的复制行为。

如果一条路已经被证明好走，那么企业完全可以复制下去，直到走不通为止。这是最简单，也是最快赚到钱的思路。

不过，对于畅销之路的复制绝不仅仅是简单的"拿来主义"，看别人卖什么自己就卖什么，这样只会陷入恶性竞争，毫无特色。正确的打开方式是复制其畅销品最大的卖点，打造一个新产品。

比如下面这几种方式（图6-3）。

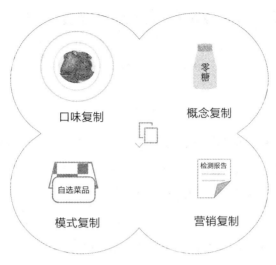

图 6-3　对于畅销点的复制

❀ 口味复制

在各类菜系中，糖醋的口味受到很多人的欢迎，所以糖醋丸子、糖醋里脊、糖醋排骨、糖醋鲤鱼都在不断复制下去，哪怕之后出现糖醋肉、糖醋藕片也不足为奇。

还有人喜欢蟹黄味道的零食，于是出现了蟹黄味的蚕豆、蟹黄味的锅巴、蟹黄味的米饼等。

❀ 概念复制

在糖被发现是隐形的健康威胁之后，不少健身人士、爱美人士掀起了一股控糖热，零糖零卡的汽水受到减脂人士的追捧，零糖可乐、无蔗糖酸奶、无蔗糖面包等产品也相继上市，就是在复制"零糖"这一概念，给自己的产品打上健康的标签。

❀ 模式复制

"没有什么事情是一顿火锅解决不了的，如果有，那就两顿。"

网上流行的这句话体现了大众对火锅的热爱。于是，借鉴火锅这一模式，有了很多可以增加涮菜的饭店模式，如水煮肉片店、香辣虾店等等，都是先上一份肉品，然后自选菜品，加水涮煮。

❀ 营销复制

自从某平台推出拉人助力领现金活动之后，另外的互联网大平台也陆续出现了类似活动。这种获客手段经过一家企业的验证，其他的企业立刻就会跟上，推出同样的营销活动。

再举一个例子。过去卖面膜的广告大多在强调皮肤用之后会多细腻，或者面膜精华采用了什么提取物，能起到什么效果。后来，出现了"成分党"，深挖面膜中的每一项成分，甚至标注出每一项成分做什么用，有哪些成分可能会致痘，哪些成分会导致敏感，或者广告宣传的主要成分含量其实根本没多少。对比之后，再推荐出各方面符合行业标准的面膜。总之，用一番颇具专业度的论述赢得消费者的信任，提升商家所推荐商品的销量。

这种营销策略在如今的各类直播平台上十分常见，不止是面膜这类护肤品，婴幼儿用品、食品，甚至是家里的酱油、醋、蚝油等调味料的成分都被一一拆解，用这种方式营销。

预判消费者的行动轨迹

当你走进一家超市，会发现一些有趣的规律：

陈列在最显眼区域的商品大多是利润最高，也是人气最旺的商品。

货架的两端会摆放一些吸引人眼球的商品。

保质期限较短的食品，像牛奶、面包等，放在最里侧的生产日期更新鲜。

收银区会集中展示一些特卖商品。

每隔几个月的时间，超市商品摆放位置会进行微调。

……

以上都是超市货架陈列的技巧。为什么会这样呢？

最显眼的区域人们最先会注意到，成交率更高。一般商品放在货架的三四层，以成年人身高可以一眼看到，而孩子的玩具则会放在孩子目之所及的区域。

货架的两端摆放一些吸引人眼球的商品，可以引来顾客的关注，增加对中间商品的浏览度。

外侧的商品相对更容易拿取，不会纠结日期的顾客可以直接就伸手下单了，这样一些临期商品更好卖出去。

特卖商品一般是需要尽快卖出去的商品，放在收银区，可以抓住顾客排队等待结账的机会，说不定顾客看到特卖价格如此低廉就会顺手拿一份。

如果超市商品的位置一成不变，那顾客需要什么进了超市就会直奔而去，结账而出，不会过多关注其他商品。稍微变一变位置，能在顾客找寻目标商品的同时让其他商品得到一个"露脸"的机会。不过这种位置调整并不会过于频繁，否则可能会引起顾客的反感。

诸如此类的陈列技巧无非是预判了顾客的购物心理和人们的行动轨迹，这样的做法在很多地方都可以看到，比如，高速服务区里的开水间和卫生间大多在最里侧，如果你想要接开水泡方便面，或者想去厕所，需要走过一段购物区才能到达，这就是为了增加各种零食、特产、盒饭、烤肠之类的商品曝光度。

当企业更了解消费者的心理，抓住消费者的心态，刻意设计引导消费者的购物方式，就能变相提升商品的销量，一些原本可有可无的需求都转为了确定的消费。甚至企业还可能被称赞一句"真贴心"。

让价格"看起来"很超值

想要把产品卖到顾客心坎儿里就要让价格看起来很超值。这里为什么强调是"看起来"而不是真的便宜？因为顾客其实并不在意这件产品是不是用一个极低的价格买到的，他们更在意的是看起来自己用一个超值的价格买到了这件产品。

所以，真实的性价比即使摆在顾客面前，也会有人质疑。比如，一台 99 元的品牌智能手机摆在你眼前，大部分人并不会觉得这手机真超值，反而会质疑手机的质量，或者产生"这么便宜，估计是个假货"的想法。

很多销售人员曾遇到这样一个场景。

有顾客前来店里选购，看中了一款售价 2000 元的电子产品，觉得太贵了，于是询问："能不能优惠点，1500 元行吗？"。这时候，销售人员会委婉地说："这是全国统一定价，没办法呢。如果您觉得价格偏高，可以看看另外一款产品，性能也不错，售价 1500 元。"

此时，销售人员推荐的另外一款产品会得到顾客的青睐吗？

并不会，因为顾客觉得只有花 1500 元买到售价 2000 元的商品才算超值。就算真的可以接受另一款产品，顾客也不乐意花 1500 元来买。他们会认为："既然售价 1500 元，如果要买应该在 1500 元的基础上再优惠些才合适，性价比才高。"

可见，顾客追求的性价比跟传统意义上真实的性价比并不一样，哪怕这件商品的价格标得并不贵，性价比是不低的，但只要听说没有优惠、没有折扣，人们就会觉得自己买贵了。

也就是说，顾客要的不是价格上的便宜，而是感到自己买得便宜。

站在心理学角度上来解释的话，成为一个受益者更令人觉得开心，如图 6-4 所示。

图 6-4 价格便宜不如买得超值

仔细观察一下现在的销售策略会发现，不管是实体店还是网上的店铺，商品都会有一个较高的原价，然后以打折的方式销售。只不过不同的时间段打折的力度不同。如果商家想要抬高商品价格，就会打个八折、九折意思一下。如果碰上节日活动、店庆优惠、"双11""618"等促销节点，折扣力度会更大，再配上一些满减优惠券，吸引来一大波顾客下单，他们大多觉得此时的商品性价比是最高的。

明悟了这件事的本质，企业在销售产品的时候就可以采用一些针对性的技巧。

❀ 开门见山

既然顾客想要的就是买得值，那就直白地告诉他买得值。

回到刚刚的场景中，销售人员在推荐另一款售价 1500 元的产品时，怎么样才会让顾客接受呢？

看看这种说法：

"您觉得贵没关系，要不看看另一款，这是我家的走量款，性价比之王，其实根本不比那款 2000 元的差，放一起您比比，是吧？也就这项参数上比那款低一点，但是您用用看，是不是根本感受不到这种细微的差别？何况这款颜色还多，样子也灵巧些。实话跟您说，这款本来也要售价 1999 元的，但就是为了打名气，做口碑，才标了 1500 元，想着顾客买了回去觉得好，还能再看看我家其他产品。"

是不是瞬间让顾客觉得这 1500 元的产品性价比挺高。

❀ 标准配赠

销售人员的话术有的顾客并不完全相信，但真真实实摆在眼前的实惠就作不得假了。

如果顾客对价格仍旧心存疑虑，销售人员可以拿出来部分小配件，作为配套赠品展示给顾客。但是不能说是赠送，因为赠送说明这东西并不值钱，如果作为标准配赠就不一样了。

比如，在介绍那款 1500 元的电子产品时，销售人员可以拿出来一个保护套和精美的收纳盒，对顾客这样说：

"这是我们这款性价比之王配套的保护套和一个收纳盒，购买这款产品都有这些相应的配件，其他款的产品可没有哦，需要自己另花钱配置。保护套就是能保护产品别被磕了碰了，如果不用的时候，机器还能放到这个收纳盒里，一点儿都不占地方。"

顾客想到自己去另外配置这两样东西也得花钱，还不如这些原装的显得配套好看，无形中让这 1500 元变得超值起来。但从企业角度来说，原本的配套产品在 1500 元价格中其实就已经包含了，现在一分不降就能让顾客觉得超值，纯属销售技巧了。

❀ 利用顾客的损失厌恶心理

人人都不喜欢丢钱，是因为面对损失人们会觉得痛苦。企业如果能把这一点和顾客追求性价比的心理结合起来，也能找到一条路。

还继续上面的例子，如果顾客面对那些赠品仍旧犹豫不决，或者商家想要进一步扩大销售额，可以赠送给顾客一张满1600元减100元的优惠券，告诉顾客：

"咱们买了这款1500元的产品，可以参加满减活动，只需要在店里随便挑选一样小东西，凑够1600元，就能享受这个满减活动，相当于白送。"

顾客自然希望找一款最接近100元的产品，然而哪有这么巧合的商品，而且越是一些小配件，往往利润率越高。此时可以热情地推荐给消费者两三样商品，比如，一副标价178元的无线耳机，或者一套标价228元的音响设备，又或者标价69元的背包。

买2个背包显然也能凑够，只需要多支付38元就能得到2个背包，但是背包本身样式并不好看，而且2个也用不到。这时候，小动物造型的无线耳机，和看起来比较有用的音响设备更得顾客青睐。买下这两样还需要额外支付78元，或者128元，无论顾客选哪个商家都不亏。

如此，既可以让顾客觉得自己买到了实惠，又达成了交易，还变相提升了销售额。即便这个优惠可能是从耳机上面获得的，不是从1500元的商品上获得的，但实惠就是实惠，很多顾客就心满意足了。

❀ 组合套餐

如果快餐店里一份红烧肉14元，一份米饭2元。现在有个红烧肉套餐，包含一份红烧肉、一份西红柿炒鸡蛋、一份米饭，只要18元，顾客往往会觉得套餐更优惠，只需要加2元就能多吃到一份西红柿炒鸡蛋。

在前面的场景中，如果在销售人员推荐之下，顾客仍旧更喜欢2000元的那款产品，而不愿意接受这款1500元的产品呢？

这时候可以利用组合套餐，让这款产品看起来优惠一些。比如：

"这款产品单买 2000 元确实没有优惠的，不过我们有一个组合套餐，只需要 2299 元，包含这款电子产品，外加一部小动物外形的蓝牙耳机、一款原装产品收纳盒、一整套的设备清洁工具、一个精美背包，还有整整两大盒的蒸汽眼罩，特别实惠，您看怎么样？"

顾客看着一大堆的其他产品，成交率就会上来。这就是把一些价格较低的小商品，跟价格高的商品搭配在一起组合销售，看起来一大堆的样子，令人觉得东西很多，性价比很高。

03 营销四部曲：引流、截流、回流与裂变

消费者愿意买单，企业才能有收入。顾客越多，收入越高，顾客持续回购，企业持续收入。所以，获客一直是营销的目标，吸引顾客，留住顾客、发展成回头客，再介绍来新顾客，四步循环，方为终极获客策略。

引流：有关注才有机会

引流，是指企业采取一系列的策略和行动吸引潜在客户，并将其引导至自己的社交媒体账号、网站或实体店面等地，以达到提高知名度、拓展客户群体、促进销售的目标。

引流是获客的第一步，只有引起关注，企业才有机会与潜在客户建立联系并将客户转化为忠实拥趸。

在这个流量内卷时代，人人都想要流量，由此衍生出五花八门的引流手段，如表 6-1 所示。

表 6-1　主要引流手段介绍

引流手段	介绍	例子
活动引流	在新店开张、周年店庆、节日促销等时间节点前，举办一些有意思的活动，吸引更多人前来参加，为正式销售造势	朋友圈集赞、投票评比、有奖问答等活动
视频推广	单纯的广告文字和静态的广告海报很难打动消费者。包含在相关剧情中的隐性视频广告是现下最流行的广告形式，因为宣传方式自然、不生硬，更容易被消费者接受	短视频平台广告、电视剧的中插广告（由剧中人物扮演）
问答帖、经验帖	有人开帖发问，商家伪装成普通网民分享个人经验或提供优质回答，这种方式会让消费者产生道听途说的感觉，比直接接收广告效果好得多	百度、知乎、小红书等网络平台上的一些问题回答和经验分享
APP广告	各用户规模庞大的 App 都是最佳的广告投放地，这也是 APP 重要的收入来源之一。企业可在一些知名 APP 上投放广告，并提供链接，感兴趣的消费者点击即可一键跳转进行购买	小说、音乐、地图等 APP 的开屏广告和中间插入的广告
社群推广	社群属于私域流量，并不公开，但身处社群的人对产品的消费意愿更高，企业与消费者之间的联系也更紧密，有利于后续的截流、回流与裂变	建立品牌群、学习交流群等分享产品链接
社交媒体平台分享	每个人都有不可估量的社交圈子，这些社交媒体平台在消费者生活中使用频率很高，且因为社交关系的存在，信任度更高。借此推广，很容易引来目标买家	利用微信朋友圈、QQ空间、微博等推广
蹭流法	很多产品有着共同的目标客户，比如，婴幼儿用品大多会瞄准新手父母。所以在一些母婴群、婴儿服饰账号、婴幼儿照看经验分享帖下面留言评论，发布广告，更容易引来目标客户	在同一目标客户的社交媒体账号发布的引流帖，或在引流广告下的评论区，发言分享自己的产品

引流不单单靠手段，内容也不能草率，高质量的内容更容易引起消费者的注意，尤其是不着痕迹的引导，比生硬地说"某某产品效果很好"成交率更高。换句话说，让人看不出是广告才是引流的最高境界。

截流：留得下才能转化

大众被各种引流手段送到企业自己的"地盘"上，不代表就一定能成为企业的客户，多的是人不小心触碰了，广告自动跳转过来，然后人们立马退出页面，这种流量是无效的。感兴趣的消费者至少会耐下心浏览几秒，或者去观看商品详情，不过也不一定会立刻下单。

所以，不要急吼吼地就去焦虑"为什么他们来了却没有消费"。这里面还差了一个步骤，就是截流。

截流就是留住潜在的消费者，在持续关注中使其产生试一试的心态，成为真正的客户。

以企业账号为例，截流操作可以采取多种策略。

❀ 规律输出

想要赚消费者的钱，先要给出对方想要的价值。不管是微信公众号，还是短视频账号，企业账号要想不断涨粉，就要持续且有规律地输出内容，如果几天不更新或者更新不规律很容易被大家忽略过去。

内容可以跟产品相关，也可以跟现实生活热点相关，大多是新品上市、促销活动预告等。发表内容，并在其中处处显露品牌标志和产品信息。不要过于生硬，注重观赏性，让消费者有关注价值。

❀ 保持互动

在内容发布的评论区要保持跟粉丝的互动，用一些定期或不定期的评论区抽奖活动，鼓励粉丝积极点赞、收藏、评论，这样能增添人气，提升曝光度。友好的互动尤其能提升被回复粉丝的好感。

回复一定要真诚，而不是敷衍，且不要包含太多广告宣传的内容。回复的次数不能太少，也无须每条都回复。

❀ 请"捧哏"

其实，企业自己费力宣传，得到的效果比不上其他消费者的真实评价。为避免评论区被恶意带节奏，也为了起到更好的宣传效果。可以适当请一些"捧哏"，比如，邀请一些老客户粉丝，或者使用过产品的内部员工，做出一个详细的使用感受评价，评价越细节，看起来越真实，如此也能跟企业的宣传内容呼应上，如图 6-5 所示。

图 6-5　请"捧哏"

❀ 激发从众心理

一款累计销量 20 件的商品，和另一款累计销量 2 万件的同类商品，消费者不自觉就会去选择销量更高的那个，这是一种从众心理，也叫羊群效应。觉得跟着大家走对的概率更大。所以，如果想把潜在顾客转化成真正的顾客，商家可以用销量等数据来证明可靠性，或者展示一些成功使用该商品的案例。比如，一款祛痘产品，要展示顾客使用前后的对比情况，用成功的例子现身说法，尤其是企业内部人员，或者销售人员自己的家人朋友的真实使用案例，更能让粉丝产生想要试一试的心理，提高下单率。

✿ 消除后顾之忧

消费者不敢轻易尝试无非是担心产品买回来不如预期，钱打了水漂。一旦后顾之忧被消除，想尝试的心就能躁动起来。

运费险、七天无理由退换都是消除后顾之忧的有效方式，一些消耗品一旦开封无法退还的，商家可以提供试用装，试用不满意，正装可以免费退。

✿ 直播展示细节

直播这种营销方式本身就比图文更有说服力，衣物可以试穿，让模特转身全方位看上身效果；食品可以现场开封制作品尝；化妆品可以真人上脸试用；清洁用品可以直接展示清洁成果……

总之，在高清镜头下，商品的材质、试用效果都能真实展示。让人更愿意下单尝试。

✿ 制造紧张感

人们如果觉得自己将要错过优惠折扣，错失喜欢的商品，不是就更容易在仓促间下单吗？所以商家可以宣称在规定的时间内有更低的价格，或者仅上架一定数量的商品，走饥饿营销路线，更能激发消费者的下单急迫感，促成交易。

回流：成为无限回购的心头好

有一句话是："宁可一位客人光顾100次，不要100位客人光顾一次。"

对企业来说，维护老顾客比获取新顾客难度要低得多。

这是因为老顾客已经对产品有使用体验，既然消费过，必然有产品的价值是该顾客感兴趣的，自然能打消一些疑虑和隐忧，所以在成交过程中，不需要销售人员再介绍一遍产品相关内容，也不需要过多心理纠结，有些老顾客出于对企业品牌的信任，甚至可能无须考虑就买下其他产品，根本不担心不好用，大幅缩短成交时间。这一点，是新顾客比不了的。

同样的商品，同样的价格，卖给谁企业都能盈利。一位持续回购的老顾客，本身就代表着其对企业产品的认可，这就是为什么每迎来一位新顾客，企业都想把其转化为老顾客。

所以，在引流、截流之后，企业要做的就是回流，提高复购率，让自己成为顾客无限回购的心头好。

❀ 服务回流

情绪价值不只体现在产品里，更体现在客户服务上。

消费后的一件贴心小礼物；

抽奖成为幸运消费者，获赠优惠资格；

微信、公众号、短视频账号等定期推送的温馨话语；

不厌其烦地解答售后咨询，耐心细致地给出使用讲解，贴心周到地持续跟踪反馈。

以上这些都会让顾客如沐春风，通过一次次不刻意的联系，即使没有任何广告内容，也能始终维持顾客对品牌的印象，提起品牌就会不禁感叹"服务好得没话说"，自然会时不时去浏览一下店铺，有没有上新款，有没有活动。

❀ 定期免费福利领取回流

这是增值服务的一种，一些早教品牌就有这样的服务，家长为孩子订购全年的学习礼包，每月快递发送当月的学习资料，且每个月可以去实体店领取一份符合当月学习主题的小福利，或者是一件小玩具，又或者是一套剪纸、贴画之类的，不领就没有，且不能一次领取好几个月的。另外，实体店也有一些开放的玩具可以供孩子们免费玩耍。所以，家长会定期带孩子去这些早教产品店里，免费玩玩具，领福利，自然增加了到店次数，回购概率提升。毕竟孩子在玩耍过程中很容易看上了某样玩具嚷嚷想要。

参考这种模式，很多品牌会在顾客生日当月推送一张大额优惠券，吸引顾客到店消费。当然，各种玩法均可，本质都是用一些福利吸引老顾客到店消费，提高复购率。

❀ 积分回流

老顾客在每次购物时都能积累积分，积分可以当钱花，规则示例如下：每消费 100 元得 100 积分，下次消费可以抵 1 元钱，500 积分以上可以抵扣，500 积分以下不予抵扣。积分每年 12 月 31 日 24 时清零。

这一规则是按照 100：1 来换算的，也有 50：1 或者 1000：1 的，规定抵扣的下限一是为了鼓励顾客多消费，积攒够 500 积分，就需要消费 500 元钱；二是避免顾客积分很少也想抵扣个几毛钱，增加企业结账换算负担。

企业可以靠这种积分系统跟顾客建立紧密的互动关系，而积分会在规定的时间清零，会促使老顾客出于避免已积累的积分浪费的心态，主动在一定时间内再次光顾店铺，实现回流。兑现积分自然就会增加回购率。

❀ 储值卡回流

人们身边的蛋糕店、饭店、超市等都在发布储值卡，其中一个作用是为了快速回笼资金，这种做法放在营销中，也是极好的回流策略。储值一般会有优惠，规则很多，比如：

充 100 元送 10 元，充 200 元送 20 元，以此类推，多充多得；

200 元的储值卡售价 190 元，500 元的储值卡售价 470 元，售价低于面值；

　　一次性储值满 1000 元，此后消费打 9 折，一次性储值 2000 元，此后消费打 8 折；卡里的钱仍旧能用。

　　……

　　玩法多样，但核心是为了让顾客提前把钱充到企业这里，顾客自然会惦记着自己有钱没花，不断到店消费。

裂变：顾客也是销售

　　你有没有过同感？最近看了一部很喜爱的电视剧，就会忍不住想向身边的人"安利"，碰到看过同一部电视剧的剧友，更会产生一种"相见恨晚"的感觉。

　　这就是分享欲。当人们买到自己心仪无比的好物，也会产生分享欲，分享给身边用得上的朋友和家人，得意于自己淘到了好宝贝。也就是说，分享欲会促使顾客不自觉地成为隐性销售人员。

图 6-6　给朋友"安利"好物

　　裂变正源于此，恰是发现了这一点，企业可以把那些对品牌信任，对产品认可的老客户发展成销售人员，实现"老带新"，让老顾客拉来新顾客。

这种做法比企业"大海捞针"式的获客办法要有效得多。一是因为朋友推荐本身就比销售人员推荐更得新客户的信任，哪怕是出于人情面子也会下单尝试一番；二是由老客户拉来的新客户基本是经过筛选的，就像一般不会有老客户拉着一位男士来给他挑裙子一样，既然来了，就说明企业的产品在某些方面是符合新客户需要的，自然成效远高于那些无效流量。

俗话说："物以类聚，人以群分"，对同一类产品喜爱的人也容易扎堆，老顾客的社交关系就是企业潜在的宝贵财富。

怎么让老顾客愿意帮这个忙呢？买卖公平交易，不牵扯人情，老顾客不会无缘无故就为企业做好事，因而合理的奖励机制是不可或缺的。

举个例子。面对来摄影店取照片的顾客，销售人员提出希望对方转发朋友圈，并标注店内的名称，顾客基本会拒绝。但如果你说，转发朋友圈可以赠送一个桌摆，或许就有不少拒绝的顾客接受这一条件。

但也有顾客面对桌摆并不动心的，这个过程就需要销售人员采取不同的话术。比如，先提出一个更大的要求，待顾客拒绝之后再提出一个小要求。

所以，如果销售人员先提出让顾客介绍一位新客户，即可获得一个桌摆，顾客会拒绝得很干脆。紧接着再说："要不转发一条朋友圈，我就把这个桌摆送您。"顾客就更容易接受了。

很多时候，顾客不愿意接受，可能是赠品的筹码不够，在摄影店里，底片和精修片无疑是最打动客户的。很多顾客都希望底片全送，如果本身摄影店有这一项服务，不妨换个思路，提出："只要转发朋友圈，即可享受底片全送"，即把原本就属于核心产品服务的一部分，变成兑换服务，顾客就更容易接受了。

除此之外，最打动人的无非是现金奖励，比如介绍新客户参与本次活动，即可返佣金50元。不过，有时候顾客会觉得这么做是占朋友的便宜，所以不如发放一张 50 元的优惠券，老顾客下一次到店消费即可享受优惠，既实现了裂变，又带动了回流。

04　付费会员制背后的盈利密码

现在上哪儿购物都会有店员问："是会员吗？要不要注册一个会员？"成为会员已经像付款一样自然。不过，大部分的会员是免费注册，甚至是用优惠券、消费折扣来吸引人注册的。有一种会员制与众不同，就是付费会员制，俗称"花钱买会员"。

自助餐式的付费会员

自助餐很多人都吃过，付一个入场费，餐厅所有美食畅享不限量。付费会员制的一种模式就是如此，只要办一张月卡、年卡，即可在规定期限内解锁全部资源。比如：

视频网站的 19 元月卡，电视剧、电影、综艺随便看。

美容店的洗脸年卡，支付 2000 元，即可全年随时随地来做面部清洁。

儿童游乐场的畅玩会员年卡，3000 元畅玩一整年，随时随地，想玩多久玩多久。

这种模式跟储值卡很类似，只不过一次性提前支付了未来一段时间内的消费金额。

就拿儿童游乐场的畅玩年卡来说，假设单次玩要价格为 50 元，孩子全年去 60 次即可回本。去的次数越多，每次的单价会下降。去 100 次，相当于单价 30 元，对比 50 元的原价，不要太划算。如果确实游乐场离家近，孩子也很喜欢来这里玩，家长会有很高的概率买下这张颇具性价比的会员卡。

对游乐场这种商家来说，这里面的好处就更多了。年卡一旦支付一般不会退费，相当于提前签订了一笔长期订单，锁定了客户，因为持有这张卡，顾客带孩子玩耍优先会来这里，可比一次又一次去吸引顾客回流成本要低。更重要的是，这种先收钱后服务的方式，能让企业资金快速回笼。如果这家游乐场是新建的，开业初期就卖出大量年卡，短时间内就能收到未来一年的收入。有了钱，游乐场还能进一步扩大营销，带来更多的收入。

不过，这种自助餐式的付费会员要想让顾客买账，那么这一模式所提供的产品或服务必须符合，甚至超出消费者的价值期待。只有让消费者感到自己确实长期需要，消费者才会动心办理会员。只是偶尔来消费的顾客是不愿意提前把自己的钱锁在这里的。就像离家远，偶然一次来到某家儿童游乐场的家长，几乎不会给自己的孩子办理一张年卡。

在目标顾客的选择上，企业得优先选择享受服务成本低的顾客，否则，便宜的那点钱还抵不过大老远来一次的交通费，就不划算了。当然，在线平台的付费会员不需要考虑交通费，但仍然需要考虑怎么让自己的产品为顾客提供更多价值，提高顾客对产品或服务的需求度，建立依赖性。

尊贵的会员享有特权

付费得到的只是一个会员身份，这也是一种付费会员制。从某种程度上来说，这种模式才是真正的付费会员制，不是变相的储值卡，也不是换一种方式做促销，就只是付费成为会员，甚至这个身份还不是终身的，有时间限制，过期还要续费。

某些会员制超市正是如此，支付 200 元左右的价格获得一个为期一年的会员身份，才有资格进入超市购物。

很多人对此嗤之以鼻，"我没有进去过如何知道这些东西我想不想买？这种会员卡肯定没人买"。事实上，某会员制超市曾刷新了国内超市门店的平均销售纪录。不少人办理了会员卡进店购物。

为什么付几百块就是获得一个会员身份，还有那么多人趋之若鹜？换个问题，这些商家靠什么吸引消费者，让他们心甘情愿出这个钱呢？

答案有三点，如图6-7所示。

图6-7　会员费的价值

❀ 服务

身为尊贵的会员，自然享有会员的特权。大部分实行付费会员制的商家都会特别强调会员服务的品质。VIP待遇将给成为会员的顾客带来一种情绪上的满足感。

恭喜您，成为尊贵的VIP会员。

所有新品，VIP免费试用。

请跟我来，VIP客人有专属的休息区，茶水、点心一应俱全。

这里是24小时VIP热线，您有什么需求，欢迎随时致电。

本周日将举办一场专门的VIP联欢会，到店会员都能获赠精美礼品，观看精彩表演，欢迎您的到来。

……

看看这些贴心的话语、家人式的关怀、积极的响应、与众不同的待遇，不由地会让消费者获得一种极度被尊重的感觉，大大提高对商家的好感度。会员身份的第一价值就是得到优质的服务和令人愉快的消费体验。

❀ 特色

流于俗套的内容或服务得不到长期忠实的顾客，如果某些平台的内容，或超市的商品都大同小异，你需要付费才能享有，另一家不需要出这笔会员费，自然消费者也不会上赶着当这个"冤大头"。

那么，付费会员制能长期实行下去的商家，必然有自己的独到之处。人无我有，人有我优，方为上策。

这需要商家不断扩充自己的消费生态，持续给会员以惊喜。付费会员制的存在，本身也让商家更容易给自己的会员群体精准画像，有针对性地选择扩充方向，送上最贴合会员需求的优质产品和服务。从而保持会员对商家的新鲜感，令其愿意维持会员这一身份。

❀ 价格

顾客心里也是有一笔账的，只有自己确实在某家店消费频率高，办了会员除了可有可无的服务外，还有实打实的优惠，才会真的愿意掏钱。

在已经支付了会员费的前提下，商品如果还卖高价，瞬间会让人觉得会员卡本身也没有什么用，这么高的价格去别的商家能买到更好的。

所以，价格取胜也是付费会员制的一大优势。对商家来说，就是给消费者让利。毕竟会员卡一办，还是付费的，就已经锁定客户了。为了让这笔钱花得值，顾客也得刻意多来几次，商家自然可以走一个"薄利多销"的路线。各种积分礼品、各品类有门槛优惠券像不要钱一样免费送，顾客用不用得上是一回事儿，但是看着这么多优惠也觉得"好像很值的样子"。

总之，不管是因为服务吸引还是特色吸引，又或者是价格吸引，只要会员费一收，对商家来说就是一笔不小的收入，再加上时间限制，这笔钱每年都能再赚一遍，收入的增长这不就有了。

累计消费达成会员成就

在企业的会员体系中，要有等级之分。会员等级越高，得到的服务就越完善。形成一种竞争态势，鼓励消费者多消费，从而享受更高的优惠和特权服务。

类比一下高铁上的一等座和商务座就明白了。刚开始购买会员卡就像拥有高铁二等座车票，甚至可能是无票，仅仅代表能够乘上这班高铁。随着累计消费的增加，用户活跃度也越来越高，相当于升级为一等座，座椅宽大舒适，相邻座位距离略分开些，活动空间足够。配有阅读灯，车厢人少，更显安静，另有饮料零食赠送。

要是消费更多了，成为商家的大客户，就等同于升级了商务座，在候车的时候就有专属的候车厅，可以观影，享受零食饮品，到点走快速通道先行上车。车厢空间就更宽敞了，座椅寥寥几个，不仅柔软还能完全躺平，配有靠垫、拖鞋，如遇饭点有免费餐食可享。冷了乘务员会为您送上毯子，饿了有零食，体验感直接拉满。

商家的会员体系设计可以参考这一思路，随着顾客的累计消费额提升，达成不同的会员成就，如图 6-8 所示：

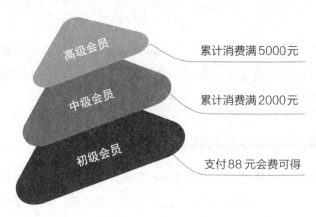

图6-8　会员体系

支付88元会员费，即可成为初级会员，解锁80%的资源；

累计消费满2000元，自动升级为中级会员，解锁剩余20%的资源，购物享受九折优惠；

累计消费满5000元，自动升级为高级会员，获赠品牌专属高级会员大礼包一份，并享限量款商品优先选购权，以及年终会员粉丝庆典邀请卡。

如此一来，顾客的消费潜力将得到进一步提升。假如已经消费了1800元，看看还差200元就能升级了，会忍不住去凑一凑，因为有更大的优惠、更吸引人的20%资源等着。

不同等级的会员待遇对消费者来说也更公平，如果商家对待一位累计消费满5000元的老顾客，跟刚刚办理了会员卡的顾客服务都是一样的，那就体现不出自己对老顾客的特殊照顾了，容易让老顾客感到心寒，有种"错付了"的感觉。有了这种不同等级的会员待遇，自然在同等情况下会优先照顾等级更高的会员，给予老顾客正向反馈。

这种会员等级的划分必须清晰明了，规定好以什么为标准进行划分，是累计消费额，还是消费频次，又或者是积分？同时配有合理的降级说明，不能因为顾客有一段时间不来消费，就悄悄给人降级。提前说清楚规则条件，更容易获得顾客的理解。

05　生态化：未来盈利的关键词

多一份收入，多一条路，副业也有转主业的可能。如今的市场环境，如果企业的利润的来源是单一的，一旦发生任何大环境变动，容易"全军覆没"。所以，多维发展、生态化运营才是企业做大做强的秘密，也是未来盈利的关键词。

多重"buff"的叠加

企业想要获得持续的收入，就不能只有一种盈利。想要走得更远，持续盈利 5 年，甚至 10 年以上，必须有 3 种、5 种，甚至 10 种以上的盈利来源，才能保证你"东方不亮，西方亮"。

之前说过，企业也应该做一名斜杠青年。但这个斜杠青年怎么做仍旧是一个值得深思的问题。毕竟，其他业务并不是想做就能立刻做起来的，做起来也不一定赚钱。更何况一项全新的业务所需要的投入难以预料，"东一榔头，西一棒槌"，毫无章法的业务探索无异于资源浪费。

最理想的状态是在同一个战略目标下，基于同一个生态系统，并结合引流、节流、回流、裂变的营销策略，打造一个生态级的盈利模式，实现利润的翻番。

直接这么说有一些抽象，我们来举一个例子。

某知名母婴品牌，在各大商场都有连锁门店。每个门店里会有一个很大的开放的游乐区，各种滑梯、蹦床、早教玩具一应俱全。有一个区域是专门的妈妈课堂，从备孕、怀孕到生产，再到宝宝护理、早教都有详细的讲解与咨询。店里的早教玩具都有同款售卖，定期更新，母婴用品也种类多样。还有宝宝游泳、早教课程。凡是你能想到的一个孩子六岁上小学之前所需要的生活用品、娱乐、教育等需求都能在此得到满足。

来分析一下这个母婴综合体的收入来源于哪里？

那些开放的游戏区、免费的妈妈课堂是商家用来引流的，任何家长只要在店面注册会员，即可免费享受这些基本的权利。哪怕你不购买任何产品，也可以照样享受。这就吸引了一大波周末遛娃的妈妈来此闲逛。

而孩子所遇到的各种玩具，店铺内均有售卖。还有花样繁多的母婴用品，价格合理，经常有活动折扣，是用来养客的，家长有需求就会想到这里逛逛有没有合适的产品，商家回流满分。

商家最盈利的地方还是宝宝游泳和早教课程。现代育儿理念下，游泳这项全身运动对宝宝的智力、免疫力、身体协调力均有益处，所以不少家长会带孩子去游泳馆，而单次的费用都要几十块。在早教课程方面，不管是价格较低的定制早教盒子配线上课程，还是价格较高的线下早教班，消费者都能根据孩子的情况和自己的钱包来选择。

而这些产品和服务相互之间都能引流，比如，注册会员即可享受免费游泳一次，购买玩具、纸尿裤达到一定金额可以免费试听一节早教课，下单一年的早教盒子可以获赠一张200元购物卡，用来购买卖场其他的玩具和用品……

该母婴卖场其实已经成为一个品牌标杆，从各个维度来深挖家长身上的利润点，围绕同一批客户，赚到能赚的所有的钱，而获客成本和维护成本只需要支付一次。

这就是多重"buff"的叠加，堪称一场生态级的运营。而且定位清晰，目标明确，极有章法，没有一项业务是多余的，没有一个产品是不相关的。

抱团取暖的智慧

诚然，上述早教机构的生态化运营的例子，没有雄厚资本是做不到的。这对于中小企业来说操作难度较高，单家中小企业根本支撑不起如此规模的运营。这时候，"抱团取暖"或许是更有智慧的做法。

上面只是一家企业做起来的综合体，但我们也能时常看到某一片区域自发地形成一片亲子卖场。儿童服饰、玩具、早教机构、兴趣班，全部都在这里。中间还穿插着小火车，走走停停，吸引了多少孩子的目光。

为什么大家聚集在一起？因为面临的客户是同一类，这跟之前提过的集聚效应逻辑上是相通的。略有不同的是，那种扎堆的集聚商家彼此之间存在竞争关系，比如，连着几家店铺都是奶茶店，或者都是饭店；而这种"抱团取暖"更像是家装服务的"一条龙"合作，但家装服务是一群供应商面向一个家装公司，再由家装公司面向客户。这种模式是大家一起面向客户，形成一种捆绑服务。比如：

在本店购买任何商品满300元，即可获赠另外一家店铺的优惠券。

在这十家门店累计购物满500元，即可凭小票免费乘坐小火车一次。

店铺与店铺之间自发地按照上面母婴卖场模式运行，不同的是这是由不同品牌商家合作拉起来的"班子"。

抱团取暖有一个很大的优势，彼此必然是一场强强联合，因为只有在双方等级相互匹配的情况下合作才生效。如果一方实力强、超越另一方很多，就成了单方面的扶持，比如，A给B引流100位新客户，B给A引流2位新客户。短期内可能看不出分歧。但长期下来，A总不甘心一直做"慈善"。

当然，这种方式也不一定只能"同甘"，"共苦"才是最需要的。尤其是在经济的"寒冬时期"。抱团取暖，才能相互扶持着走下去，熬到下一个春天的到来。

生态化产品圈

话题进行到这里，很多人对生态化应该已经有了一定的理解。正如自然界这个生态系统，不同的物种形成种群，再汇集成群落，群落与群落之间，群落与环境之间，构成一个循环作用的统一整体，彼此影响，共同进化。

商业也是一个典型的生态系统，不同类型的企业构成一个行业，多个行业形成产业，产业与产业之间相互作用，相互影响，与外部环境一起共同形成商业生态系统。同时，大系统套小系统，以同一批用户为核心，以产业链为逻辑，都能形成不同的生态系统，现在所说的共享经济、平台化经济、协同经济都与此相关。

很多时候，企业的成败不仅仅是企业自己的事情，还与整个商业生态系统相关。一家企业的衰败，甚至有可能拉着一个行业走下坡路。反过来说，行业景气，整个生态系统欣欣向荣的时候，经营再不善的企业都可能活得下去，赚得到钱，所谓"站在风口上，猪都能起飞"正是这个道理。

企业要做生态化，是要在同一系统中形成自己的产品生态圈。

某电子品牌就是这方面的翘楚，在很早就开始创立自己的产品生态圈，如图 6-9 所示。

图6-9 某电子品牌产品生态圈

以上这些产品都能利用手机 APP 一键控制，形成全屋生态统一，用户的体验感将达到极致。更有用户会为了保持这种一致性，或追求不同产品之间的互动，在购买新产品时优先考虑同品牌，这就是产品生态圈的魅力。

一个生态圈必须有进化过程，不能陷入停滞状态，否则就会失去活力。这需要企业有持续的更新能力，而企业的资源毕竟有限，产品开发到一定数量，创新速度可能会跟不上。

不过，不用担心，一开始是企业去自己创立生态，一旦这个生态建立起来，自然会有其他的企业主动凑过来。此时，企业只需要秉承一种开放的合作态度，就能得到共赢的结果，也恰好可以解决产品的更新问题，完美适配生态圈的进化。

不止是在家居智能和电子产品行业，其他行业也多见这种生态化产品圈模式。越来越多的企业建立起自己的产品圈，也有更多企业主动加入别人的生态圈。或许，未来的市场竞争将是圈与圈之间的竞争，而不再是企业单打独斗。

第七课

管不住的成本是留不住的利润

✍ 降本增效是企业永恒的主题。

01　用制度给费用设限

任何口头约束终不如白纸黑字有效力，企业控费也要有原则，而不是"一刀切"，否则费用是少了，事都没办成，终是一场空。

是控制而不是压制

很多企业一说到要降本控费，第一反应就是在员工身上省钱：

餐补、交通补贴、年终奖一律取消；

从原本的工资中另设500元为全勤奖，请假、迟到、早退扣全勤；

更有甚者，全体降薪20%。

在很多企业，工资、福利确实是利润表中最显眼的一项费用，自然很容易被"盯上"。种种"重拳"打击之下，留下的要么是忍气吞声，敢怒不敢言的愤懑者，要么是不差钱的躺平者。于企业而言，不是什么好事。

说白了，企业与员工之间也是一场交易，双方都会试探对方的底线在哪里。如何以最小的人力成本得到优秀的员工也是HR的功课。一旦企业给出的条件低于员工心里的底线，就会出现两种结果。一是"骑驴找马"，寻觅新工作的过程中对原本的工作自然就不上心了；另一种就是"躺平"，给多少钱，办多大事，拖拖拉拉，本可以做到90分，但60分就万事大吉。

如此一来，费用还没有得到控制，人心已经涣散。降薪也好、控费也罢，所有的事情须得师出有名，否则就是无事生非。员工的各项补助、福利工资当初之所以设置必然是有其合理之处。现在，只用一个控费的理由，就由企业单方面剥夺，显然有些不近人情。

要知道，控费本身是希望钱能花在刀刃上，避免浪费。可一味地从员工手里扣钱，已经违背了控费的初衷，更像是在压制员工的工作热情，令其丧失动力、创造力和潜力，工作效率下降的结果可想而知。“得道多助，失道寡助”的道理，是每位管理者都应该懂的。

所以，费用控制的第一步是自省，审视过往的费用，哪些钱是该花的？哪些钱是该省的？哪些钱是可以想办法就能省下的？哪些是不该花但也没办法完全避免的？如图 7-1 所示。

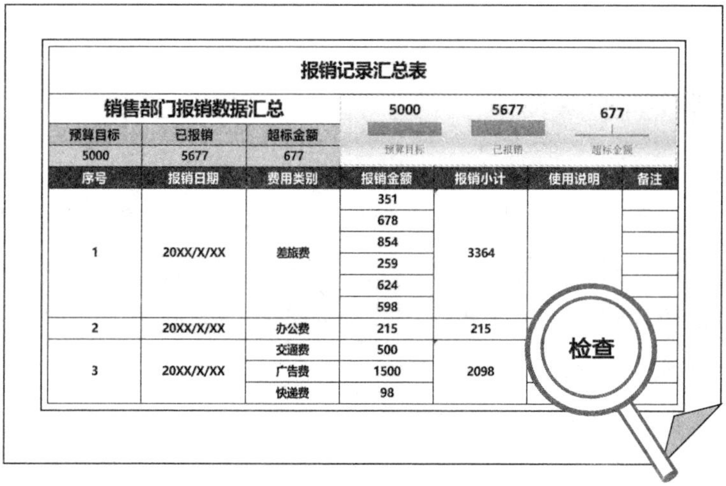
报销记录汇总表

销售部门报销数据汇总

预算目标	已报销	超标金额
5000	5677	677

序号	报销日期	费用类别	报销金额	报销小计	使用说明	备注
1	20XX/X/XX	差旅费	351	3364		
			678			
			854			
			259			
			624			
			598			
2	20XX/X/XX	办公费	215	215		
3	20XX/X/XX	交通费	500	2098		
		广告费	1500			
		快递费	98			

图 7-1　费用自审

该花的钱一分都不能省。如果销售费用省 1000 元，销售收入少 20000 元。这种因小失大的结果，绝不是企业想要的。

那什么费用是可以省的呢？

即消费降级，把原本的奢侈消费，转变为务实消费。

比如，出差、订酒店。可以坐一等座，不坐商务座；可以坐二等座，不坐一等座。两三百元的房间已经可以住得比较舒适，就没有必要订七八百元的。企业银行账户若是手续费用比例偏高，企业方面要及时跟银行反映更改，不予更改的可以换一家银行。还有企业的日常办公消耗品采购，发现更便宜的就及时更换，没必要因为一直在一家小店买就不愿意改变，多的是"杀熟"的店铺。

员工身上的费用也不是完全不能动，确实有人浮于事的情况，工作不饱和，给一名员工加 2000 元的工资让其承担更多的工作，比多养两位"闲人"要划算得多。

总之，企业的费用大多是管理费用、财务费用、销售费用这些。企业的钱都花在哪儿，账上记得明明白白。每家企业的实际情况并不相同。只需记住要控制而不是压制这一原则，抓大放小即可，不要忘记控费的初衷。

要效率而不是数字

对企业来说，费用最少就一定最好吗？不见得。

企业控费不是为了得到一个极低的数字，否则只要不做任何业务，不聘请员工，费用都能降成零。企业想的是费用可以少，但收入不能少。要是费用降了，收入也降了，那企业这一顿操作下来相当于白做工，因为利润并没有增长。

企业控费这件事，主要是给费用设个限制：一是金额限制，二是流程限制。金额限制是告诉员工应该花多少，流程限制是保证员工按规定来花。而这两点最好白纸黑字落实到纸面上，形成费用管理制度。否则员工只会嘴上答应要省着点儿，做的时候还是该怎么样就怎么样。

金额的限制不需要赘述，本身没有一个统一的标准能套用到每家企业身上，但流程的限制方面，企业的做法就大同小异了。不外乎层层加码，让一笔费用的审批经过无数领导之手，大家都认可的费用才值得花，让部门内部生不出腐败的苗头。但这里面的度很难把握，不少企业就做得过头了。

某企业新一年的基调是降本增效，特意为此完善了财务报销制度，规定企业的费用报销要在 OA 系统上做流程申请，然后由发起人所在部门负责人、公司财务经理、副总经理、总经理挨个审批一遍，最后归档至母公司，方算通过。

待 OA 流程归档后，员工可以支出费用，然后凭发票和手机付款截图回来报销，这一步要填写报销单，并挨个请上述 OA 审批过程中的领导签字同意，把签好字的报销单交到财务部门核对，会计核对无误交由出纳付款。

但是，企业级别越高的领导往往工作越繁忙，流程审批一般会在固定时间进行处理，碰上审批者出差开会，或者其他特殊事项，OA 流程搁置也是常有的事。至于签字就更难找到人了。

这么一来，企业的很多员工费用经过一两个月报下来都算快的，偶尔碰上一些发票格式问题，被会计反复退回，其他各部门和财务部门之间的关系也变得十分紧张。最后，甚至会出现某员工都离职了，费用还没有报销的情况。

从这家企业的故事可以看到，冗长的流程或许能精准控制每一分钱，但也相当于把公司的权力一层一层地集中上去，大小事情，无论轻重缓急，最终都要经过大领导。这本身就是一种资源的浪费。

有一句话是这么说的："只有权力下放，责任才会下放。"

当领导事事亲为，下属就只是个听差的，然而在真正做事的过程中领导是没办法抵达每一个现场的，听吩咐办事的下属为了不承担责任就会放弃随机应变，只做要求做的，做不了就直接停止，反正最后的结果不如预期也无须自己担责，因为自己是全部按吩咐办事的，有错也是没吩咐到而已。

比如，当一个热点出现，营销部门想要蹭一波热度，给公司打打广告。把这个想法一层一层地报上去。一面营销人员三催四请，另一面流程审批不紧不慢，如果问为什么没审，就是一句："需要跟领导商量一下，领导没时间。"而等领导们有时间坐下来讨论一下这件事，同意放款之后，再一步一步把指令下达给财务部门，由发起人提供预支款项的单据凭证和材料。整个过程走下来两个月过去了，热度也早就没了。

举个例子，"秋天的第一杯奶茶"这句话出来的时候，响应及时的奶茶店，没两天就已经推出了"为女友买秋天的第一杯奶茶""谁还没收到男朋友送的秋天的第一杯奶茶"之类的主题营销活动。如果这个过程反应长达一两个月，秋天已经接近尾声，那还有什么可宣传的呢？如果你问改成"冬天的第一杯奶茶"行不行？不好意思，这可能还要再走一遍流程问问领导呢。

所以，制度的存在只是为了给费用设一个限制，给流程规定一条走向，而不是刻意追求烦琐的流程，却拖垮了企业的效率。

记住，制度是给费用设限，而不是给办事的人设限。

制度的价值在于不打折扣地执行

任何制度制定出来，都是企业文化的一部分，是企业的最高标准，必须采取有效的措施督促落实。否则就是一纸空文，毫无威信可言，费用控制制度也是一样。

要想把制度不打折扣地执行到底，有三个要点要注意。

❀ 标准明确

企业要控制费用，这个钱到底能花多少，必须明确地标列出来。标准不明确就会让员工无所适从，办事无度。

就拿差旅费为例，如果制度里写一句"选择票价最低的交通工具"，那这个票价怎么算最低？有的人觉得高铁二等座相比一等座、商务座来说就是最低的，还有人觉得坐城际大巴是最便宜的。

所以，最好把详细的标准列出来，比如，按照不同员工级别列示交通工具标准。以下是一份可能的差旅费交通工具选择标准，如表7-1所示。

表7-1　出差交通工具选择标准

员工级别	交通工具选择	注意事项
决策层	商务座	出行默认选择高铁，若出现低于所在级别座位标价且用时更短的机票，可选择飞机出行
部门负责人	一等座	
普通员工	二等座	

注：不同级别员工共同出行，按同行中最高级别标准选择交通工具。

要是再详细些，出差过程中的住宿费用也可以按照不同城市做出划分，以下是一份可能的出差住宿限额标准，如表7-2所示。

表7-2　出差住宿限额标准

城市类别	限额	注意事项
一类城市 （北京、上海、广州、深圳、成都、重庆、杭州、西安、天津）	决策层 500 元 其他员工 400 元	出行尽量选择同性别，默认两人一间
二类城市 （其他省会城市，以及青岛、宁波、洛阳、无锡、厦门、东莞）	决策层 400 元 其他员工 300 元	
三类城市及以下 （其他城市）	决策层 300 元 其他员工 200 元	

注：不同级别员工共同出行，按同行中最高级别标准选择住宿。表中城市类别划分仅为示例，无特定标准。

这样，员工出差，乘坐什么交通工具，能订多少钱的酒店一目了然。

另外，标准的设定要参考之前的两条重要原则"是控制而不是压制""要效率而不是数字"，合理明确，有可行性，在推行的时候才能让人心服口服。

❀ "把丑话说在前头"

有的人"不撞南墙不回头"，看不到惩罚就不把制度当回事，因为违背制度不用付出任何代价。

费用管理制度既然定下，就需要全员遵守。企业要耳提面命，时时宣传，把制度标准作为企业文化进行培训，清晰地传达给每位员工。这包括对费用控制的全面解释，提醒他们费用管理制度的重要性，确保他们明白违反制度将会导致什么后果，"把丑话说到前头"，让每个人看清楚制度的底线在哪里。

一旦制度违规行为发生，首要任务是抓住第一个违反者，并按照制度规定的惩罚措施进行处理。这不仅是为了维护制度的权威性，还是为了向全员传达企业对制度执行的决心。

费用申请和报销的审批者也有责任担起监督作用，及时发现不合标准的费用，审批不予通过，财务不予报销。若有特殊情况，可另设特殊费用申请流程来专门管理。原则上没有一项费用能绕过制度"开后门"。

❀ 惩罚统一

制度的公平性不容破坏，企业不能因员工的个人地位或职务而豁免其违规行为。也就是说，不管是部门负责人还是普通员工，都必须按照相同的标准受到制度的制约和处罚。

若对领导层或部门负责人放宽标准，对普通员工严苛执行，将导致员工产生不满。这种情况会打破组织内部的公平原则，削弱员工对制度的尊重，最终使费用难以真正被控制，或者企业效率低下，产生更多看不见的成本。

02　数智化是降本增效的利器

数智化为什么这么热？因为数智化就是企业降本增效的利器。数智化分两步走：一是数字化，二是智能化。数字化就是把企业的一切行为以数据的方式进行统计、分析、管理、呈现。而智能化是在分析过程中利用人工智能技术，通过算法模型协助分析，得出有用的结论和建议。

协同化运营

企业内部大多数的问题，其实可以归结为沟通的问题。你想要我提供什么材料我不清楚，我做了哪些工作，你也不知道。彼此之间的信息不对称、不透明。那共同的目标如何实现？部门间的协作更是天方夜谭。

在同一个项目中，因为各部门不同的分工造成的沟通错位，也会造成企业内耗。包括企业各部门之间的关系紧张，或者说员工之间的矛盾，说到底其实也是一种沟通问题。不要小看这些无关紧要的矛盾，不管是有意的，还是无意的，在真正的工作执行环节，任何微小的心思，都可能形成一种无声的内部对抗，挥舞"蝴蝶的翅膀"，扇走企业一半的利润。

由于沟通不到位，真实的工作执行结果会跟管理者心里的预期有很大的偏差。中小企业，员工几十人到几百人不等，上千也不是不可能。一项决策的落地，需要的是最下层的员工去执行。这层层信息传递下去，或许决策的最初本意早已改变。

设想一下，当公司领导做出一项决策，传达给参与部门的负责人，这位领导所表达出来的内容可能只有心中所想的80%，而各部门负责人所听到的又只有60%，当部门负责人再把这件事理一理传达给办事的员工，可能核心只剩下40%了，员工所听到的，和实际去执行的结果仍旧会有偏差，最后一件事做下来只成功了20%，如图7-2所示。

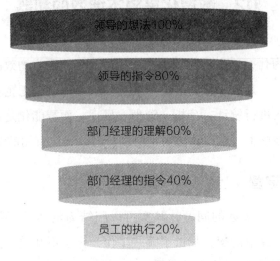

图7-2　沟通漏斗

那少了的80%去哪儿了？其实就在一次次的沟通中无形消磨掉了。

为什么企业每天有开不完的会？因为开会要解决的就是沟通问题。没有什么方式能比大家一起坐下来面对面沟通效率更高。然而，即便是开会，大多数的会议可能也是无效会议，于沟通问题的解决并无多大助力。

运营的高效协同一直是企业追求的目标，协同效应所能带来的降本增效结果也是企业孜孜以求的。

但高效协同不只是书本上的一个理论，就算部门之间彼此没有矛盾，大家都知道要积极配合，也正是这么做的。可结果的偏差仍然存在，为什么？影响协同的痛点到底在哪里？究竟是什么影响了团队之间的协作效率？

最根本的问题是信息的不同步。这也是企业数字化所必须攻克的第一步。

过去，企业内部每个部门都有各自的数据统计口径，同一个业务的数据财务部门以收入、成本为标准统计一遍，业务部门以成交额为标准统计一遍，客户关系部门以客户标准再统计一遍，大家出的表各自不同，汇总到管理者手里，各有各的数。对不上的时候想找到问题出在哪儿，那可要从头推导一遍的。对照的过程还需要把数据先转换一个统一的口径，大家的时间和精力都浪费在这上面了。

数字化意味着，借助协同工具，各部门所有的工作结果都会以数据的形式实时同步上传。借助在线信息管理系统，所有不同的口径都出自同一笔业务，有单独的合同编号，客户名称、交易金额、支付方式、支付日期、产品型号等内容自动输入保存，存在同一个数据库里，财务部门如果想区分实际到账的收入和应收但未到账的收入，就可以从金额角度去筛选出数据，业务部门单纯统计成交额即可出表，客户关系部门还能合并同一客户的交易数据进行统计，差异在哪儿一目了然。

数字化工具还可以实现远程协作。无论员工是出差在外地，还是居家办公，又或者是在见客户的途中，都能远程开展工作交流，支持 PC端、手机端。这种集中的交流协作平台，能在短时间内促成那些需要合作完成的工作。比如，支持多人在线协同编辑的文档。原本那种通过文件分享，各自填写，造成的彼此之间因为不知道填写的格式是什么，交上来的内容五花八门，还要花时间去统一格式的情况就不会再出现，额外的沟通成本也省了。文档的传递更加透明，更加容易管理。

可以说，数字化管理是当前中小企业实现协同化运营，降低沟通成本，最省力的方式。

精细化管理

精细化管理是近年来比较流行的一种管理理念，脱胎于社会分工理念，意在通过细致入微的监测、分析和调整，提高组织的效能和绩效。特别是在信息技术和数据分析的支持下，这种理念在企业中的应用更加易于落地。

精细化管理理念在 20 世纪就有了，为什么到今天才开始流行？

是因为先前的现实条件做不到，人工很难发现微小的数据变动，也做不到 24 小时实时监测。现在，数智化可以做到。

以制造企业为例，如图 7-3 所示。

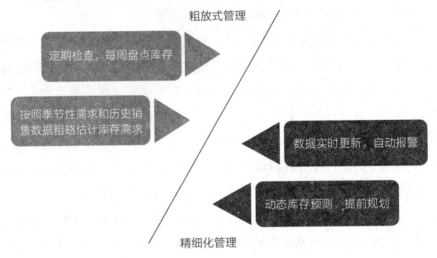

图 7-3　制造企业库存管理今昔对比

以前怎么管机器、盘库存？定期检查，每周盘点。以前库存需求如何预测？基本是按照季节性需求和历史销售数据来粗略估计。但最后的结果似乎总在两个极端游走，找不到一个可以平衡的点：要么积压带来成本的居高不下；要么缺货导致供应的失信，送到眼前的钱装不进口袋。

如今，数智化的系统和工具是强有力的辅助手段，比如，物联网技术的应用，可以让制造企业把传感器安装在生产设备上，实时监测设备的状态和运行情况，及时检测设备故障，减少不必要的停机时间，提高生产效率。

还有，引入数智化库存管理系统，企业不再依赖周期性的盘点，也能在监测销售数据方面实现秒级响应，动态地预测库存需求。在库存管理系统中，每分钟都会自动更新销售数据，并根据这些数据实时进行库存需求分析。如果某件商品的销量突然增加，系统能够快速做出反应，自动增加该商品的订单数量。同样，如果某件商品的销量下降，系统也会自动减少相应的订单数量，避免库存积压。不单如此，系统还可以结合各种数据源，包括季节性因素、促销活动、市场趋势等，更准确地预测需求。如果即将迎来节日大促，系统会提前调整库存，做好准备。

这种精细化管理方法可以成功地将库存成本控制在一个相对较低的水平。企业不再需要额外的仓储空间来存放积压的库存，降低租金和仓储费用。

以上就是精细化管理的一种具体场景，区别于以往粗放式管理造成的资源浪费常态，有助于企业降本增效。

智能化决策

企业最大的成本其实是决策失误。管理者每天都在面临决策，一次错误决策造成的损失并不如表面看起来那么简单。因为即使企业什么都不做，房租、水电、人工、研发等各项费用都在持续地支出着，如果这些付出换不回相应的报酬。那么所面临的损失将是成倍的。

这里有一个最简单的日常决策场景。

有一个重要的项目竞标需准时赴约，出行选择飞机还是高铁？助理出于谨慎性考虑，担心飞机晚点，为经理选择了高铁。不料碰上一个紧急的临时会议，耽误了启程的时间。恰逢大堵车，没能准时赶上高铁，晚了一班赶到地方的时候，项目竞标已经结束了，痛失一个价值几百万元的订单。

真的只是损失了这笔订单的纯利润吗？不，原本能赶上高铁的话，将会挣到这笔钱，现在没赶上，之前为促成这项合作付出的所有资源、心血，相当于白费，这一进一出之间，损失已经翻倍。

这还只是最直接的计算方式，如果把先前为这次竞标所付出的资源，投注到另外的一个项目上。如今已经被市场证明，另一个项目收益率也很乐观，也就是企业损失的机会成本。

先前的损失，加上机会成本共同构成了企业本次决策的试错成本。而一切的起因仅仅就是因为一个临时会议、一场堵车，或者说最开始交通工具的选择失误——有可能选择了飞机也赶得过去。

在企业实际运营过程中，这种小决策几乎算不上显眼，多的是关乎企业生存和发展的大决策，企业承担得起一次失误，两次失误，但能三次、四次，几十万元、几百万元地去承担吗？很可惜不能，也没有企业乐意这样。

那数智化对此有何良策呢？就是用数据告诉你答案，帮你做决策。

在实际的数智化应用场景中，万事万物皆可计算。通过算法模型来辅助决策，把抽象的问题具象化。

就在刚刚的场景中，如果有大数据、人工智能系统辅助的话，在参加临时会议的同时，系统即可自动根据路况做出提醒，如图7-4所示。

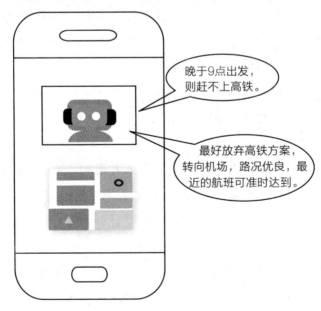

图7-4　智能决策及语音提醒

现在的智能交通领域已经能做到这一点。在更复杂的角色场景中，人工智能的应用，甚至超乎人们的想象。

而且，智能化决策的过程，排除了人们主观因素的影响，几乎不会受到偏见、歧视因素的影响，因为智能系统本身不存在主观意识，决策过程仅仅依赖数据分析，因而更显公平、公正。

不过，人们往往在初期惊叹于智能决策的作用，高度认可数据分析的结果。这可能会导致另外一个极端——过分的数字崇拜。这并非什么好事。因为在真正的计算过程中，市场的数据可以被计算，但人的情感因素无法被计算。

比如，智能化决策可以推算出某一项目的可行性，但是推算不出内部矛盾导致的相互对抗，以及由此造成项目失败的可能。理论上的计算毕竟跟实际有所不同，因为真正去执行的是人，不是机器。

而且，长期依赖于智能决策，人的思考能力就会退化一些，导致一些管理者在关键的时期丧失判断力。更重要的是，数据判断的结果有赖于数据采集的广泛性与正确性。如果数据源就存在偏颇，那么得出的结论就失去了参考价值。

所以，智能化决策可以作为一项参考，而不能作为决策的主导。

03　理清税务，合法减负

在企业的成本费用中，税费也是一笔不小的负担，还是一份必须承担的责任。但是，有时候多挣一块钱，反而要多交更多的税。企业税务筹划就是在帮企业减轻这种额外的负担，同时帮助企业控制税务风险。

企业可以不止一家

一般来说，企业可以被认定为一般纳税人、小规模纳税人这两种不同的身份。很多老板不止拥有一家公司，就是分别设有不同纳税人身份的公司，以便节省税费。

公司里，老板看着账面上几十万块钱的税款，苦恼不已，叫来财务经理让他赶紧想想办法。这么下去税负太高了，再怎么降本增效也不过"仨瓜俩枣"，省不出个几万块，这税费可是实打实的。

财务经理推了推眼镜说："要不再成立个小规模纳税人身份的公司吧。"

老板很纳闷："我想省点儿税，你却告诉我要多成立一家公司，这算怎么回事？多一家公司不是更要多缴一笔税吗？谁不知道，只要有业务发生，哪怕没挣到什么钱也要缴税的。"

财务经理耐心解释道："现在公司的客户有的是一般纳税人，要求必须开专票，有的是小规模纳税人，只需要开普票就行。可以多成立一家小规模纳税人的公司，专门对接这块业务，把那些小规模纳税人客户和不要发票的个人客户都转移到新公司进行正常交易。这样就能享受小规模纳税人的税收优惠了。"

老板说："这能省多少？要是折腾一番，省个100块，也不顶用啊。"

财务经理说："您看咱们这个月销售额500万元，有400万元的订单是大客户，要求开专票，税率13%，如果成立了小规模，剩下的100万元订单，可以交给这家公司来做，开普票，税率3%，比原本按专票开，节省下8.6万元的增值税，符合条件的3%的票还能减，按1%来申报，省得更多。如果一季度开票金额小于30万元，甚至直接减免增值税。"

老板一听，能省不少啊。

財务经理继续说："而且小规模纳税人还享受'六税两费'的减半征收，包括资源税（不含水资源税）、城市维护建设税、房产税、城镇土地使用税、印花税（不含证券交易印花税）、耕地占用税、教育费附加、地方教育附加这些。"

老板："那真是不错啊！所得税上有优惠吗？这才是大头！"

財务经理说："有啊，每年要缴税的利润额要是不超 300 万，实际是按 5％ 缴所得税的，跟你现在 25％ 比，能省下 60 万元呢，很划算的！"

老板："小规模这么好，咱们现在的公司能转成小规模吗？"

財务经理："这您就别想了，现在公司符合一般纳税人的条件，转不回去的。更何况一般纳税人也有一般纳税人的优惠，咱们的进项税都能抵扣，这个小规模可办不到。"

老板："那快去办理吧，不行多开几家！说不定还能省了那 8 万多元的增值税。"

像这样的企业场景是真实存在且具有参考价值的。还有很多企业去注册个体工商户，去注册科技公司，选择在税收洼地注册个人独资企业，都是在利用不同的企业性质所享有的税收优惠政策来合理避税。多开几家不同的公司不失为一个合法减负的好办法，只要后期正常经营，做好公司维护即可。

不过，通过多开公司这种形式来省税有一个雷区绝对不能碰，那就是不要让自己的公司对开发票，赶紧打消妄图借此增加成本、减少利润、少缴税的念头。这是违法的，甚至达到一定条件就是犯罪行为。要知道，只有你的业务都是正常的，发票、合同、货物、资金都能对上，"四流一致"才算是合规。否则，即使特意避开股东、法人的重复，公司表面上看起来没有关联，但实际上办税的财务人员是同一批，给他们开工资、交社保的公司是同一家，开票的 IP 地址是同一个，货物对不上，公司间的资金有回流，金税四期一查一个准。千万别心存侥幸！

业务亦可细化拆分

之前我们了解了付费会员制背后的盈利密码，殊不知，这也是企业一项节税策略。

就用典型的超市付费会员来说，大型超市是一般纳税人的，增值税税率基本是 13%，当然也有部分货物适用 9% 等税率。那这笔会员费呢？算是会员超市的一大收入，而且还是一项低税率收入。会员费属于销售其他权益性无形资产，适用的增税税率为 6%，这相对于一般货物的 13%，或者部分 9% 的税率，已经相当优惠了。

以上这种方式就属于业务的细化，要知道，越是笼统的业务，所适用的增值税税率只能高就，不能低就。比如，商家售卖的产品还包含安装服务等环节，这就属于混合销售。混合销售就必须按照货物的适用税率进行缴税。而把每一项业务都拆分开，分别适用各自的税率，即可实现节省税费的目标。

举个例子，企业购买机器设备，一般供应商都是包安装的，那这个安装费在供应商合同上是怎么承诺的呢？是"买设备 50000 元，免费安装"，还是"设备价格和安装费一共 50000 元"？这两种说法可是大不一样！

在《国家税务总局关于明确中外合作办学等若干增值税征管问题的公告》（国家税务总局公告 2018 年第 42 号）中有明确规定："一般纳税人销售自产机器设备的同时提供安装服务，应分别核算机器设备和安装服务的销售额，安装服务可以按照甲供工程选择适用简易计税方法计税。一般纳税人销售外购机器设备的同时提供安装服务，如果已经按照兼营的有关规定，分别核算机器设备和安装服务的销售额，安装服务可以按照甲供工程选择适用简易计税方法计税。"

也就是说，如果供应商给出的合同上面承诺的意思是"买设备 50000 元，免费安装"，那所开具的这个发票上就必须整体按照 13％ 的税率开。而如果供应商给出的合同上面承诺的意思是"设备价格和安装费一共 50000 元"，比如，约定设备 45000 元，安装费 5000 元，那供应商就可以选择"销售＋安装"分别计税，45000 元的设备价格适用 13％ 的增值税税率，5000 元的安装费可以适用简易征收，按 3％ 税率开票。一下子节省了 500 元的税费。不要小看这 500 元，假如一个月该供应商销售 1000 台该设备，省下的税费就更多了。具体计算过程如表 7-3 所示。

表 7-3　业务拆分前后税费计算

	税率	单台税额（元）	月售 1000 台税额（元）
拆分前	13％	50000×13％＝6500	6500×1000＝6500000
拆分后	13％＋3％	设备：45000×13％＝5850 安装：5000×3％＝150 合计：5850＋150＝6000	6000×1000＝6000000
结果		节省税负 500 元	节省税负 50 万元

值得注意的是，业务的拆分必须提前在销售合同里注明，约定好销售款是多少，安装费是多少，有的还会有运输费，以及其他费用，如果没有提前注明的，就不能分别计税，开票必须按整体设备销售的税率来开。

想办法贴近所有的税收优惠

通过前面两点详细介绍，其实可以看到，所谓的税费合法减负，其实就是把国家的税收政策、财税规定吃透，将凡是有利于企业的条件全都享受上。要是条件不符合，那就创造条件去符合，想办法贴近所有的税收优惠。

为什么税务筹划如此重要，因为很多优惠是有标准限制的。

就像前面财务经理和老板的对话里提到的，小规模纳税人应纳税所得额要是不超 300 万元，实际是按 5% 的税率来缴所得税的，可如果超过 300 万元了呢？那就已经不算小型微利企业了，哪怕利润就是 301 万元，也要按照 25% 的税率来缴所得税。这可真是多挣 1 万元，要多缴 60.25 万元的所得税。足见税务筹划有多重要，如果此时企业管理者可以预先控制安排企业的业务活动，或者多注册几家公司来分摊业务额，就能省了这笔税。否则，没有人去计划挣多少，时刻盯着年度利润额，那么等结完账，年底报表出来，要去报税了才发现，再后悔都晚了，这笔税费已经板上钉钉。

当然，很多小企业本身没有专门的税务管理人员，对此一头雾水。想要自己做税务筹划，最快的方法是找一家对标企业，查看对方享受了哪些税收优惠，对照自己的条件去筹划。这家对标企业的选择自然优选同行业的公司。如果你说中小企业很多公司信息都是保密的，并不对外公布，这怎么办？

其实可以参考同行业的上市公司。在上市公司的年报里，有一部分会专门披露享受了哪些税收优惠信息，而上市公司的年报是公开的，其他企业可以随时查询。不过，上市公司都是一般纳税人，而中小企业还是以小规模纳税人居多，所以那些上市公司享受不到，也没有披露出来的优惠信息，就需要靠企业自己咨询税务局来获得了。

当然，也有专门的税务筹划师，这需要企业支付一笔不菲的咨询费来获得相关服务，如果企业确实税负比较重，这笔钱还是花得值的。他们会从企业的注册、注销，到运营中的增值税、企业所得税，再到股东的个人所得税，全部给予相应的筹划指导。理清企业税务，合法减负。让管理者了解到更多节税技巧，比如：注册什么公司，综合纳税最少？公司出资怎么安排，能让税负更低？长期"零申报"对企业有没有影响？还有各种类型公司的发票开具方法，并提示关联企业之间的"无息借款""高息借款"有什么涉税风险，等等。

所以，真正的税务筹划，不只是在帮企业合法减轻税负，也在指导企业正确纳税，控制涉税风险。如果企业能配备专业的人才，随时跟进公司业务，是最好的。

04 有"舍"才有"得"

都知道要获得利润，先得付出成本。可很多公司一降本增效，就忘了这件事。要知道，成本的盲目削减，也会导致利润受损。控制成本不一定只有降低成本这一条路，有时候，稍微多投入一点，反而能得到更大的回报，这也是成本管理之道，俗称"把钱花在刀刃上"，也叫"不该省的地方绝对不能省"。

拒绝"贪小便宜吃大亏"

场景一：A企业入职一名实习生，公司想要节省费用，告知对方要实习两个月才能转正，实习期间不会为其购买社保。结果，该实习生入职一个月后的某天早晨上班，在公司楼下意外摔伤，造成瘫痪。当地人力资源和社会保障局作出了《认定工伤决定书》，认定该实习生是工伤，公司为此背上了60万元的负债。

场景二：B公司销售护肤品，为了增加利润，于是打算更换产品包装。原本的包装是玻璃瓶身，质感绝佳，采用真空按压口泵头，使用方便，又利于保存。后来宣称产品包装升级，换成了塑料瓶身，旋钮瓶盖，一倒就会倒出来很多，使用很不方便。为此，很多老顾客纷纷抱怨包装更换差劲，不再回购，还发生了多起硬性退货事件，被曝光到网络上，给公司带来一片差评，销量在短时间内骤降，公司形象一落千丈。

场景三：C公司想要打造一个高端品牌形象，但是在某些资质方面有所欠缺。一次偶然的机会，管理者看到一个微信朋友圈宣传的"极速办理三体系认证证书，下证快，不等待！"遂支付给对方5000元，仅花了一周时间就收到了所谓的质量管理体系认证证书、环境管理体系认证证书和职业健康安全管理体系认证证书，全程没有开展任何认证活动。在拥有这些证件后，C公司立刻在公司介绍中宣传拥有上述三重体系认证，承接了来自世界各国的合作项目，借此拔高品牌形象。然而，经调查，以上纯属虚假宣传。于是，C公司因非法买卖认证证书并涉嫌虚假宣传，收到了一张5万元的罚单。

有一句老话叫作："贪小便宜吃大亏。"说的就是出于省钱的想法做了某事，没想到后面带出更大的事，赔上一大笔钱。上面三家企业碰到的事，就是典型案例。

A企业一心想在每名员工身上省下两个月的保险费，结果摊上了大事，工伤保险一个月就几十块，现在企业要出几十万元，两相对比，真是悔不当初！早知道有这事，估计企业老板绝对不会想着省那点钱。

B公司是聪明反被聪明误，以为产品本身不变，借着包装升级的借口，就能悄无声息地把产品包装成本降下来。结果顾客并不买账，包装质感比原来一落千丈，这种用降低产品品质来换取利润的短视行为，最终给企业带来了不可磨灭的影响，销量大跌，形象全无。

C公司就更离谱了，因为想省去的应付认证审查的成本和烦琐的过程，居然非法买卖假证，买了还大张旗鼓地借此宣传，借机误导消费者，结果收到了5万元的罚单，老老实实去认证都花不了这么多钱。

企业要降本，但不能动歪脑筋了，被一时的便宜诱惑所吸引，忽略了长远的考虑。要知道，口碑积累需千日努力，臭名远扬可是一日之功，贪小便宜的那点儿钱，换不来企业的辉煌明日，却能引来骂声一片。智者有取舍，有舍才有得。

舍得投资你的团队

先来思考一个问题：降本增效，是先降本还是先增效？

是增效，因为增效能降本，降本不一定能增效。而这个增效指的是什么"效率"？是机器的效率吗？并不是，机器的效率就是那样，你一直通电它也不会多生产几件产品。企业自己如果不是专门生产机器的，可做不到短时间内去技术创新。所以，增效增的是"人效"，是员工的工作效率。

有些企业一说起降本增效，就先拿员工"开刀"，"本"降的是员工的工资和福利，"效"增的是员工的工作负荷。做不完怎么办？那就加班啊，把加班当成最佳增效途径。可又有几家小企业成为大企业，靠的是在员工身上扣出来的那点成本呢？正所谓有舍才有得，舍不得给员工一分一毫，员工怎会回报你更大的"得"呢？

有一句话叫作"重赏之下必有勇夫"，员工也是一样，一个月 3000元的工资，那就是到点上班，到点下班，如果一个月 30000 元呢，只要没有倒下，就还能继续加班。当然，这只是开个玩笑。事实上，一个原本只挣 3000 元的员工，如果老板说给你 4000 元，把另一个人的活儿一起干了，大概率也是愿意的。这就是用微小的投入博得更大的收获。

单以工资来聊，还算不上投资你的团队，真正的投资在于员工价值的成长，往大了说，属人才培养范畴，但这个话题就过于大了，不做详细阐述，此处仅就如何用微小的付出提升团队成员的效率来展开讨论，无关管理者的个人技能，也无关员工的工作内容，具有一定的通用性。

最重要的一点叫作给予员工情绪价值。之前在塑造产品价值的部分，我们就讨论过要给产品注入情绪价值，同样，在营销回流的内容里，也谈过用服务来为客户提供情绪价值。现在，要谈到的是领导也要学会给予员工情绪价值，这是一种情绪上的投资，几乎没有什么成本。

如果有人经历过育儿，会发现：教育孩子的过程中，所提到的多肯定孩子的进步，多用正面的语言等理念，就是在让父母给孩子提供情绪价值。而教育孩子跟培养员工的底层逻辑一致，都是在促使一个人成长。

我们都知道，虽然教育有多种形式，棍棒之下也有孝子，但如果你能多给予一些正向肯定，孩子大概率会更愿意配合你的教导，而不是针锋相对。领导对待下属也是一样。

不是说领导有义务去为下属提供情绪价值，也不是要领导像哄小孩子一样去哄手下的员工，而是为了让团队成员的配合度更高，避免出现阳奉阴违、消极怠工的现象，才需要这么做。

具体怎么给予员工情绪价值，并不是一件多难的事，多给正面反馈就好，领导对待员工的语言和态度可以稍微作以调整，让员工感受到情绪上的正向回应。毕竟谁都希望自己每天的工作环境是令人愉悦的，人事关系是和谐的。而员工的工作状态会影响工作效率。要是情绪不好还会直接让人满腹心事，进入不了工作状态。

赢得下属的尊重本身靠的就不是疾言厉色。那些功成名就的大领导多数是内核强大、情绪稳定的，令人如沐春风。

比如，当最近的工作完成得出色，领导可以给予微笑肯定，并鼓励大家继续努力。

"大家最近状态很棒，尤其是小高和小张，继续加油！"

"小李的策划案我看了，很不错，大家要向她学习啊！"

或者可以利用工作餐时间，给大家点一些好吃的，美其名曰：

"辛苦了，加个餐，一起开心一下。"

"今天中午每个人加个鸡腿！"

这种情绪的调动会反哺到员工的工作中，让整个团队的气氛更加轻松和谐，配合度拉满，整体绩效上升。

如果最近有员工表现不好，可以私下叫来聊聊，而不是当面臭骂一顿，把对方贬得一文不值，反而显得领导格局很小。

另外，还有一点，效率的提升离不开工具的辅助。企业要尽可能为员工配置一切能有效提升效率的工具。曾见过有公司还用着十几年前的电脑，屏幕比键盘都要小，系统还是 windowsXP 的，开机半小时，点一下保存十分钟。还有一些做设计的公司，给员工配置的设备跟不上指令，200M 以上的 PSD 格式图片动一下鼠标要卡半天，这简直就是工作的"灾难"，这种情况公司跟员工要效率，怎么要？经济基础决定上层建筑，企业一定不能在基础设施方面亏待员工，这种地方不舍得投资，亏的终究是企业自己。

善用外包最大化利润

企业里有一些业务或服务本身是没什么效益的，企业自己来做性价比很低，于是就有了外包这种形式。就是把一些非核心业务或者产品服务交由给第三方来完成，如常见的财务外包、人力资源外包、销售外包、客户服务外包都是这一回事。

为什么在这一课里讲到外包呢？因为外包本身就有助于企业降本增效。

很多人对此很不理解，外包出去企业还是要支付外包费用，怎么能说是降本呢？这不是在增本吗？

事实上，这些能够外包出去的业务，企业大多并不擅长，或者从中得不到多大的利润。而支付一些外包费就能得到最专业的服务，还能让企业专心于自己的核心业务，得到的结果自然是利润最大化。这就是用小舍换大得。

有一家手机品牌公司，业务主要集中在东南亚，通过亚马逊等跨境电商平台进行销售。当公司有了一定基础，就想着进一步开拓海外市场，目标是中亚、欧洲等地。

这样一来，原本的客服团队就显得不够用了。但是，中亚、欧洲等地的语言十分多样，如果公司自己组建起包含西班牙语、阿拉伯语、葡萄牙语等各种语言的客服团队，成本十分高昂，且公司市场拓展前景还未可知，不确定哪一块市场容易开发，还处于探索阶段，团队组建起来没有业务很容易浪费。

经过高层开会讨论之后，最后选择将新市场的客户服务外包出去。由专门的第三方跨境客服公司为本公司提供服务。第三方公司拥有各种语言专业的客服，能够提供母语级别的服务，十分符合该手机公司的要求。公司也终于腾出手专心开拓市场，研发手机。

很多家庭，夫妻双方都忙于工作，会请钟点工来完成家务劳动，这就是花钱把"低价值回报，但不得不做"的家务外包出去，让自己能抽身出来，专心去工作，去成长，去做对自己更有益的事情。

企业也是一样，本身就有擅长和不擅长的业务，即使都擅长，放弃低效益的业务，去专注做高效益的事，显然更能给企业带来回报。这家手机品牌公司把效益不高的小语种客户服务外包出去，就能腾出时间和精力去搞研发，开拓市场，即便需要付出一定的外包费，但最后的结果是利润的增加，也就达到目的了。

再比如，一些企业如果有明显的淡季和旺季，经常出现旺季人手不够的情况，那么，采用灵活用工的方式，把人力资源外包出去，就能解决临时招人招不到的情况，也避免了淡季员工闲着，成本白白付出的困境。

这就是善用外包，能够实现利润的最大化。

05　全员成本意识的形成

正所谓"不在其位，不谋其政"，员工不是老板，自然没办法站在老板的角度去思考怎么节省成本。所以，要破这个局，就要让员工有责任去节省成本。一个人有责任还不行，只有让全员都具备成本意识，降本增效这项工作才算做到底了。

让员工像给自己省钱一样为公司省钱

员工在面对费用的时候大多秉承着一种"不花白不花"的心态，因为即使不辞辛苦，为企业节省下来一大笔费用，这些钱也并不会进员工的口袋，甚至体现不出节省的过程和苦心，就算领导知道了也只会认为这是员工应该做的。

那么，当一件事可做可不做，做了不会有褒奖，不做也不会有任何惩罚，反而对自己有益，员工当然选择让自己的利益最大化。这时候，企业想让员工像给自己省钱一样为企业省钱，显然是做不到的。

设想一下，如果你想让某一个人去做一件事，怎么才能打动对方？

要么不做这件事会付出极大的代价，要么做了这件事可以看到显而易见的好处。当然，双管齐下最有效用，如图 7-5 所示。

图 7-5　"双管齐下式"劝人

之前我们说过用制度给成本设限，要把"丑话说在前头"，提前向员工说明惩罚措施，这就是让对方看到不控制费用要付出的巨大代价。然而，尽管制度已经标明了费用的限额，那也只是一个最高点，员工顶多能做到不超标，但不会像给自己省钱一样为公司省钱，因为看不到做这件事的好处。

所以想要劝员工，就要以"利"诱之。

怎么诱？我们仍旧以差旅费为例，这是很多公司除了员工薪酬以外，可控的第二大费用。公司要做的是让员工的节省费用行为对个人产生利益，促使员工从"要我省"变成"我要省"。

当然，企业就不要指望员工省下的每一分钱都能留在企业，但是企业可以在一定范围内赋予员工一定的自主权，比如，省下的可以给自己留一部分，这样企业也能获益一部分。

具体的做法是，当员工主动选择远低于报销标准的酒店时，可按照一定的比例给予奖励。直白地给红包是不太现实的。可以从其他的出差补助入手，把这些出差费用合并。

甲公司是一家软件服务公司，公司业务员们经常各地跑，差旅费用在公司报表上居高不下，降本增效势在必行。

原本出差住宿标准是 300 元 / 天，餐费、交通费 100 元 / 天，员工出差 1 天最高标准就是 400 元。

但这些费用都要拿发票和支付截图回来报销。花多少，报销多少。所以，员工就算花不完也会尽力花，酒店能住多贵的就住多贵的，办事能打车就打车，吃也尽量吃好点，凑一大堆发票回来报销。大多数员工会尽可能花到 400 元这个临界点。这样费用一直节省不下来。

现在甲公司想降低出差报销标准，把酒店住宿的标准下调 50 元，为 250 元 / 天，再把餐费和交通费的标准下调 50 元，为 50 元 / 天，共省下来 100 元。可是这个想法刚透露出来，当即引发很多反对的声音，甚至很多业务员开始推脱出差。

于是，公司领导想了一个办法。直接规定：

员工出差住宿和补助合计限额 300 元 / 天，满额发放。除住宿发票外，餐费、交通费不再需要凭票报销，直接作为差旅补助发放。

没想到这个规定一出，反对的声音小多了。员工开始绞尽脑汁去各大平台比对酒店价格，给自己定一个性价比最高的酒店，吃饭也是一份普通的盖饭，出行首选公交，没想到一顿操作下来，300 元的标准每天还能省下 50 元。而这些钱企业也会作为出差补助发给员工。对这些经常出差的员工来说，一个月要是出差 20 天，可就相当于多发 1000 元呢。

甲公司呢？一位员工每天能省下来 100 元的差旅费，十几位业务员匀开出差，平均每天能省 1000 元，一个月 30 天就是 3 万元，一年就是 36 万元，真是数额惊人！

让员工放弃自己的利益去满足公司节省成本的目的，很难实现。但如果绞尽脑汁省了费用，自己和公司都能从中获益，那员工就会争着和企业一起省钱。透过这个故事，足见甲公司领导的智慧，虽然降了差旅标准，但也改了报销规则。最后的结果是员工和公司的双赢。

所以，共同的利益才是最打动人的。

让员工从心底认同绩效考核

有制度在那儿卡着，员工其实在降本这里能做的有限，他们总不会愿意自降工资的。但是，增效是每个人都能控制的，增效就是在变相降本，能让企业对员工的人力资源成本投入获得更大的回报，当一个人能顶三个人的事，企业的成本自然就降了。

可以说，一位效率极高的员工本身就具备成本意识。因为无所事事相当于浪费资源。想要让企业全员有意识地去增效，最直接的办法还是让他们的工资与工作效率控制挂钩，所以很多公司会开展绩效管理工作。但如果要问这些绩效管理工作成效如何，可能很多管理者会不由得苦笑。

为什么会这样呢？

深思原因之前，可能要先问问员工，他们对增效认同吗？对绩效考核认同吗？只有认同了，才算是从心底有了成本意识。否则，整个绩效考核就只是一个从上向下压的过程。

比如，公司说："你今年要完成多少业绩，达成多少合作。"站在员工的角度，他们从心底接受这个目标吗？不，他们心里只会觉得"这是一种压迫，是公司的目标，不是我的目标"。

既然目标都不认同，最后绩效考核的时候，打分的结果就更不认同了。很多员工都觉得领导打的分远低于自己真实的工作水平，甚至会产生各种各样的想法，比如：

我明明这么努力，工作一丝不苟，却只有个 B。

他一定是跟领导关系好，才得了个 A。

什么绩效考核，就是公司变着法儿来扣我们工资的！

这就是为什么很多公司的绩效管理工作，把公司上下搞得鸡飞狗跳，也没得到真正意义上的效率提升。内部的对抗就已经把效率拖垮了。

所以，如何让员工从心底认同绩效考核，是企业管理者在实行绩效考核之前就应该考虑好的问题。这关乎接下来的绩效管理工作应该怎么开展。

在绩效管理工作中，有四个主要环节：绩效目标、绩效执行、绩效评估和绩效反馈。管理者要做的，是让员工全程参与进来，真真实实感受到绩效考核是为了让员工成为更好的自己，而不只是为了老板的口袋在被迫营业。

❀ 绩效目标

绩效目标是绩效考核的开始，后续所有的执行、评估、反馈工作也是围绕绩效目标展开的，足见其重要性。所以，让员工从心底认同绩效目标就是成本意识形成的第一步。

这个目标一定不能是企业强加过来的，而是员工自己制定出来的。这个目标讨论的过程可要考验管理者的智慧了。其实有往年的工作成果摆在那里，要拼一拼，目标自然得高出来，很多时候，员工是认同这一点的，但问题在于公司强加的目标看上去是一个不可实现的目标，达不到就要扣钱，达到了还没什么奖励。

打破这一点很简单，不要用扣钱这种说法，扣钱就意味着员工利益的损失，哪怕只扣十块钱，员工的抵触心理就会滋生。要用绩效奖励来表达。具体的奖励比例，可以参考公司高层的一些激励方案，完成多少业绩，给多少奖金，而且是阶梯放大式的奖励。这样就能激发员工自己的想象"如果我能达成更大的目标呢？"被提问的管理者适时送上一个更具诱惑力奖励。相信这个更高的目标带给公司的收益绝对要远高于给员工的这点儿奖励。

在整个讨论过程中，员工会认为整个目标方案都是自己定下来的，而不是公司强加给我的，第一步认同就实现了，且具有迫切的追求欲望。管理者在其中扮演的角色只是一个引导者，而不是命令者。

❀ 绩效执行

绩效的执行是一个过程，不到最后考核的那一步，其实都不能下定论。很多管理者天天催着员工：

半个月过去了，你本月的绩效完成一半了吗？

你是放弃大目标了吗？你这个进度可什么都得不到啊！

一切都在围绕绩效目标这个结果来说，完全忽略了员工本身执行的过程做得如何，有没有遇到什么问题。这样的管理者一开始就进入了评判者这个角色，似乎无时无刻不在评估打分。但是，在实际的工作中，领导有责任为了整体目标的实现为员工提供合理的帮助，也可以适当肯定员工的工作成就，该点出哪里可以改进的时候不应该袖手旁观，看着员工一通忙活找不到方向，其实也是在拉低团队整体的效率。

更何况，如果管理者全程没有参与员工的绩效执行过程，也没有对员工的工作做出过指正、评判或肯定，最后在绩效评估的环节很容易出现员工心里对结果不认同的情况。

❀ 绩效评估

在前面两个环节做好的前提下，绩效评估这一环节可以说水到渠成。平时沟通得多，员工自己也知道自己工作什么样，目标完成多少一目了然，评估打分的结果更容易接受。一个团队里，平时这个人得到的表扬多，那个人经常做不好、领导帮助多，这个人比那个人分高，大家都看在眼里，心服口服。少了内部对抗，团队的协同性就能更好地发挥出来，增效是必然的。

❀ 绩效反馈

最后就是对于评估结果的反馈，把这个结果反馈给员工，总结员工的工作情况，复盘做得好的地方和不好地方，帮助员工实现真正意义上的成长。

这种反馈是必需的，缺少了这种面谈，员工拿到的就是一个评估结果，实际上没有任何意义。就像考试之后只出分，不订正答案，学生不会知道自己错哪儿了，哪儿又是自己之前没把握，但是分很高的地方。所以，反馈必须正式，不能仅仅是一个关于结果的通知，要有一个完整的复盘过程。如此，绩效管理才能深入人心。

第八课

从现金流看利润的质量

✍ 资金链不断，企业就能持续经营。

01　有利润不等于有钱

看一家企业有没有赚到钱，看的是利润。但是，看一家企业有没有钱，看的是银行账户。有利润不代表企业就有现金。资金在企业内部并不会一直停留在某个环节，而是一直不停地运动。

企业的资金是怎么运动的

从企业创立之初一无所有到经营有序并实现盈利，资金的运动是企业生命周期中至关重要的一环。我们以一家制造汽车零部件的企业为例，来详细观察一下资金在企业中的运动过程。

> 某制造企业创立之初，由老板投入 300 万元作为启动资金，老板的一个朋友给了 100 万元的投资，同时以购买设备的名义向银行借来 50 万元的三年期借款。
>
> 有了这些资金的支持，企业终于正常运转了，一共 450 万元的资金陆续用于购买设备、原材料，支付房租，并招聘了一批生产工人开始生产。
>
> 在生产过程中，该企业所产出的汽车零部件，主要面向汽车制造商进行销售，也有零星汽车维修商前来采购。销售所得的收入成为资金再次流入企业，用于弥补生产成本，推动生产周期，维持企业的正常运转。于是，资金不断用于支付成本和费用，同时通过收入源源不断补充进来。这种资金的循环周转是企业持续经营的动力，也是生产扩张和技术创新的支撑。

随着该企业的经营逐步有序，盈利逐渐显现出来。这时，企业需要考虑上缴税款。纳税是企业社会责任的体现，也是维护国家经济健康运转的重要环节。同时，当初从银行借来的50万元即将到期，需要按时偿还。当这些事做完，企业发现账面还有剩余的利润，于是向股东进行分红，作为当初投资的回报。

慢慢地，该企业发展愈加壮大，投资的那个朋友选择出售股权退出企业，这代表了企业价值的变现。退出阶段的资金流动是企业生命周期的一种自然过渡，也给其他潜在的投资者提供了参与企业发展的机会。

这就是资金在企业运动的过程，如图8-1所示。

图8-1　企业的资金运动过程

概括来说，资金自股东或债权人手中流入企业，顺应企业的生产经营活动进行循环周转，逐步增长，最后上缴税款、偿还债务，并向股东们分配利润，作为资金在企业中运动的终点，退出企业。

健康、顺畅的资金运动过程，彰显着企业的资金实力，也为企业不断追求创新和卓越提供了强大的财务支持。在这个资金运动的过程中，企业既是参与者，也是受益者，利润也是在这个过程中诞生的。

企业大多死于资金链断裂而不是亏损

老板最关心的三大问题：赚钱了吗？赚了多少？到账了没有？

从这三个问题里我们就可以看到一个事实：赚钱了，不一定立马到账。还有可能到不了账。这就是为什么很多公司明明利润表上写着盈利了，可银行账户里却没有钱。

利润只是个数字，不代表企业所拥有的财富，也不代表这钱能装进老板的口袋。

> 财务经理走进总经理办公室："张总，下个月咱们资金不够，需要提前向集团拆借，预计金额是 70 万元。"
>
> 总经理一听，说道："昨天业务部门上报的销售季报，本季度公司业绩突破 300 万元了，怎么会没有资金呢？有多少应收账款还没收回来？"
>
> 财务经理马上汇报："是这样的，前两个月的销售款都到账了，有 210 万元，这个月的销售款 120 万元还没收到，预计下个月 30 号之前全部收回来。但是咱们去年买设备，借银行的一年期借款到期了，金额 100 万元，前两天已经还了。这两个月本身发工资、报销费用，还有软件研发费用共支付了 150 万元，把原来账面的 80 万元和新收到的 210 万元货款都花了，现在账面上就剩了 40 万元。可是下个月 10 号之前要支付未来一年的房租 60 万元，还有 15 号发工资需要 30 万元，业务部门另要 20 万元作为备用金。也就是说，在下个月 30 号销售款全部到账之前，有 70 万元的资金缺口，最好是能跟集团拆借一下，预计 21 号就能还。"
>
> 总经理皱眉深思："前年 A 项目公司投出去的 500 万元，是不是项目期快结束了，本金和收益什么时候回款？"

　　财务经理回答："那个项目两年的封闭期，预计两个月后回款，到时候咱们的资金就不用这么紧张了。"

　　总经理听到，终于小舒了一口气："行，我跟集团副总说一下情况，你去写一个拆借合同，跟业务部门打个招呼，让他们催客户尽快付款。那 500 万元到账了先别动，之前那个 B 项目还在考察期，要是没问题，到时候这笔资金可以接续上。"

　　财务经理："好的，我这就去！"

　　这个故事已经充分展示出多种企业资金的流向。在流出方面，企业的资金可以被拿来发工资、支付房租，或者用于技术研发、项目投资，再或者偿还前期债务。而流入方面呢，当订单达成了，货已发出，收入就会被确认，但因为支付期的存在，企业可能并不会实时收到货款。这就是导致企业明明利润表的数字是正的，但资金常常入不敷出的原因。

　　故事中的企业，资金链明显出现了问题，但毕竟"背靠大树好乘凉"，有集团给兜底，提前拆借即可安稳过渡，而一些"单打独斗"的小企业碰上这种事就难了，比如，有企业仓库里的商品一时间没那么快卖出去，资金被套牢，不能变现。不幸恰好碰上大额支出或债务到期，一时间都上门要钱，真是"一文钱逼死英雄汉"，企业只能选择破产清算，没有被亏损吓退，反而被资金链断裂逼倒。

　　可见，一家企业如果有亏损但资金充足，仍旧能活下去，甚至可以扭亏转盈，哪怕一朝跌倒也有机会东山再起。可如果一家企业报表上利润颇多，但银行账户里一分钱都没有，债务到期还不起，很快就会被追债上门，被迫破产清算。

资金比利润更重要

　　资金就是企业运转的生命线，对企业的重要性不可言喻。如果说利润是收入的质量，那现金流就是利润的质量。从某种角度而言，资金甚至比利润更加重要。

有一个不参与公司经营的股东问老板："公司今年业绩怎么样？"

老板说："今年突破 5000 万元了，比去年的 3000 万元将近翻了一倍！"

股东接着问："利润一定也翻倍了吧？"

老板眉头一皱，说道："倒是也增长了一点儿，但是很少，跟去年差不多。"

股东说："利润没涨多少，今年的分红是不是又要泡汤了？"

老板眉间一松："那倒不会，今年账上现金多，虽然利润上增长不大，但是货款基本收回来了，不像去年，账上利润虽多，后来都成了坏账。"

这就有意思了，通常我们认为收入越大，利润肯定也越大，该公司收入都快翻一倍了，利润却几乎没变，大概是成本也增加得厉害。说明企业的创收几乎在白做工，收入的质量还不如之前高。

不过，从现金流来看，企业实际收到的利润似乎比去年增长了。要知道，到不了账的利润就是泡沫，只有真金白银的资金流入，才算是有质量的利润。所以，今年股东能够分红，这是企业盈利能力的象征。

既然资金如此重要，企业的资金是谁在管？

事实上，大部分中小企业仅仅设置了一个"出纳"岗位，负责收钱和付款。这个岗位在财务工作体系中几乎处于最底层，完全听吩咐做事，所以做不到完善的资金统筹安排，对于资金链的维护能起到的作用有限。

很多中小企业面临资金链断裂就是因为缺少一个专业的资金管理人才，没做好事先的资金规划。又因为自身效益不稳定，形不成对信贷资金的吸引力，所以碰上"难事"，临时借款借不到，就会直接被淘汰。

而在一些体制较为完善的企业，会设有一个专门的资金类管理岗位。这个岗位负责统筹企业资金，避免出现之前故事里资金链断裂的情况。具体职能包括掌握企业资金运动，制订企业资金计划，维护银行关系，决定是否需要举债、是否需要资金调拨等。可以说，一切资金的流入流出都要在资金管理者的安排下进行，保证企业不会出现无钱可用的情况，同时最大化企业的资金收益，不让大量的资金闲置在那里。

02　预售为什么这么受推崇

企业的风险很大程度上来自销售的不确定性，预售就是在让销售变得有确定性。预售数据一出，企业据此安排生产或订货，即可实现成本最小化和收益最大化。何况对企业来说，收钱再办事可比办完事再收钱更可靠。

以销定产不浪费

一到每年的网络"618"或"双11"购物节，很多商家会提前半个月或一个月放出预售订单，顾客只需支付预售金，即可参加"定金膨胀"活动，比如，支付20元即可在购物节当天享受50元的优惠。这种预售模式不仅让消费者享受到更多实惠，而且能帮助商家根据定金数量预测销量，提前备货，从而更好地控制库存，避免浪费；与此同时，也让商家清点好库存，别出现"卖脱了，结果供给跟不上"的情况，导致没办法及时发货。

即便不是在购物节，平时的一些网络店铺也会采用预售模式来试探新品的市场欢迎度。如果预售状况好，商家会加大生产，正式上架，而预售情况不好的商品就可能不再大量生产。

当然，在介绍这类商品的时候，商家理应说明这些商品的发货日期最晚是什么时候，可以接受的顾客自愿去下单，如图 8-2 所示。

¥29.8
发货：某地
快递：免运费
全款预售
付款后15天内发货

图 8-2　商家预售

很多商家会为此让出一部分利，以一个略低的价格给到提前支付的顾客，以弥补顾客在时间上的等待损失。所以，对那些不着急用到商品的顾客来说比较划算，而一些十分注重购物时效性的顾客并不买账。

以上就是商家通过预售实现"以销定产"的过程。

前面我们在产品定价部分就提到过"以销定产"，而"价格决定成本"的思路也是在以销定产的背景下被推崇起来的，这跟预售被推崇的底层逻辑是相通的。无非是在如今产能过剩的情况下，商家降低自身经营风险的一系列操作。

预售是销售模式，"价格决定成本"是定价思路和生产思路，在销量、价格和成本都能确定下来之后，商家卖出一批货能挣多少利润就有了，而且这一利润还是资金提前到账的高质量利润。

假设一家服装网店设计了一款时尚连衣裙。因为店里的服装风格偏年轻化，所以顾客年龄群体较年轻，且品牌定位并非高端品牌，因而定价相对较低。市面上同类型连衣裙售价一般在 200～300 元，于是，该店打算给这款连衣裙定价为 300 元，然后按照六折预售上新，探探路。

在预售阶段，该店通过直播展示，凭借 180 元的预售价格吸引了大量消费者下单，承诺 14 天内发货。消费者在支付预售款项后，商家开始生产连衣裙。

由于生产成本已经确定，包括面料、人工、包装、运输等费用。商家能够准确地预测出每件连衣裙的生产成本和利润。自然计算得出在每一笔固定投入扩大之前，售出多少件能达到利润最大化。

比如，按照当前的产能生产该连衣裙在达到 1000 件之前固定成本都是相同的，自然在 1000 件之内能卖出越多越好，无限趋近于 1000 件最好。如果超过 1000 件就需要新的人工、机器、库存成本投入，才能扩大 1000 件，那么，此时在销量为 1001～1200 件之间，所赚的利润还不如 1000 件多，此时商家就要根据预售情况做出判断。如果销量恰好在 1001～1200 件就控制订单，售完 1000 件不再补货。如果销量能超过 1200 件才值得新的投入。

这么来看，预售模式一出，商家不仅提前锁定了销量和收入，还避免了库存积压和浪费。同时，预售模式下准确的生产计划和成本控制，更有利于商家实现利润最大化。

收入提前到账心不慌

很多预售模式里，货款是需要提前支付的，哪怕是交由第三方监管，这钱也是已经放在那儿了，几乎不会有"货发出了，收入确认了，最后钱收不回来，成为一笔坏账"的可能，主打一个安心。

前面我们已经知道，企业大多死于资金链断裂而不是亏损。按道理说，再缺少资金规划的企业对于自己有多少钱应该还是心里有数的，而忽然出现资金链断裂，无非是出现了企业预料之外的事情，最常见的就是该收的钱没收回来，或者再也收不回来。而预售恰好能在一定程度上解决这一问题，让资金的到账时间变得更有计划。确定性更高，企业的资金安排自然能更加顺畅与合理。这就是预售被推崇的第二大原因。

现实生活中，一些点心铺、饭店、健身房、瑜伽店、美容店出售的会员储值卡，本质上也是一种预售。

小如是一名面点师，想要在家乡开一家自己的点心铺，当地人格外爱吃各种点心。

小如的初始投资是50万元，用于店面装修和房屋租金，还购买了冰箱、烤箱等设备。正式开店的时候，这50万元已经花完了，身上还有银行10万元的负债一个月后到期。

新店开张，点心铺一个月的纯利润预测没办法达到10万元，这怎么办？

经人指点，小如的点心铺开业就推出储值卡活动，充200元得220元，充300元得350元，并且，储值卡就是会员卡，店内消费打八五折。开业当月店内共有600名顾客充卡，其他顾客没有参与该活动，而是直接消费。这600名顾客共储值14万元。

有了这笔钱，小如的贷款顺利结清，店铺也慢慢走上正轨，稳定经营。当然，储值卡的活动也一直存在，每个月小如都能提前收到很多收入，偶尔有需要购买新机器，需要聘请员工的时候，都有钱来周转。

预售储值卡模式在营销回流阶段我们也有简单提过，这种模式可以提前锁定顾客，让顾客惦记着有钱没花，多来消费。对比此处来看，这一模式不单单能锁定顾客，也相当于企业有了一笔无息借款，很大程度上能在最短时间内筹集资金，让一家资金短缺的企业渡过难关，对一些初创企业来说很有借鉴意义。

实现商品证券化

一些商品十分特殊，不止包含使用价值，还包含情绪价值。比如汽车，不止是一辆交通工具，还是身份和财富的象征。很少有企业老板开着几万块钱的车去谈几千万块钱的生意。再比如一些昂贵的药材、保养品等，当作为礼品而存在的时候，除去本身的药用价值，还有人情价值。

要知道，使用价值需要实打实的成本来打造，一件产品的制造成本八成是用来成就使用价值的，而剩下的两成是用来赋予情绪价值的，但偏偏一件商品脱颖而出靠的就是这两成与众不同的情绪价值。

这时候，就有企业反应过来了，情绪价值投入少，回报高。那有没有什么办法能只卖情绪价值，减少实际成本呢？

听起来似乎是天方夜谭，没有了昂贵的名车，只有一个带 Logo 的车钥匙，还能代表身份和财富吗？没有了礼品本身，那些人情从何依托？

但是有一种方式就做到了这一点——商品证券化。

不要被这个看起来很专业的名称难倒了，商品证券化就是给商品一种金融包装，使商品摇身一变，成为一个有价证券，而且是一张承载着情绪价值的有价证券，能交易，能流通，但交易和流通的过程不需要实际商品。

举一个例子大家就懂了，都买过蟹卡吗？某地的大闸蟹十分有名，每年商家早早就开始预售，消费者支付几百或几千元，即可得到一张专门印制的蟹卡，这张卡在大闸蟹正式上市之后可以用来兑换等价的螃蟹，由商家邮寄到家。

假设有一张面值为 500 元的蟹卡，可兑换 5 两的公蟹和 4 两的母蟹各四只，如图 8-3 所示。

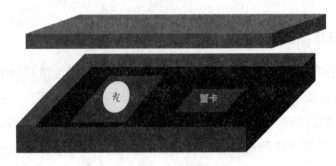

图 8-3　蟹卡

小高花 480 元买了一张这样的蟹卡送给自己的父母，希望他们尝尝鲜。小高的父母收到后很开心孩子这么孝顺，但是多年节俭，让他们舍不得吃。中秋来临，小高的父母走亲访友的时候，把这张蟹卡送给了一位多年故交。这位故交后来又送给了其他的朋友。就这样，一张蟹卡几经转手，最后到了小张手里。

可是，小张不喜欢吃螃蟹，无意间看到网上有人低价收购蟹卡，问了问价格，这张卡可以 200 元收回。小张觉得反正自己也不吃，就出售了。而这个收购的人就是专门经销蟹卡的人，收来的蟹卡又会以 220 元的价格卖回给大闸蟹商家。

一张蟹卡兜兜转转，没有任何人真的去兑换过，但是商家 480 元出售，220 元回收，一张蟹卡净赚 260 元，根本不需要寄出任何螃蟹。而那位专门回收的经销商，200 元收购，220 元卖出，一张净赚 20 元，也几乎没有什么成本。

每年蟹卡卖出上百亿只螃蟹，而实际上某地的大闸蟹产量并没有那么多，剩下的都是这样流回到商家手中。

此时，蟹卡实际上是一张"有价证券"，被人们你来我往，送来送去，全了人情，却没有实际的成本发生，这就是一个"螃蟹证券化"的过程。而实现这个过程的第一步，就是蟹卡的预售。

一些礼品行业，比如月饼、营养品，都可以仿照这个过程进行商品证券化。甚至一些粮油厂商也能跟企业合作，把米、面、油做成兑换券，作为过节福利发放给员工，再通过有人低价回收卡券，把不想要兑换这些商品的员工卡券回收到厂商那里。

其实，各大品牌、商场的储值卡在一定程度上也能复刻这个过程，当然，如果企业本身提供的商品十分实用，比如超市购物卡，大概率收到卡的人会选择自己消费而不是出售卡券，反而是一些不太常用到的商品出售的多。还有，如今各式各样的网上虚拟服务，或虚拟商品，也基本能实现使用这一过程，就是各类权益的低价转让，这需要商家结合自己的商品性质来具体思考实行路径。

最后要提醒的一点是，合理的商品证券化运作是可行的，但商家不能完全不生产任何商品，只想着"空手套白狼"。每年有多少人兑换蟹卡得到的螃蟹跟卡面的商品货不对板，或者宣称"今年兑换期已过，请明年再行兑换"，然后明年复明年，一拖再拖，坑了消费者，甚至有的卡上标注的网址就是假的，根本兑换不了，客服电话也都是空号，如此行径实属违法，就不属于商品证券化了。

03　有钱也要贷款

一个人身上负债 500 万元，你觉得他是一个穷人还是富人？很多人会想当然地认为欠了这么多钱肯定很穷，而现实是这个人可能拥有很多家公司，也有房有车。所以，负债并不能代表一个人的资产状况，企业也是一样。

居安思危，未雨绸缪

企业的资金最好是每一分都有用途，都在发挥价值。但是，这么做的后果是容易出现资金链断裂的危险。所以，为了保证企业有能力应对突发情况，账面一般要流出至少三个月的流动资金，如果情况特殊，市场变化明显，甚至需要留出半年的流动资金，这是一种居安思危、未雨绸缪的思维。

> 有一家制造企业迎来事业井喷期，产品市场需求非常大，订单源源不断，前景看起来非常光明。为了满足市场需求，他们把大多数资金投入生产线上，购买新的设备，扩大生产规模，提高产能。
>
> 产品确实也一直在热销，收入持续扩大，一切欣欣向荣。不久，他们的供应商跟不上企业发展的速度，经常不能及时提供原材料，导致该制造企业的生产进度受到了影响。企业去寻找新的供应商也需要先行支付货款，才能提供原材料，另一头销售合同已签，不能及时发货要承担违约金。两头夹击下，企业陷入两难境地。
>
> 此时，企业想到要去银行贷款，但银行尽调看到不少客户催款的情况，担心这笔钱全用来还违约金，而且制造企业失了生意伙伴，未来发展堪忧，未必能按时还款，于是没有批准。
>
> 原本销量突破是一件好事，却成了企业的"催命符"，公司情况恶化得非常快，客户们开始纷纷抱怨，要么给货，要么退钱加赔偿，最后企业不得不申请破产保护。

这就是因为没有未雨绸缪，没有留出足够的流动资金来应对突发情况，导致资金链断裂的后果。所以，企业经营越好，资金周转速度越高的时候，越要警惕资金问题。提前留足资金，有备无患。

如果该企业在看到前景的时候就先行去贷款，银行看到企业欣欣向荣之象，这笔贷款或许并不会被拒绝。可颓势已现的情况下再去贷款，被拒绝也是意料之内的事情。仅仅时隔几个月，同样一笔贷款批与不批，结果就大不相同。很多企业即便不缺钱，还是要去贷款，就是在未雨绸缪。

当然，未雨绸缪并不意味着企业必须随时保持有多少万元的资金待在账面上不能动，很大程度上，这种资金未必需要是真的资金，而是可以随时借到钱的能力。

上面故事里的制造企业很明显在平时跟银行也没有维持好关系，所以在紧急需要用钱的时候才去贷款，信用的审查自然格外严格。因为银行看到的就是企业担负不起违约金，如同一个大型失信现场，被拒绝的风险自然大大提高。

负债经营是企业的常态

有一个问题摆在面前，可以看看你有没有真正的老板思维。

假设你有一栋厂房，当初以 800 万元购入，如今价值 1500 万元。后来业务转型，厂房闲置出租，每个月租金收入 12 万元。现在，公司需要资金 1000 万元，你有两个选择，如图 8-4 所示。

图 8-4　老板的选择

如果选择方案一卖掉厂房，虽然可以一次性获得 1500 万元的资金，但这样做会失去稳定的租金收入。每个月 12 万元，一年就是 144 万元，这是一个相当可观的数字。更重要的是，卖房所得必须纳税，包括增值税、所得税、附加税等，加起来上百万元的税款，企业不仅要损失租金收入，还要缴纳如此多的税费，更重要的是，未来厂房如果市值继续上涨，将再与企业无关。

选择方案二呢？把厂房作为抵押向银行贷款 1000 万元，符合贷款条件，银行放贷的概率较大，且金额完全能满足公司的资金需求，同时厂房的稳定租金收入都能保留。即使要承担贷款利息，但这笔利息未必抵得上企业的租金收入。而且，从财务管理的角度考虑，选择贷款可以更好地利用财务杠杆效应，提高公司的资本运作效率。

这就是老板的思维，能负债经营，绝不卖房卖地。有负债不可怕，企业的资产规模也在增加。有心观察会发现，企业大多是负债经营的，哪怕账面上明明有钱，利息在持续产生，也不着急提前还款，甚至还要继续举债。

在现代商业环境下，企业常常会面临资金短缺的情形，也就是说，资金本来就很紧张，可为了保持资金链不断，还要留出来一部分安全资金，这确实强人所难。

负债是一种有效的资金筹措方式，自己的钱不够，那就借点外部的资金来维持运转。企业只需在固定时间支付固定的利息费用，而债务的本金偿还则是未来的事情。这种利息费用的存在，能够增加企业的权益资本收益率，使其高于债务利率，从而产生财务杠杆效应。

简单来说，企业借来的资金负担的利息成本是固定的，当初说定利率是多少就是多少，不会随着市场变化而变化，而这些钱不管企业拿来维持周转还是取用一部分继续投资，获得的投资回报大概率会高于这点借钱的利息。而且，借款大多有约定的还款期限，比如，半年、一年，甚至三年，不着急还，所以在这段时期企业大可以充分利用这些资金，使自己获得更大的收益。

比如，A 企业看到有个投资项目回报率 15%，奈何手头只有维持经营的部分现金，如果用来投资很可能造成后面用钱的时候没钱，资金链断裂。于是，A 企业想到了借钱去投资，以厂房内的机器作为抵押，向银行贷款 300 万元，利率是 5%，一年后项目到期，向银行还款，就能净赚 30 万元。

有时候，机会是不等人的，如果等 A 企业自己完成资本积累，赚到这 300 万元再去投资，很可能黄花菜都凉了。所以，借钱是最快的方式，也是一个能让 A 企业既赚到投资回报，又避免把自己的资金全投到项目里，资金周转不开的两全之策。

负债经营除了能带来财务杠杆效应外，其本身产生的债务利息是一项重要的成本，可以作为一项重要成本抵减应纳税所得额，从而降低企业的综合资金成本。

延期付款等于无息贷款

做生意都讲究一个信用，大部分人推崇的是"一手交钱，一手交货"。但企业时有因为高额欠账收不回来陷入经营困境。既然如此，赊购这种形式为什么一直存在呢？

赊购自古就有，特别在我国两宋时期，更是一种常态。买卖双方签订契约，货物提前交出，货款可延迟支付。彼时，古人已经认为这是一项对双方都有利的行为，不耽误卖家的销量，也令想买货的人敢于出手。

时至今日，应收账款、应付账款这两个科目依然在企业的账目上，代表的就是那些没有及时收回和交付的款项。

应收账款数目多，收款慢，对企业来说不算好事。虽然应收账款也是收入，但货已发，服务已经提供，自己的钱却没收回来，相当于无偿借给对方使用。为此，企业在交易的时候会专门设置现金折扣来吸引客户提前付款，借此缩短应收账款的回收期。

举个例子——

某企业售出一批产品，价款为 100 万元，信用条件为"2/10，1/20，n/30"。也就是说，客户在 10 天内付款，享受 2% 的现金折扣；在 20 天内付款，享受 1% 的现金折扣，否则需要在 30 天内付款，没有折扣。

本来价值 100 万元的货，10 天内付款，98 万就能拿走；20 天内交钱，99 万元拿走。如果碰上资金比较宽裕的客户就会赶紧享受上这个优惠，企业自然能早点收到钱，降低资金风险。而且，这个现金折扣本身也是一种促销策略，让企业的销价更吸引客户，一举两得。

这种做法的本质其实也在提高客户的机会成本，因为换一种角度来说，如果不提前付款，并不是赚了 2 万元，而是会多出 2 万元。而企业的资金本身如果闲置着，赚不回比 2 万元更多的钱，这就是机会成本。

企业的现金折扣一般不会很高，因为过度的现金折扣会增加企业的成本，特别是企业也不赶着这几天要钱的话。不过，若是真碰上难处，急需资金，亏本甩卖，大的现金折扣也是有可能的。

说来说去，赊购的存在立足"信用"两字，初次交易，双方不了解，或者买方信用不佳的时候，很少有卖家愿意赊购的。如果也不愿意给予现金折扣，很多企业会设置专门的应收会计一职，负责催收款项。挨个给客户打电话催对方及时付款，这里面的沟通艺术就是另一门学问了。

对待应收账款是越早回款越好，但如果企业是拥有"应付账款"的一方，心态就又不一样了。

假如我们现在是上面例子里的那名顾客，就可以算一笔账：

如果 10 天内付款，作为买方的我们只需要支付 98 万元，少付的 2 万元就是我们享受的现金折扣。计算的过程为：

100×（1−2%）=98（万元）

如果 20 天内付款，只需要支付 99 万元，少付的 1 万元就是作为买方的我们享受的现金折扣。计算的过程为：

100×（1-1%）=99（万元）

换一种思路来看：

买下这批货物的前 10 天，这 100 万元货款就是一笔无息贷款；

买下这批货物的 10～20 天，这 100 万元货款就是一笔利息为 1 万元的贷款；

买下这批货物的 20～30 天，这 100 万元货款就是一笔利息为 2 万元的贷款。

所以，作为客户，前 9 天是没必要提前付款的，企业的资金哪怕没有任何其他用途，留在自己的账户里赚活期利息都比支付给对方有用。从第 10 天开始，企业就要看自己手里的项目了，如果确有收益好的短期投资项目，比如为别人提供过桥贷款，得到的收益比这个 2 万元的现金折扣高，那还是把钱自己拿着比较好，只需要支付 2 万元的固定利息。如果没有，那还是提前付款更划算。

具体在交易的时候，有没有现金折扣，付款的期限到底是多久，这些都要看双方的合作意向。企业能争取到越长的付款期限，对企业就越有利。

当然，没有供应商乐意把自己的钱长期无息借给别人，所以，企业想要延长付款期限，就必须让对方得到一定的补偿，共赢才能长久。比如，可以约定每延长付款周期 30 天，采购量就追加 5%。少量的采购对供应商是不具有吸引力的，采购量大了本身也让对方赚到更多的钱，借此来争取一定的时间优惠未尝不可。

如果碰上企业确实资金紧张，而供应商完全不接受付款周期的谈判，可以考虑更换供应商，与愿意接受延期付款的供应商合作。

04 资金周转速度带来的成倍利润

为什么企业都在强调快！再快一点！追求效率翻倍。其实，销售快一倍，利润就可能翻一番，出货晚两天，利润就可能减一半，一切的原因都在资金的周转速度上。

赚钱靠的是利润率还是周转率

企业的赚钱思路跟员工领工资完全是两回事。不少人听到别人做生意开口就问："你这买卖利润率是多少？"一听到一个很低的利润率，就摇头叹气："你这买卖不行啊，辛苦一场才挣这么一点儿。"再一打听，对方靠着这小生意买房买车，资产千万，就百思不得其解："一次就挣这么点儿，哪来的那么多钱呢？"

其实，做生意总要有投入，资金从投入开始到化作收入再一次回到手中，就完成了一次周转，如果回到手里的钱比当初投入的多，就有了利润。资金每周转一次，就有一次的利润产生，如果周转一百次，利润就能翻上一百倍。

其实，做老板的都知道，利润率高的生意不一定是好生意，但周转率快的生意，哪怕利润相当微薄，也能赚到钱。所以，不要小看小区门口卖早餐的摊主，还有菜市场上卖菜的店主，他们的资金周转率可是一天一次，做得好，其中蕴含的利润不可想象。

小张自己创业卖棉袜，因为跟工厂的人熟识，每周去拿 2000 元的货，找个好位置，差不多一周卖完，赚个 4000 元，再抛去自己的进货成本和摊位费，最后到手能留下 800 元的利润。

老高是揽工程的，有自己的工程队，接一项三个月的短期工程就能赚到 10 多万元。工程再大点儿，需要一年来完成的，能赚到 50 万元，甚至更多。

表面看起来，小张卖袜子赚得不如老高，那是没有考虑到资金的周转率，没有把收入拉平到同样的时间维度上。

小张卖棉袜，资金每周周转一次。顾客购买棉袜时，小张会立即收到现金。这意味着他的资金几乎可以立即投入下一个批次的采购中。这种快速的资金周转使小张几乎不需要付出库存成本，只出一个摊位费和进货的交通费而已。一周能赚到 800 元利润，一年 52 周，就是 41600 元。听起来不多，但要知道，这个生意只有 2000 元的本金，小张赚到了钱，又怎会一直只进 2000 元的货？稍微本金翻一倍，这个利润都可能跟着翻倍。

老高呢，一个项目需要三个月，甚至一年来完成。在项目开始时，客户虽会支付一部分预付款，但基本无济于事。余款要工程结束，客户验收没问题才会支付。中间有项目成本支出，而当客户的款项支付不到位的情况发生时，老高都需要自行垫付，只有余款收到，才有真实的利润。更何况工程队里其他人都需要老高来发工资，落到最后，根本剩不下多少。

以一个周期一年的工程项目为例，老高的工程队每个人都需要开工资，不可能像老高一样等到项目结束再要钱，否则家里都吃不上饭了。项目做好得到利润 50 万元，整个队伍，其他 5 个人一年需结算 30 万元的工钱，剩下的设备租赁、款项筹措、项目承接、交易洽谈等工作都需要老高自己去做，时不时再请工程队的人一起聚个餐，这些杂七杂八的开销都抛开，能落在老高手里的钱最后剩下的也不过是 10 万元，还是辛辛苦苦忙了一年的结果。

对比之下，老高挣的钱数量上比小张多，但资金的周转速度没法比，前期还得自行垫支资金，需要成本投入，余款要项目期结束才能收到。反观小张赚的钱却是每天都能结算出来，本金 2000 元就能开始创业，七天周转一次，资金风险比老高要低得多。如果老高的项目在期内出现情况导致没办法如期完工，很可能连成本都收不回来，到时候可能连 5 万元都没有。而小张的袜子某一周卖不出去可耽误不了多少事。

所以，企业赚钱不单单靠一个利润率，还要重点看资金的周转率。

资金的周转速度就是企业的赚钱速度

朋友看见小张卖棉袜赚了不少，于是自己也去工厂进货，他想着小张当初的本金才 2000 元，自己有 1 万元，肯定赚的比小张多。结果，这位朋友卖袜子不得其法，3 个月袜子才卖完，收到 2 万元，但摊位费和成本一去，最后手里只剩下 4000 元。

反观小张呢，因为手里已经不像当初只有 2000 元本金，经过三个月的积累，手里已经有了 1 万元钱。于是，这个月开始，他也拿出 1 万元去进货。这时候，小张已经有了一定的客源，周围的人都知道有个袜子摊位，质量不错，款式多，价格也不贵，每每看到有熟悉的面孔来回购，或者带着新顾客来，他都多送对方一双。这样一来，小张的袜子卖得更快了。

半个月的时间，小张的袜子就卖完了，虽然送出去不少，但也收到 1.8 万元，再把进货成本和摊位费成本一去，利润居然有 6000 元，仅仅半个月就赚了 6000 元。小张更有干劲了，于是又去进货、卖货，三个月的时间，就这么周转了 6 次，小张的利润也赚到了 3.6 万元，加上前三个月手里攒下的 1 万元，半年过去，小张 2000 元的本金已经变成了如今的 4.6 万元。

大家都是进 1 万元的货，可是小张卖得快就赚得多。所以，从某种程度上来说，只要周转得够快，哪怕一双袜子只挣 3 毛钱，利润的积累也相当可观。资金的周转速度就是企业的赚钱速度。

　　小张卖袜子需要经过进货、销售、收款这三个环节，那怎么样能把这个赚钱的速度提升得更快一点呢？

　　假如，小张进货理货需要 2 天的时间，来回路程半天，在工厂选品半天，再把进来的袜子理货 1 天。进来的袜子卖出去需要 13 天，收款是即刻收到，不存在拖延。那么小张卖袜子的生意就是 15 天周转一次。一个月就是周转 2 次，一年周转 24 次。

　　现在，小张跟工厂的人比较熟了，可以改变进货策略，不再去专门跑去线下进货，而是网上发图选花样，让对方直接快递发来，邮寄的费用跟自己专门驱车跑一趟差不多，这样就节省下来 1 天的时间，理货还是要自己理的。

　　在销售方面，小张也采用同样的办法，拉会员群，经常在里面放新袜子的款式和促销活动，吸引客户来买，买够一定的数额可以送货上门。自己收摊之后专门跑去送货。销售的时间也快了 2 天。这样，进货和销售方面共节省下来 3 天时间。即合计算下来，小张卖袜子只需要 12 天就能周转一次。两个月就能周转 5 次，一年就能周转 30 次，比之前的 24 次多了 6 次，相当于多了 6 笔 6000 元的利润，那就是多赚了 3.6 万元，如图 8-5 所示。

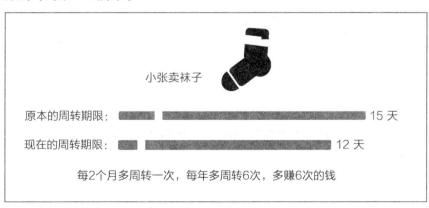

图 8-5　小张卖袜子的周转速度提升

以上不过是卖袜子的一种完美资金周转算法，目的是让大家明白周转速度对利润的影响到底有多大。真实的场景在企业中并非那么快，自然时间的浪费也总令人不那么容易发现。

比如，在一家制造企业中，假设采购原材料需要 10 天的时间，一批原材料被加工成产品需要 15 天，销售人员把这批产品卖出去需要 15 天，而款项的账期也是 20 天，那么，相当于 60 天，资金才会周转一圈，一年周转 6 次，就是赚 6 次的钱。

如果碰上物流运送慢了，采购的原材料送到一共花了 15 天时间，又碰上工厂机器故障，停工维修，耽误了生产进度，20 天才完工，为了让销售人员加紧销售，企业给出了更高的提成，终于 10 天卖了出去，却又碰上客户资金紧张拖欠货款，45 天才收回来，一算下来，90 天才走完这一圈，这里面相当于少了 1 个月的利润。

这也就跟之前企业延期支付应付账款，却又提前催收客户的应收账款对上了，如果本身的这个周转流程难以提效，那让资金晚点出，比如 30 天再付，而客户的货款早点收回来，比如 10 天，那么原本 60 天才能走完的资金周转期限，20 天就够了。

当然，如果企业能优化各个环节的流程，就像小张一样针对各个环节缩短时间，就像某知名电器品牌，用数字化系统打通各个环节，12 天就能走完一圈，可以从根本上加快赚钱的速度。如果暂时无法做到内部控制，那从资金的延付和催收上下手也未尝不可。

05　别让你的钱"闲"下来

企业的钱没有够用的时候，如果你觉得企业的钱足够用了，那说明资金已经出现闲置，闲置就意味着浪费，意味着机会成本的增加，意味着有该赚的利润没有赚到。

现金不是现金流

现金属于企业的资产，一千万放在那里一年不动，不会变成两千万；反而可能因为通货膨胀，购买力下降，造成贬值。而现金流则是企业资金在时间轴上的动态表现。正如之前介绍过的企业资金运动一样，从资金投入循环周转，再到资金流出，流动起来的现金才是现金流，才能产生利润。否则就是一潭"死水"，无法为企业创造价值。

之前在图 8-4 老板的选择中，公司需要 1000 万，是选择 1500 万卖掉厂房，还是以厂房作抵押，向银行贷款 1000 万，保留每个月 12 万的租金收入呢？当时我们从租金、税费、厂房未来价值上涨角度分析了老板应该选择贷款一法。

如今在这里回头看这份选择，抛开企业需要 1000 万资金这件事，企业现在卖厂房是不是有利呢？换句话说，企业是现在得到 1500 万的现金更有利，还是保留一年 144 万的租金收入和未来厂房价值上涨的投资收益更有利？

很明显，在没有其他更多因素的影响下，还是不卖更有利。不卖，企业就拥有现金流；卖了，企业就只有现金。而这笔现金很快还要被拿去应急，等闲置下来，再想有这么一份租金收入和未来看涨的投资项目，那可不好找了。

归根结底，企业卖厂房的机会成本太高了。这就是现金闲置最大的损失。也因此，现金流在企业是一项重要的经营指标，三大财务报表中就有专门的现金流量表，用来反映企业在一定会计期间内经营、投资和筹资各项业务活动中的现金流入与流出情况。帮助老板们判断企业的盈利能力和可持续发展的潜力。

在现金流量表中，最重要的数据无疑是各类业务活动所产生的现金流量净额。

现金流量净额＝现金流入量－现金流出量

这一关键指标是企业经营活动中现金流入和流出的差额，就像一面镜子，可以反映企业能够自由支配的现金量。当这个数字呈现在眼前时，我们不仅能看出企业日常经营的资金状况，还能洞察企业在业务活动中的赚钱能力。

企业的现金流量净额为正数，说明企业赚取了足够的利润并且有足够的资金来支持其各项业务活动，这是好现象。而如果现金流量净额为负数，则可能意味着企业的支出过多或者收益不足，这可能会给企业的经营带来风险。

企业的经营活动、投资活动和筹资活动都会产生现金流量。

其中，经营活动所产生的现金流量反映企业在日常经营中的资金状况，如果该数值为正数，至少可以表明当前的业务是盈利的；可若是结果为负数，就必须警惕起来，因为这可能意味着企业的成本过高或者销售收入不足，除非这是企业刻意为之，不惜以亏损之态占领市场。

投资活动所产生的现金流量反映企业在投资方面的资金流动情况，如果企业在回收投资或者出售资产等方面有较大的现金流入，可能代表企业正在进行大规模的投资活动或者正在调整自身的资产结构。这类活动多是企业在为未来的发展做准备，或是在寻找新的利润增长点。

筹资活动所产生的现金流量反映企业筹资和还款方面的资金流动情况，企业向银行借了多少钱，又接受了多少股东投资都能一一体现。筹资现金流入多，说明企业正在进行扩张或者需要更多的资金支持；而如果企业还款方面有较大的现金流出，近期的财务压力可能会比较大。

企业的一切业务活动不过是在努力让现金成为现金流。通过观察企业不同活动产生的现金流量净额的变化，投资者亦能了解经营状况、财务状况和资金状况，更好地评估企业的发展前景和投资价值。

没有淡季，就没有资金闲置

很多企业的生意分淡旺季，令老板头痛不已。最明显的比如卖羽绒服、滑雪用具的，他们在炎炎夏日中生意自然会减少。各大超市、商场也多在周末人头攒动，周一到周五却门可罗雀。

淡季一来，生意本身的周转速度就放慢了，账面的资金闲置就会多，流动不起来，自然也创造不出什么价值。要知道，即便淡季企业没什么收入的情况下，各类固定成本依然在持续消耗中，不因企业经营状况而转移。

所以，不想让企业的资金闲下来，就要想办法消除企业的淡季。没有淡季，全年运转，利润自然多翻几倍。

最经典的例子要属火锅店夏季引流各出奇招，下雪天围着热乎乎的火锅涮菜吃很舒服，但夏天人们对火锅的需求就明显减少了。不少专营炖锅、火锅类的饭店推出了烧烤套餐，还有的火锅店上架凉粉、冰激凌，推出冰冻甜品无限畅吃，再配上开得足足的空调来吸引顾客。又或者借着一句"吃着火锅唱着歌"的宣传，把KTV元素和火锅结合在一起，给消费者更加新奇的体验。

民宿在旅游旺季，一房难求，价格飙升，到了旅游淡季，一连几个月都没游客入住，这怎么办？于是，"民宿＋"的模式被众多民宿老板玩转，如图8-6所示。

图8-6　"民宿＋"的模式改善淡季

比如"民宿＋旅拍"模式。大多民宿装修各有特色，或野趣，或小清新，或禅意十足，成为摄影的绝佳背景，俗称很"出片儿"，用"民宿＋旅拍"的模式，配合上套餐折扣，便能吸引更多顾客淡季来入住，享受人少服务好的体验，既能经历不一样的旅游，又能在旅拍的镜头下留下美好的回忆。

再比如"民宿＋露营"模式。露营是近两年备受人们欢迎的短途旅行方式，民宿本身的生意受到城市旅游淡旺季的影响，旅游淡季外地游客减少，民宿生意自然也跟着惨淡。那么通过与露营概念的结合，民宿可以吸引更多本地游客前来露营，在院内搭上帐篷，架上烤肉架，打开灯带，配合露天电影，氛围感一下子就能拉满，迅速打造出一个"网红打卡地"。

不单单是这些，仔细想想，还有多少店铺会员日都设在周二、周三这样的日子，会员日活动丰富，积分翻倍，优惠多多，就是在为了在周内吸引顾客前来消费，本质上还是一种淡季营销策略。

总之，想办法让企业的淡季缩短甚至消除是一项重要的经营策略，一家企业最好旺季有旺季的生意，淡季有淡季的买卖，全年无休，才能把资源充分利用起来，让资金快速运转，这也是在加快企业的赚钱速度。

公司资金理财之道

为了保证资金链的稳固，企业一般会在账面留出几个月的安全资金用于安排后续的经营，以备不时之需。这些资金用掉了就会及时补充上，一直在账面留着。

要知道银行活期利率可能仅有 0.3％，100 万元的资金 1 天只有 8 元的利息，放三个月，也仅仅能获得 720 元的利息。简直是对资源的浪费。企业一直在运转，资金也不能闲着。公司资金理财就成了财务管理的重要内容。

比如，有的公司会进行一个隔夜理财。每天下午一个时间，三点或者四点（具体以银行要求为准），把公司各个账户的钱归拢一下，有分公司、子公司的，下面公司账面的备用资金都要调拨到统一的银行账户里，聚成一堆，等到第二天早上上班了，八九点钟，再按时间规定把钱转出来，白天你该怎么用怎么用。这就是隔夜理财，晚上存，早晨取，赚取的是公司非营业时间的利息，而且这个利息一定是比活期利息高的，一般在2%左右。100万元的资金，一天能得到55元，是8元的近7倍。三个月就有约等于5000元的利息。

为什么一定需要资金调拨呢？因为分散的资金很难争取到较高的利息，隔夜理财也是有门槛的，不是你这个账户有5000元，那个账户有20000元都能各自在账户里理财，聚在一起，资金量大，银行给的利率也高，或许哪天进账了不少收入，当天的利息还能翻很多倍。让这些资金能发挥出最大的价值。

不过，有一点要特别注意，不管是经营资金，还是安全储备资金，如果企业不是专门做投资类业务的，那么这些资金就是用来支持业务的，所以资金的安全一定是排在收益之前的。

公司在理财过程中，必须时刻牢记：任何投资都伴随着风险。利率越高，就意味着风险越大，特别是一些非保本的理财产品，很容易让企业在得到心动利息之前不慎丢掉本金。等到企业用钱的时候，才发现资金少了，造成的后果难以预料。

除安全性之外，流动性也是公司理财要考虑的第二大要点。像上述这种隔夜理财方式，虽然利率并不高，但胜在完全不影响企业白天的资金运用。这样，企业可以根据自身的业务需求，随时支配资金，确保业务的正常运转。哪怕某一天资金确实晚上要支付，那么，不去归拢，就留在其他账户里也完全可以。一切以企业的正常业务为先。

然而，其他很多利率较高的理财产品往往有封闭期，在投资到期之前，资金无法取回，也就没办法用于经营。如果碰上企业急需用钱，比如赶上设备故障，需要临时外包部分业务来保证正常交付订单，而资金放在理财产品里取不回来，外包的钱拿不出，订单逾期，赔偿大笔违约金，可真是捡了芝麻、丢了西瓜。

因此，公司理财要遵循"安全性＞流动性＞收益性"的排序原则，如图8-7所示。

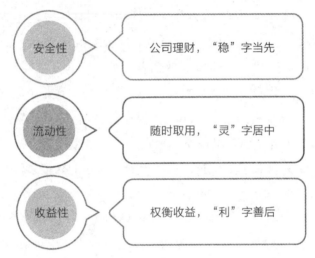

图8-7 公司资金理财原则

首先确保资金安全，一分都不能少，其次保留资金随时支配的权利，满足业务需求。最后才尽可能在上述前提下，选择收益最高的产品，实现资金的增值。

06 战略性亏损：规模与利润的博弈

在创业初期，企业基本在亏损经营，先把规模搞起来。到了一定阶段，就以利润为先了。因为长期的亏损一般的企业都消耗不起。但有一些企业，亏损十年了仍在继续，令很多人感到费解。

放长线，钓大鱼

思考一个问题：没有利润，企业靠现金流能不能活？

答案是可以的。如果有心去观察过市场上很多的创业公司，还有某些我们耳熟能详的大平台，翻一翻他们的利润数据，会发现原来有这么多的公司都在亏损经营，甚至已经连续亏损很多年。但是他们"活得"持久且潇洒，品牌在不断做大做强，企业估值也高得吓人，被多轮融资看好，不断有新的资金注入。

表面上看这显然跟一般人所认知的"公司存在的目的就是追求利润"相违背。其实，这里面的逻辑很好理解，企业并非真的不要利润，而是在"放长线，钓大鱼"。采取战略性亏损策略，靠现金流支撑，企图在短时间内做大做强，奠定行业地位，利润自可手到擒来。

某电商平台起家就是走的这个路线，创始人被问到亏损问题时甚至回答"目标是继续亏损十年"。这种有目的的亏损，挣钱的逻辑就是牺牲短期利润筑高品牌价值，累积企业价值。虽然平台不挣钱，但这个平台本身很值钱。那几亿的用户数量，触及八方的业务生态就是平台最大的依仗。

在发展初期，该电商平台为了迅速扩大市场份额，采取了大规模扩张和低价销售的策略。尽管这就是导致亏损的直接原因，但该平台认为这是未来收益的投资。甚至专门建立了自己的物流体系，提供高效配送、货到付款等服务，消费者上午下单，下午就能拿到购买的商品，消费体验感拉满。用户的忠诚度和满意度就这么奠定下来，直接成为平台的竞争力。

不久，海外业务、金融业务、科技业务等相继出现，形成一个庞大的业务生态，整体以电商业务为基础，为整个业务生态提供丰富的用户资源和稳定的现金流；瞄准海外，扩大全球市场，配以高效的物流配送体系，打造差异化竞争优势；金融服务满足消费者和商家的不同需求，同时进一步加强现金流；而科技业务则是未来布局，将全面赋能其他业务，并建立起新的利润增长点。

就这样，靠着强大的现金流，即使在连续亏损的状态下，该电商平台依旧在持续做大做强，成为大家今天所看到的样子。

回头再来审视战略性亏损这一策略，本质是让企业在短期内承受一定的亏损，以此压制竞争对手，打造出自己的品牌价值，获取更大的市场份额，到了行业龙头的地位，再想来盈利，就是调调价的事。因为一旦建立起品牌忠诚度，消费者很少会因为一件商品的价格涨了三块、五块就选择放弃，更何况商家总有能令消费者"无痛支付"的销售策略。

有人会把战略性亏损简单理解为打价格战。用低价去占领市场，再抬高价格获利。这么做的后果是，总有比你更低价格的商家来占领市场，一直打下去，等不到获利的那天，就坚持不住了。

战略性亏损不是一个"伤敌一千，自损八百"的策略，这种经营策略看似损失巨大，但其实是一种长远的投资。具体取决于企业采取该策略的初始目标是什么。是要打造品牌的光环？还是占领市场份额？抑或是企业达到多大的规模？

假设企业采取该策略的目的是打造品牌的光环，那么需要在品牌建设的初期承受一定程度的损失，包括在营销和广告上的投资，以增加品牌知名度和吸引新客户。但随着品牌知名度的提高，消费者的忠诚度也会相应提升，从而带来稳定的市场份额和盈利。这种策略要求企业有足够的信心和耐心，相信品牌价值的最终回报。

所以，目标很重要，有目标才知道想要达成什么结果，才能让战略性亏损策略有始有终，否则，没有竞争力，只靠低价竞争，漫无目的地亏空，终究是在浪费企业资源。

除了目标，亏损的度更重要，关乎企业生死。

从上面某电商平台的一系列操作中，就能发现，想要实施战略性亏损这一策略，持续而庞大的现金流是基础。否则，在目标达成之前现金流枯竭，就是前功尽弃，所有的亏损都成了沉没成本，泛不起一丝涟漪。

这个现金流就是企业的度。现金流充裕，度就宽松；现金流紧张，度就紧缩。实行该策略的企业要提前算到这一点，提高营收也好，对外融资也罢，总之想办法让现金流"松"下来，完美支撑该策略的实行才好。

中小企业的规模玩法

既然知道了现金流对于战略性亏损策略实施的重要性，自然也该明白稍有不慎，企业不仅仅需要承担策略失败的后果，很可能直接提早退出市场。

那么，为什么这种"不成功，便成仁"的策略还会受到很多企业的追捧呢？或者说，战略性亏损所追求的企业规模和行业地位真的比当下的利润还要重要吗？

这还得从规模效应说起，之前我们讨论过规模效应能带来边际成本递减，对企业的好处不言而喻。事实上，规模的作用远不止于此。

首先，也是最重要的一点，规模本身能带来强大的现金流。

我们平时怎么谈论一家企业规模很大？如月流水上千万，引来投资过亿等等，这些可都是真心白银。资金充裕的情况下，搞研发、立品牌、扩市场，企业的各项策略都能毫无后顾之忧地贯彻落实。这是一个良性循环，规模越大，现金流越多。现金流越多，企业扩张速度越快，然后规模越大。当规模达到一定量级之后，企业就值钱了，所拥有的客户基础和业务生态不容小觑，行业的先锋地位被奠定。

另一个要点是规模代表"议价权"，规模大了，在跟上下游供应商谈判的时候自然能获得更大权益。对上游采购走量压低采购进货价格，对下游凭借行业领导地位影响产品定价，最终的结果是扩大中间的利润空间。所以，战略性亏损不是不要利润，相反，图谋的是未来更大的利润。

不过，这里要注意，《中华人民共和国反垄断法》有相关规定，上规模不是搞垄断。垄断是独占市场的行为。当一家企业能够控制市场上的全部或大部分产品供应或需求，进而对市场价格、竞争状况和其他市场因素产生重大影响时，就被称之为垄断。在市场经济中，垄断被视为一种不健康的现象。因为这会导致资源配置效率低下、技术创新受阻、消费者利益受损等问题。走到这个极端就跟企业的初衷不符了。

尽管规模引得众多企业追逐，但规模效应不是中小企业玩得起的，你的资本决定了摊子就这么大，真要去亏损十年，没几位老板有这样的魄力。更何况再怎么上规模，也很难拼过同行业的大企业。

那规模效应玩不起，中小企业要怎么办呢？有一个模式叫作大规模定制，比较适合中小企业情况。

规模化和定制化本是矛盾的两种形式。但是因为现在处于个性化定制时代，如果追求完全的定制化，中小企业的成本负担不起，完全的规模化之前说了又拼不过大企业，所以大规模定制是介于规模化和定制化中间的一种过渡形式。

整个模式的底层逻辑是每件商品本身由多种元素组成，把这些元素模块化，为每个模块提供不同的参数，供消费者自由搭配选择。消费者的喜好虽然各有各的不同，但总会有一部分人群的喜好是趋同的，把呼声最高的几个喜好设置成可供选择的参数即可。这也符合"产品不可能让所有人满意，做大多数人的生意即可"的思路。最后消费者组成一件完全符合自身喜好的产品，即可实现定制化。

以现在的奶茶销售为例。

一间小小的奶茶店位置好每天能卖出上千杯，为什么仅仅一两个人手能那么快做出来这么多杯不同需求的奶茶，就是因为所有配料基本是提前准备好的，但是在准备好的前提下，顾客又可以自己随心搭配。

当顾客光临奶茶店，即可看到菜单上各式各样的奶茶，选定一种口味之后，还可以继续定制，如图 8-8 所示。

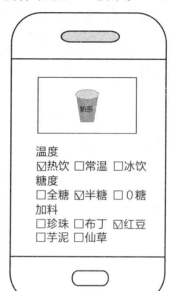

图 8-8 奶茶定制

要热饮、常温还是冰饮？要全糖、半糖，还是不额外加糖？添加珍珠、布丁、红豆、芋泥，还是仙草？精心搭配之下，顾客就能得到一杯完全符合自身喜好的奶茶。但是，注意，这些喜好是有满足条件的，不是无条件。里面的选项每一个都是商家提前设置好的，而不是顾客想加什么就加什么。比如，有顾客想在奶茶里加花生，可能商家就做不到，因为没有事先准备，这种独特、少量的喜好，没办法大规模生产，自然会有所放弃。

大规模定制的前提是先行收集消费者的喜好，如果这一点摸不清，提供的选项参数就可能直接被废弃，具体可以采取网络票选，预售等途径。

曾经，某电商平台跟某电器品牌联合发起了一个网络票选活动，让网友投票选出自己心目中的理想电视。投票的内容包括电视尺寸、边框、清晰度、能耗、色彩和接口这六个方面。然后，电器品牌根据大家的投票结果，定制了一款液晶电视，在某电商品平台开启预售。消费者们可以在线预订，享受送装一体的服务，并且免费帮忙检测其他家电的安全问题。结果，这款定制液晶电视非常受欢迎，预售 48 小时，就卖出了 1 万台。足见定制化产品的受欢迎程度，且因为参数相同，商家生产起来也不费力。

中小企业想要规模效应，又没有足够的现金流支撑，自然可以走大规模定制的路线，在规模和利润之间双双得益。

第九课

用别人的钱创造自己的利润

☑ 抓住可利用的一切资源。

01 资本有什么魔力

资本是一种生产要素，资本是一种资源，每家企业都需要资本的注入，亦希望有一天能成长为资方。资本到底有什么魔力让人趋之若鹜？我们一起来了解一下资本的天性。

资本的天性是逐利

在经济学中，资本与劳动力、土地等一样，被视为一种生产要素。当然，这是一种十分宏观的说法，把视角缩小到企业中，股东向企业投入的资源，就是企业的资本。为什么这里说是资源，而不是资金，因为资本的形态多种多样，资金可以用来出资，房产、技术等也可以用来作价出资。

企业的一切经营活动、资金运动，都是从资本的投入开始的。没有足够的本钱做后盾，公司经营、生产就难以为继，更别提规模扩张和市场竞争了。从金融的角度来说，资本就像杠杆的支点，通过合理的资本运作，企业可以利用财务杠杆效应，让公司的经营成果更上一层楼。

资本的基本使命就是追求最大化的利润。这是资本的内在驱动力，也是它得以不断运动和增值的根本原因。在市场经济中，资本不断地在寻找和发掘各种潜在的利润机会。一旦发现有利可图，资本就会迅速地流入，以期望获得更高的收益。无论是金融市场、房地产市场，还是其他实体经济领域，资本的逐利性都表现得淋漓尽致。

这种逐利的天性如果发挥得好，可以成为一种有益的现象。

在一个偏僻之地，气候非常炎热，一位商人偶然路过，发现这里水源稀缺，粮食产量很低，每年都有人饿死。但这里长有一种药草很值钱，因比较分散，只能靠人力寻找。于是，商人决定从远方运粮过来，允许当地人以这种药草来换取粮食。虽然一株价值千金的药草只能换得少许粮食，但总归当地饿死人的现象短期内减少了。这位商人得到药草卖到经济繁华之地，赚了一大笔钱。

这个故事告诉我们，资本的逐利天性会促使商人寻找商机，通过满足人们的需求来赚取利润。但是，这种双向的满足并不总是公平的，显然当地人用于交换的药草比换得的粮食价值高得多。所以，当资本过于追求利润时，可能会忽略交易的公平，侵犯消费者权益。

这个故事还有一段后续。

其实，有一种粮食作物很耐旱，产量也高，商人知道有这种作物，但是他运送来的粮食都是那些当地无法种植的。一次，有人问起："为何你拉走去卖的粮食没有那种耐旱作物？"商人微微一笑，答道："如果让当地人知道有这种作物，粮食不缺了，还会有人心甘情愿、不辞辛劳地去采药草来换吗？只有当地人一直需要粮食，我的生意才能长久。"

可见，故事里的商人并不关心当地有多少人饿死，只关心自己的生意能不能维持下去。如果资本的逐利天性得不到约束，就会造成如故事中的现象——普通消费者的权益得不到保障。因为如故事中的商人一样，此时的资本只关心利润，不关心什么是社会责任，什么是道德约束。因而会带来一些负面影响，比如导致资源浪费、环境污染和社会不公等问题。

所以，企业在追求经济利益的同时，也需要关注社会责任和道德约束，有所为，有所不为。

企业资本的积累

资本有一个原始积累的过程，曾经使直接生产者与生产资料相分离，自此货币财富集中于少数人手中。

于企业而言，股东投入的本金其实已经是原始的资本流入，企业要做的，是想办法把这点本金像滚雪球一样，越滚越大。当企业的收入可以覆盖企业的成本，换言之，当企业开始盈利，就开始了资本的积累过程。

现代企业完成资本积累的方式有很多种，比如买卖产品、风险投资、企业并购。

买卖产品是最直接的方式，也是大多数企业正在做的。通过提供产品或服务，满足市场需求，获得利润，从而实现资本的积累，如下面这位沈老板。

> 明朝时期，有一位沈老板，经营丝绸、茶叶生意起家。随着生意的扩大，他开始涉足海外贸易，将国内的丝绸、茶叶等商品运往海外销售，并从海外带回珍贵的商品，如珠宝、香料，逐渐积累了大量的财富。他将这些财富用于扩大生意规模，购买更多的土地和产业，最后成为当时最富有的商人之一。

很多时候，企业的生意仅靠自己难以为继，借助风险投资也是个不错的方式。比如国内某在线打车平台，该平台成立初期，公司就面临资金和技术等方面的挑战。为了获得资金支持，创始人与一些风险投资公司进行了接触，并顺利获得投资。随着资金的注入，该在线打车平台迅速发展，不断扩大业务范围，业务模式得到广泛的认可，最终成为打车市场的领导者。

除了风险投资，当两家企业在各自的领域很难更进一步，合并在一起却能拥有不可估量的前景，这就是企业并购，同样能帮助企业完成资本积累，产生"1＋1＞2"的效果。

> 某传统的制造企业，拥有丰富的生产经验和稳定的客户群体，但面临市场竞争激烈和利润下滑的压力。另外一家新兴的科技公司，拥有先进的技术和创新的商业模式，但缺乏资金和市场渠道。双方公司因偶然原因产生合作关系，后发现通过合并可以实现优势互补，提高市场竞争力和创新能力。于是，双方公司领导开启了并购谈判。
>
> 在谈判过程中，双方管理层就股权比例、合并后的组织架构、业务整合等问题进行了深入的讨论。最终达成了一项协议，制造企业以现金和股票的方式收购了科技公司大部分股权，随之成立了一家新的公司。
>
> 新公司拥有制造企业的生产能力和科技公司的技术创新能力，通过整合双方的资源，推出了一系列具有创新性的产品和服务，赢得了更多的客户和市场份额，迅速成为市场上的领军企业。

最后，当企业发展到一定规模，资本得到积累，身份会发生转变，从被投资人成为"资方"，利用投资来进一步扩大资本规模。此时的企业在某种意义上已经实现了"财富自由"，有了被动收入。

为什么那么多企业想上市

在企业资本积累的方式中，还有一种重要的方式没说到，就是上市。上市是指一家公司通过向公众发行股票，使公司股票在证券交易所或其他证券交易市场上公开交易的过程。

但是，上市需要满足很多条件，也需要经过严格的审核和监管。也就是说，上市不像买卖产品、风险投资、企业并购这些方式，由企业之间达成意向即可成功，也不是一般规模的企业能够做到的。甚至于，能够上市的企业，本身已经完成了资本的前期积累，所图的只是更进一步。

如果你问多位老板，希望公司发展成什么样子。不少老板可能会直言其目标是把公司做上市。为什么上市令那么多老板心心念念，大概率是因为上市能让老板的身价一夜之间暴涨，也能为企业打开一扇宽广的融资大门。

在现实的金融环境中，企业融资不是那么容易的一件事。向中小企业要信用，就像跟一个初入社会工作的年轻人要工作经验，没有工作经验就没办法正面胜任这份工作，反过来说，得不到工作机会，就没办法获得工作经验，这是一个无解的死循环。这跟投资方因为信用问题不愿意投资，想要融资的企业因为没有资金经营，来证明自己的实力和信用的情况是一样的。

在我国严格的上市标准和审查条件下，能够获准上市的企业本身经过了一次国家筛选。这对于企业来说，相当于获得了一张镀了金的信用证，不仅能够获得股票市场的投资，还能在向银行贷款的时候获得有利条件，甚至还可以通过股权质押融资的方式获得更多的资金支持。

也就是说，上市公司可以拿所拥有的股权作为抵押去进行再贷款。这是非上市企业完全够不到的层面。因为非上市公司的股权价值很难直接量化，如果发生违约，出售股权恐怕也是有价无市，无人敢接，股权的流通性很差。上市公司的股权则不同，可以在二级市场正常出售，这有效降低了金融机构的投资风险，变相为上市公司打通了新的融资渠道。

所以，通过上市，公司可以获得大量的资金，来支持业务的扩张、研发和市场推广。同时，上市也可以提高公司的知名度和声誉，吸引更多的投资者和合作伙伴。总结来说，上市能得到资金并提高公司信誉。信誉的提高还能帮公司获得更多的资金，这是再多的民间融资所不能比的。

当然，也不是所有的公司都愿意上市。比如不缺钱的公司，本身利润雄厚，现金流稳定且持续，完全能满足企业的发展需要，根本不需要去上市融资。还有另外一种情况是企业缺钱，但创始人并不愿意降低自己所持有的股份比例，比起上市，他们更愿意通过举债来满足公司发展的资金需求。因为对企业来说，上市进来的钱是融资；可对公司的创始人等原始股东来说，上市意味着股权的稀释，甚至可能因为某种原因失去企业的控制权。另外，如果是对企业怀有感情，将其当作一生事业来做的老板，上市可能并非其梦想。除去此两种情况，把公司做上市确实是一条被普遍认可的发展道路。

02 善用杠杆，撬动财富

学习中，生活中，甚至是军事谋略中，都有以小博大的聪明智慧，企业管理中亦是如此。企业资源有限，但借助杠杆的力量，有限的资源也能撬动无限的财富。

认识杠杆原理

杠杆本是物理学中的一个基本原理，描述了在杠杆系统中，力和力矩之间的关系。在杠杆系统中，当一个力作用在杠杆上时，会产生一个力矩，这个力矩的大小取决于力的大小和力臂的长度。如果力臂较长，那么力矩就会较大；反之亦然。

这意味着，我们在使用杠杆时，可以通过改变力臂的长度来改变力矩的大小，从而更轻松地移动重物或执行其他任务（如图 9-1 所示）。所以才有了那句经典的"给我一个支点，我能撬起整个地球"。

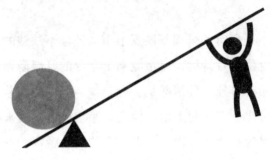

图 9-1　杠杆的力量

杠杆原理在日常生活中有很多应用，例如，使用钳子、扳手、剪刀等工具来移动重物或执行其他任务。在机械工程中，杠杆原理也被广泛应用于设计和制造各种机械设备和工具。如用于建筑工地的起重机所利用的滑轮系统。就是通过改变力的方向和大小，使得用较小的力量可以拉起或移动更重的物体。

在经济学中，杠杆原理指的是通过贷款、债券等杠杆工具，加大借来的资本，撬动更大的财富，提高投资回报率。假设一名投资者手里只有 100 万元，看好了一个投资收益率为 10% 的项目，但是他不甘心只收到 10 万元的收益，于是又向银行贷款 100 万元来增加投资资本，投到了项目里。项目到期，总共收到 20 万元的收益。相对于自有资本 100 万元，其投资回报率提高到了 20%。

虽然，杠杆放大了这名投资者的收益，不过要小心，杠杆也会与之相应地放大风险。一方面，如果投资回报率低于贷款利率，那么投资者将面临亏损。假设向银行的贷款利率为 10.5%，那这名投资者多赚的 10 万元收益还不够向银行还利息的，自己白忙活一场倒赔钱了。另一方面，项目本来预期收益率是 10%，结果最后只有 8% 的收益，同样会让投资者亏钱。又或者，项目出人意料地最后失败了，没有得到收益，本金还亏损了，欠银行的钱也需要投资者自己填补，这就亏大发了。

所以，在使用杠杆工具的时候，投资者需要谨慎考虑风险和回报之间的平衡，不要一时被可能的收益冲昏了头脑，毫无理智地去加杠杆。

四两拨千斤的智慧

杠杆原理通过改变杠杆的长度或位置，用较小的力量来移动或控制较大的力量。由此可以看出，其底层逻辑是用小的投入获得更大的回报，本质上是一种以小博大、以巧取胜、四两拨千斤的智慧。

战国时期，楚国的边境上有一个小县城，守城的宋将军勇猛善战。有一天，秦国派兵攻打楚国，大军直逼小县城。宋将军得到消息后，立即召集城中的将领和士兵，准备抵抗秦军的进攻。

然而，城中的守军人数远远少于秦军，正面交锋，肯定会吃亏。于是，宋将军让士兵们在城墙上挂起许多稻草人，并在稻草人的身上穿上楚军的军服。随后点燃烽火，敲响战鼓，制造出一种楚军正在集结的假象。

秦军看到城墙上的烽火，听闻密集的鼓点，以为楚军正在集结准备迎战，于是暂停进攻，等待楚军出击。可左等右等，都不见楚军出击，连忙派人前去侦察情况。当得知城墙上都是稻草人后，秦军将领非常生气，立刻下令发动进攻。

这头的宋将军早已做好了准备。他让士兵们在城墙上准备了大量的弓箭和石块。秦军进攻时，原以为楚军根本没几个人，才制造了稻草人的假象。不想遭到了密集的攻击，轻敌之下混乱起来，还发生了踩踏情况。此时，宋将军趁机率军出击，一举击败了秦军。

在这个故事中，宋将军通过制造假象，让秦军产生了疑虑，从而为自己争取了准备弓箭和石块的时间和机会。又让秦军轻敌，最终成功地击败了秦军。可见，面对强大的敌人，正面对抗不是明智之举，策略巧妙亦可以少胜多，这种四两拨千斤的智慧正与杠杆原理的底层逻辑暗合。

在历史上，许多聪明的领导者和军事家极擅用谋，以小胜大，取得了重要的胜利。《孙子兵法》中提到的"以逸待劳""声东击西"等策略，也都是四两拨千斤的典型例子。

在企业经营中，也不乏管理者运用四两拨千斤的智慧，通过巧妙的方法和策略，得到更大的利润。比如，某在线短租平台，并未选择与传统的酒店行业正面交锋，而是独辟蹊径，开拓了一个全新的市场。虽然并未拥有自己的房产，却巧妙地通过连接房东与租客，为消费者带来了更多的住宿选择和价格方面的实惠。这一平台的核心竞争力并非在于房产，而在于技术实力与用户体验。此外，该平台还通过用户评价和社交功能，构建了一个生机勃勃的社区，使得用户对平台产生了强烈的黏性与忠诚度。

这个平台的聪明之处在于，没有花大价钱去购入或租入房产，不去传统赛道上竞争，而是找到全新的自我定位，最终成为全球最大的短租平台之一。

这就是典型的创新杠杆，即市场模式的创新。表明企业可以通过找到自己的核心竞争力，提供独特的价值，并将资源集中在这些方面，在市场上取得优势。

企业管理中可用的杠杆

除去创新杠杆，企业在经营管理中还有哪些可用的杠杆呢？我们一起来认识一下，希望从中获得一些启发。

❀ 经营杠杆

经营杠杆代表企业在经营活动中对固定成本的利用。固定成本之前说过，是指那些不随销售收入变化而变化的成本，如租金、工资、设备折旧等。

经营杠杆的高低取决于企业的固定成本占总成本的比例。当企业销售收入增加的时候，每单位销售收入所分摊的固定成本会减少，从而提高企业的利润率，这就是经营杠杆的作用。

举个例子，航空公司的主要成本包括固定成本（如飞机购买、维护和租赁费用）和可变成本（如燃料和机组人员薪酬）。当客座率上升时，每趟航班的固定成本会被更多的乘客分摊，提高航空公司的利润率。

但经营杠杆不是一直有效的，当航空公司因经济衰退或突发事件导致乘客数量急剧下降时，经营杠杆可能会失灵。由于固定成本的存在，即使航空公司减少航班数量，每趟航班的成本仍然很高，导致利润大幅下降甚至亏损。所以，企业利用经营杠杆的同时也要注意控制风险，避免在销售收入减少时面临更大的利润下降。

❀ 金融杠杆

金融杠杆的原理跟我们之前介绍的那个借钱投资的故事一样，指企业通过借贷等方式增加投资资金，当投资回报高于借款成本时，使用金融杠杆可以增加投资收益。

金融杠杆通常可以增加投资回报，但同时也增加了风险。当市场出现意外波动时，杠杆交易策略可能会失灵，导致巨大的损失。

所以，企业在加杠杆时要充分考虑能否承担风险后果，适当采取措施去控制杠杆风险。比如，将投资分散到不同的资产类别和市场，可以降低投资组合的整体风险，即俗称的"不要把鸡蛋放到一个篮子里"，同时谨慎控制杠杆水平，避免过度杠杆化。一旦使用了金融杠杆，后期必须定期监控投资组合的表现，并根据需要进行调整。如果投资组合表现不佳，就要及时采取措施减少损失。

在实际的操作中，并不存在最佳杠杆水平之说，一般杠杆水平越高，潜在的回报也越高，但同时风险也越大。所以，投资者应该根据自己的投资目标、风险承受能力和市场情况来决定杠杆水平；也需要了解相关的金融法规和监管要求，确保合法合规地使用金融杠杆。

❀ 品牌杠杆

品牌杠杆是一种营销策略，企业能用品牌的知名度、声誉和形象，去提高自己产品或服务的销量和市场占比，还能让品牌的价值和影响力更强大，形成良性循环。有了品牌杠杆，企业能更快地进入新的市场，降低营销的成本和风险。

如果要评估一个品牌的杠杆作用，有这几个维度，如图 9-2 所示。

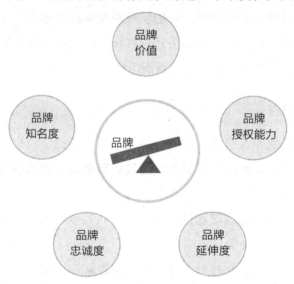

图 9-2　品牌杠杆作用评价维度

综合考虑以上几个维度，可以评估一个品牌的杠杆作用。每个维度与品牌的杠杆作用都是成正相关关系的，比如，品牌价值越高，品牌的杠杆作用就越强。需要注意的是，品牌杠杆作用是一个相对的概念，不同行业、不同市场的品牌杠杆作用可能会有所不同。

❀ 信用杠杆

"人无信不立"，企业也是一样，信用杠杆同样可以帮助企业扩大业务规模、增加投资回报。我们常见的赊购活动就是基于信用才成立的。

> 李老板经营着一家小型制造工厂，一直不温不火。某天，企业终于接到一笔大订单，做成将得到很大的利润。但现在有一个问题，企业所有的资金拿出来，也不够支付原材料的。
>
> 为了拿下这笔订单，李老板找到了自己的供应商张老板。因为双方合作多年，李老板从未欠过账款，信用良好，于是，张老板同意李老板赊购一批原材料，先行开始生产，待筹足资金再行支付这笔原材料的款项。
>
> 如此，李老板保证了生产的正常进行。随着产品的销售，李老板逐渐获得了收入，并在赊购期限内按时支付了张老板的费用，订单也没有耽误。

这个故事中，双方之前的交易行为奠定了信用基础，才给了李老板赊购的机会。足见信用杠杆在正确使用的情况下，可以帮助企业克服资金短缺的问题，实现增长和发展。

然而，信用杠杆也不是什么情况都适用，有一句俗语叫"救急不救穷"，当企业资金短缺，同时获得了一个极富潜力的财富增长机会，且平时信用记录良好，才可能让信用杠杆发挥作用，这三个条件缺其一都会让信用杠杆失灵。比如企业不缺钱，自然不需要靠信用杠杆去撬动财富；企业没有财富增长机会，意味着还不起这笔钱，出借人很大概率会拒绝；再者，平时信用记录不良的人，也很难靠信用去借款。

最后，就算企业真的可以使用信用杠杆，也需要谨慎，确保能够按时偿还债务，以避免潜在的风险和损失。过度依赖信用杠杆还可能导致债务负担过重。

❈ 联盟杠杆

联盟杠杆就是找个合作伙伴，一起做事。比如说，跟其他公司、组织或者个人联手，共同实现一个目标。联盟杠杆有很多种形式，比如战略联盟、合作伙伴关系、联合品牌、共同营销等。但不论何种形式，关键是合作完成一个目标，而不是单打独斗。这样，大家可以一起分享资源、知识和经验，干起来更有劲，也更容易取得好成绩。

在各行各业中随处可见这种合作。

> 大明是一位经常出差的商务人士，每次出差都需要预订机票和酒店。他在预订机票时发现了一个会员组织，由多家航空公司和酒店组成，入会即可享受更低的价格和更多的福利。比如，他可以在会员组织内的任何一家酒店享受免费的早餐和升级服务，还可以使用会员积分抵扣机建与燃油费。
>
> 一次，大明的航班延误，导致错过了原定的转机时间。因为他是会员，因而可以在组织内的任何一家航空公司改签机票，而且不需要支付额外的费用。这让他的出差计划得以顺利进行。

这个小故事展示了酒店和航空公司如何利用联盟杠杆，为消费者提供更好的旅行体验。在很多时候，这种联盟的存在本身就可以为参与的企业创造更大的竞争优势。

03　资本成本的核心逻辑

天下没有免费的午餐，企业融资相当于租入资金，自然要付利息，也就是"租金"，资本成本越高，"租金"越贵，越不划算。

资本成本源于资金的稀缺性

资本成本是企业为了筹集和使用资金而付出的代价，那企业经营为什么要关注资本成本呢？

现在，假设你是投资方，有 A 企业和 B 企业，都希望你能来投资。你手里有 1000 万元，数量虽然不少，但总归有限，因而你首先考虑的是哪家企业能带给你最大的回报。这个回报，在 A 企业或 B 企业眼中，就是资本成本。

为了吸引你的目光，A 企业和 B 企业竞相抬高回报率，但这个回报率并非无止境。回报太低无法得到你的青睐；但回报太高，对方承受不起，会放弃本次融资，转向其他融资机会。这是一场融资方和投资方之间的博弈。

从上述过程中，我们可以发现，资金的稀缺性导致了资本成本的产生。

于企业而言，资金是开展业务和日常经营的必要条件。企业需要基本的资金来购买设备、原材料、支付工资等，维持正常的生产经营活动。并需要更多的资金扩大生产规模、开发新产品、开拓新市场等。

然而，投资方手里的资金也是有限的。投资方在选择投资对象时，会考虑多个因素，如投资风险、预期收益、投资期限等。这些因素都会影响投资方的决策，从而影响企业获得资金的难易程度和资本成本。

在此情况下，资本成本可以被视为融资方对投资方投资行为所产生的机会成本和风险成本的弥补。

机会成本是指投资方放弃其他投资机会所付出的代价。如果投资方选择投资 A 企业，就无法将资金投资于 B 企业，因此需要通过资本成本来获得足够的回报，以弥补失去的机会成本。

风险成本是指投资方投资某个企业或项目所承担的风险。投资本身就是一种风险行为，因为投资回报是不确定的。投资方需要考虑到投资可能失败的风险，并通过资本成本获得足够的回报，以弥补潜在的损失。

所以，资本成本就是企业融资需要付出的代价，也可以理解成对投资方投资行为所产生的机会成本和风险成本的弥补。企业只有时刻关注资本成本，才能确保自己拿到的钱在价位上是合适的、能够承受的。有效的资本成本管理能帮助企业用钱更有效率，创造更大价值。

资本成本的考量

考量资本成本通常采用加权平均资本成本的计算方法，将企业的各种资本成本，如债务资本成本、权益资本成本，按照各自在企业总资本中的权重进行加权平均。权重是由各种资本的市场价值或企业总资本的比例来确定的。举个例子。

C 企业有 1000 万元的债务资本和 2000 万元的权益资本，债务资本成本为 6%，权益资本成本为 12%，则该企业的加权平均资本成本为：

$$6\% \times \frac{1000}{1000+2000} + 12\% \times \frac{2000}{1000+2000} = 10\%$$

这意味着该企业每筹集 1 元资金，需要付出 0.1 元的综合资本成本。

加权平均资本成本反映了企业的资本结构和各种资本的相对成本，是企业进行投资决策时的重要参考指标。企业通常会选择加权平均资本成本最低的投资项目，以最大化企业的价值。

在资本成本的考量过程中，有一种情况可以拉低企业的综合资本成本，即选择边际资本成本较低的融资方案。

边际资本成本指当企业需要追加筹资时，每增加一单位资本所需要负担的成本。因为每一次融资的时机和金额不同，假设今天银行贷款利率假设为 10%，三年后有可能就成了 8%，所以，经济形势、利率浮动、股市表现，以及技术竞争等大环境均会对企业的边际资本成本产生影响。

单论这些因素是相当表面的，也是企业无能为力的。这里要另外陈述一种现象，就是在企业实际融资中，企业的投资方会为了避免已投金额成为沉没成本，主动帮扶项目，或者看到项目预期收益很不错，会追加投资，使得融资企业的边际资本成本降低。

有一家新兴科技公司，正在研发一项具有巨大市场潜力的创新技术。项目初期，有投资者对该项目表示了浓厚的兴趣，并投入了 5000 万元的资金。

在技术研发过程中，研发人员受到错误诱导，导致研究方向产生偏差，项目进展不如预期。此时想要重回上一个节点，选择另一个方向重新研究，又需要大笔资金，一时间项目停滞不前。

该科技公司向投资者求助，希望对方能追加投资，并表示这一次成功的概率比之前要高。鉴于不想之前投资的 5000 万元化为乌有，投资者又继续追加了 3000 万元投资额。这一笔投资的资本成本虽然跟之前持平，但相比于项目失误，科技公司外部借款遍寻不到，或者能借的普遍开出一个极高的利息来说，已经相当划算。

> 功夫不负有心人，这一次，研发人员终于找对了方向，项目有了突破性进展。眼看技术成果孵化成功，资金又一次"告罄"，不待科技公司人员求上门，投资者就主动又拿出 2000 万元助力最后的研发，而所要的回报远低于之前几次的投资，因为还有很多其他投资者看着项目即将成功，想来分一杯羹。

通过这个故事里投资者的两次追加投资，我们可以看到，第一次，当投资者看到项目停滞，为避免之前的投资成为沉没成本，愿意再行追加。融资企业的边际资本成本被降低，因为此时其他的融资方式成本更高。第二次，项目收益已经预期可以落袋，投资者主动追加投资，是在跟其他投资者竞价，此时科技公司的边际资本成本被进一步拉低。

这就是一种因已投金额、投资心理、项目预期综合影响而得出来的结果。当然，这种情况并不是绝对的，明智的投资者在决定是否追加投资时，不该受到沉没成本的影响，而应正确审视当前项目是否值得新一轮投资。不过，这只是理想状态，实际管理中，人们不可避免受到沉没成本的影响，这种心理自然也可以被融资方加以利用，以便获得最小化的资本成本。

融资融到的不止是钱

企业融资，表面上得到的只是资金，但很多无形的资源和支持其实更值钱。所以，很多时候单以资本成本的数据的眼光来考量融资方案，是局限的。因而能看到很多企业更愿意得到大投资方的青睐，甚至能把得到某些机构的投资作为一种炫耀的本钱，彰显自身的价值。

现在来盘点一下，企业究竟能从融资中获得哪些无形价值。

❀ 行业经验和专业知识

能成为投资者，投资的眼光是比较有远见的，特别是一些专业的投资机构。比如，投资者可能对某个行业的市场趋势、竞争动态、消费者需求等有深入的了解。当他们已经投资之后，自然希望看到预期收益可以落袋，因而不吝赐教，向融资方分享自己的观点和预测，帮助企业更好地理解行业的机遇和挑战，或者提供成功案例和最佳实践，为企业进行启示和指导。这可是一份免费的咨询服务。甚至有的投资者还会希望自己能参与到企业经营中，以便企业得到更好的发展。不过，这种行为时常会受到融资方的排斥，因为融资方想要的是资金，是帮助，而不是一位领导。因而一般会在投资协议签署的时候注明相关权限。

❀ 人脉与网络资源

投资者在投资企业后，通常会愿意将企业推荐给自己的业务网络中的相关人士，比如，其他投资者、企业家、行业专家。这种推荐和介绍可以帮助企业扩展人脉，结识潜在的合作伙伴和客户。

> 小王是一家初创企业的老板，在一次行业活动中，有幸结识了一位经验丰富的投资者平先生。平先生对小王的创业理念产生了浓厚的兴趣，并表示愿意投资他的企业。
>
> 随后，平先生将小王介绍给了其他相关人士，这些人脉和资源为小王的企业带来了更多的商业机会。小王利用这些机会，结识了新的客户，扩展了自己的生意版图。其中一位李先生还为小王提供了一个产品设计的优化思路，使其产品更具市场竞争力。

❀ 声誉和品牌认可

一家企业获得著名资本公司的投资，通常被认为是一种荣誉。因为这意味着资本公司对该企业的潜力和前景表示认可。这种认可会因为人们对于著名资本公司的品牌认同，而迁移成为自己对该被投资公司的认可，从而为企业带来良好的声誉。

比如，消费者通常更倾向于声誉良好的品牌，这种认可和支持增加了消费者对企业的信任和信心，有助于提升客户忠诚度。同样的，良禽择木而栖，优秀的员工也希望在具有良好声誉和发展潜力的企业工作。

这种声誉的作用不容小觑，因为吸引来的不止是消费者和员工，还有合作伙伴，以及新的融资机会，等等。

企业得到投资，资金流会相对稳定，在合作时更让合作方放心，而且，投资本身也是一种信号，能够被投资自然能证明企业有其可取之处，就像一件商品销量不错，更容易受到其他消费者青睐一样。这种认可和支持可以降低企业融资的难度，为企业提供更多的融资机会。

其实，融资给企业带来的无形价值远不止于此，融资的过程也是企业管理者对企业管理的梳理和反思过程，过去你以为的内控策略，在投资人眼里很可能漏洞百出，各路投资人都会在你的融资策划方案中找到管理问题，不断让你刷新对自己的认知，从而实现对于整个管理思路的重构。

要知道，认知的提升是无价的，但这种价值并不像资金一样可以明码标价，从某种角度来说，这些无形价值的存在怎么不算对于资本成本的抵销呢？自然应该纳入企业资本成本的考量中，影响企业对融资方案的规划与选择。

04　中小企业融资破局的关键

有人想要融资，自然有人想要投资，难的是信息的匹配和信任的建立，这才是融资破局的关键。中小企业融资难，一是因为找不到投资人；二是找得到投资人，但自己的公司拿不出手，看不到投资的价值。不要单纯为了要钱而融资，融资的过程也是一个审视自己、改进自己的机会。

突破信息茧房

信息茧房是指人们总是被自己的兴趣爱好牵着走，以至于关注的信息被局限于一个小小的空间里，就像一个"茧房"。比如说，你喜欢浏览体育新闻，算法会根据你过去的浏览记录和互动情况，不断推荐相关的内容给你。这类信息将占用你绝大多数的信息获取机会，其他一些有价值的信息就会被忽略掉。时间长了，你想获得的某些信息就不会主动出现在你的身边。

信息茧房现象本质上还是一种信息不对称现象。就像融资方总是抱怨找不到投资人，投资人也在抱怨没有好项目。双方信息不匹配，被困在各自的信息茧房之中。在这种情况下，中小企业可能无法接触到更广泛的投资人和投资机会，从而限制了它们的融资选择。

除了这种民间借贷的信息不匹配，事实上，国家对于中小企业融资有很多相关引导政策，也鼓励银行推出适合中小企业的贷款。但是仍有很多中小企业老板压根就不知道自己公司能匹配哪些政策，能申请哪类贷款。就算知道了这方面的消息，又因为申请门槛高、审批流程复杂，根本不懂如何操作，在一次次因材料不合格被拒绝之后被迫放弃。

不少此类中介业务就是看准了中间的信息不对称，趁此机会赚钱，专门帮助中小企业准备申请材料，申请适合自己的融资渠道和产品。但是，高昂的服务费又进一步提高了中小企业的资本成本，迫使很多中小企业老板提到银行贷款就皱眉头，只能转向熟人借款。

要解决这个问题，关键要突破信息茧房，也就是解决信息不对称的问题。

在引导政策和银行贷款方面，如果是因为信息没办法有效传递给中小企业，导致老板压根不知晓相关政策和贷款产品的存在，则可在信息宣传上下功夫。网站、宣传册、微信公众号、短信、企业培训，怎么直接怎么来。各种渠道齐上阵，信息覆盖率总能提升上去。

可若是因为申请门槛高，比如银行要求企业提供足够的抵押物、良好的信用记录等，这令资产规模较小的中小企业十分为难。产品既然提供了，必须考虑实际情况，银行方面降低贷款申请门槛是需要的，比如放宽抵押物要求、降低信用记录要求等，否则产品做出来就是个摆设，起不到作用。

最重要的是，办事的流程本不必如此复杂，到现在就算是申请个人贷款，相关的审核流程仍叫人头大，遑论企业贷款，涉及金额更大，流程就更为复杂。办事的人跑几趟都未必办得下来，这种人为设卡的行为大可不必。

不少银行也推出"明白纸""跑一趟说明书"，不必要的流程该简化的都简化，简直是中小企业的福音。毕竟现在信息都联网了，很多证明信息直接都能一键查询，不同系统互通有无，让人力来回提供意思相同、格式不同的文件确实属于浪费资源。跑不明白的话，最后这钱还让中介赚去了，令资金本不富裕的中小企业更是雪上加霜。

不过，外力的作用终究抵不过内部的主动。突破信息茧房最重要的还是企业自己，多参加行业活动、与其他企业家建立联系、加入行业协会等，都是扩展社交圈，接触到更多的投资人的途径。相关政策与信息接触不到固然需要加大宣传力度，更需要企业自己主动关注相关信息，打造出一个充满融资机会的信息网络方为上策。

如何向投资人证明自己

有没有发现一个现象，中小企业，尤其是小微企业，融资大多来自熟人借款。一个原因是信息不对称，找不到合适的投资人。更重要的另一个原因是熟人之间比较好沟通，容易建立信任。

疑虑不消，投资难料。信任就是中小企业融资难的第二大困局。你怎么向投资人证明自己的公司值得投资（如图 9-3 所示）？

图 9-3　向投资者证明自己

以下四个思路可供参考。

❀ 团队实力

团队是企业做事的人，人专业，做事才专业，人靠谱，企业发展才靠谱。这是一种惯性思维。团队成员的背景、经验、技能、协作能力等都能体现出一个团队的实力。卧虎藏龙的团队很容易引起投资人的兴趣。

我们团队的人都是行家，懂业务，有经验。技术团队的领头人，前大厂研发部骨干，参与过很多大项目。销售部也都是从其他知名公司挖过来的销冠，大家有自己的梦想，就想一起做成点事。

团队里人均学历本科以上，硕博比例占一半。什么专业的人都有，工程师、设计师、营销专家。遇到事情，大家集思广益，能从不同角度考虑问题，给出的解决方案也全面。

大家都是年轻人，彼此梦想一致，沟通起来也很顺畅。大家一起学习，一起商量。上次某个项目，技术、销售和市场的人一起讨论，推广策略做得相当棒，市场反响数据一看就知道了。

这些都是能展现团队实力、多样性、专业性、协作性的例子，拿出一些具体的数据和案例，更能打动投资人。

❀ 模式创新

当一个新的盈利模式出现，总能引来投资人的特别关注。新模式通常很有创意，能提供新颖的解决方案或者价值，有很大的市场潜力，可以满足一些尚未被满足的市场需求，甚至能够创造出新的市场需求。投资人往往更偏向这类投资市场潜力巨大的项目，因为预期回报会更高。

比如当初共享单车的出现，一样很快就得到了资本的青睐。现下流行的 AIGC 领域、农产品品牌化等模式都是比较热门的模式创新。

当然，也不是所有的模式创新都值得投资，投资人在投资之前必然会对项目进行深入的尽职调查和评估，以确保投资的可行性。在投资过程中，如果出现模式不适应市场环境，投资人可能会强制要求模式做出调整，而非完全按照创始人的理想化意愿来进行。

❀ 竞争优势

企业在市场上的地位、品牌影响力、客户群体、技术实力等，都是企业的竞争优势，这些优势可以帮助企业赢得更多的市场份额。自然，竞争优势明显的企业也更容易吸引投资。

有一间设计工作室，专注于为客户提供独特而高质量的设计服务。尽管规模不大，但设计风格独特，作品出彩，每一个细节都充满了个性，像艺术品一样，不仅在视觉上令人惊叹，更能够传达出深刻的情感和故事，赢得了一小批忠实粉丝。

这些忠实的粉丝在社交媒体上积极分享收到的设计作品，吸引了越来越多的人关注。其中一位粉丝，名叫艾米，是一位知名企业家的女儿。她对创意工作室的设计作品非常着迷。艾米的父亲观察到这一情况，凭着曾经多年的设计经验，他看到了这间小工作室的潜力和独特性。经过一番研究和考察，艾米的父亲决定投资这间小工作室。不久，双方开始就投资意向进行洽谈。

即使是小企业，只要能做到"人无我有，人有我优"，具备他人难以模仿的竞争优势，也能够吸引投资者的青睐。

❀ 老板的人格魅力

自信、果决、有远见，灵活、理智、重信义，当这样一个人自己创业，就成了一位极具个人魅力的老板。老板的个人魅力在吸引投资方面有时候能起到不可思议的作用。或许在投资人眼中，没有什么能比一位优秀的带头人更具投资价值。

有一次，有人问起某位投资人，为什么选择投资这家公司，投资人分享了一个有意思的事情。原来，这家企业的创始人在跟他谈起公司情况的时候，没有虚假地粉饰太平，反而直言了公司存在的各种问题，还有他自己打算怎么做，希望得到投资，但也希望投资人看清楚公司值不值得投资。后来，投资人做过调查，发现完全跟这位创始人说的一样，反而看起来情况要比创始人说的好上一些。于是，投资人被打动。

都说"真诚是永远的必杀技"，也是建立信任最好的方式。这位创始人的真诚成了打动投资人的关键，足见老板人格魅力对投资的影响。虽然人格魅力不一定都能让投资人投资，但不真诚的人相当于提高了投资的风险，这就足以令投资人踌躇不前了。

借融资之名行改革之实

融资其实是企业改革的好时机。老板在绞尽脑汁向投资人证明自己实力的同时，其实也站在投资人的角度更清楚地认识到了自己企业的问题所在。

古诗有云"不识庐山真面目，只缘身在此山中"。人们很难发现自己身上的问题。但是融资必然要经历投资方的尽职调查，企业会从投资方的视角，看到一个涉及商业模式、市场前景、管理团队、财务状况等方面的全面评估结果。这种视角是新奇的，当你认为自己的企业明明很不错，苦于不被市场发现的时候，或许投资者会告诉你，你的模式压根就是错的。

整个投资者了解企业的过程，相当于关掉了老板对自家企业的创始人滤镜，所有的问题都会一一呈现出来。投资调查本身就是一个问题放大器，目的是全面评估投资的风险，可于企业而言，亦可当作一次企业体检。在这个过程中，投资方可能会提出一些关键问题或挑战，这对于老板来说是一个不可多得的反思机会。

视角的转变有助于企业老板更好地理解市场需求、竞争环境和行业动态，全面地重新审视自己的管理方式和经营理念，从而更好地优化企业的战略和运营。

知道了问题所在，必须付诸行动。商业模式不清晰就去重新理，管理团队不稳定就想办法留住人才，财务状况不理想就去优化财务管理水平。一个一个地去解决问题，不放任，不懈怠，总有各种办法可想，可去解决。怕的是知道问题也不改，妄图抱着侥幸的心态撞上一个不太"聪明"的投资人，现实总不会如了这种意。

一次融资失败不要紧，看到了问题马上优化，静待下一次融资机会，才是明智之举。否则问题一直存在，换一位投资人还是如此，大家都不是傻子，同样的坑企业不应该踩两次。

中小企业在寻觅下一次融资机会的过程中，应该时刻保持积极的态度和持续的努力，专注于自身的成长。前面我们已经介绍过要突破信息茧房，还有向投资人证明自身实力的四种思路。中小企业要切实采取行动，去获取政策信息和贷款信息，享受上国家给的扶持是最好的。如果确实不合适，想转向民间投资，就要有针对性地去提升自己，打造一个优质团队，创新自己的盈利模式，不断提升核心竞争力，不管做到哪一点，总归在为下一次融资创造出更好的条件。

05　都是股权惹的祸

网上流传着不少股东争夺公司经营权、控制权的故事与案例，也有很多创始人争取失败、黯然离场。股权分配问题一直是企业的一项重头戏。由此引发的矛盾甚至可能给企业带来灭顶之灾。但合理的股权布局对企业的益处也不少，关键创始人要有先见之明。

创始人之争

小张、小王、小柴和小高四人共同创业，成立了一家公司。为了公平起见，四人决定将股权平均分配，每人持有25%的股份，他们认为这样可以保证每个人都有平等的发言权和决策权，共同推动公司的发展。

然而，随着时间的推移，问题逐渐浮现。每当公司面临重大决策时，四个人总是难以达成一致。他们各自坚持自己的观点，互不相让（如图9-4所示），导致公司经常无法及时做出有效决策。

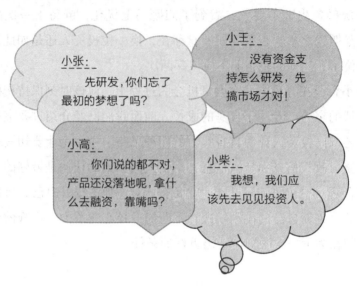

图9-4　创始人之争

长此以往，每位股东都有自己的一套想法，谁也不服管。这导致了股东之间的利益冲突。他们开始互相猜忌，争夺资源，甚至在一些关键项目上互相掣肘，严重影响了公司的发展。最终，公司陷入了困境，无法继续经营下去，不得不宣布破产。

投资人与创始人的权利争夺

阿远和小达是一对好朋友。阿远硕士毕业时，研发了一款软件取得了导师的认可，毕业后自己成立了一家科技公司，专门搞软件开发。

然而创业初期资金短缺，阿远想到了小达。小达很看好阿远的项目，拿出钱投资了公司。两人按照出资比例分配股权，小达占股80%，阿远占股20%。但小达不懂软件，也不参与公司经营。公司完全是阿远在管。

随着时间的推移，阿远凭借着出色的研发能力和敏锐的市场洞察力，带领公司不断壮大。付出了无数的努力，终于使公司的业绩节节攀升。然而，尽管他对公司的贡献巨大，由于股权结构的限制，每次分红只能获得较少的股权收益。这一切都让阿远感到越来越不公平。他开始怀疑自己的努力是否值得。

在一次公司的高层会议上，阿远提出，希望能够重新调整股权比例，以更好地反映自己对公司的贡献。小达坚决反对，他认为股权比例是在公司成立时就已经确定的，不能随意更改。阿远觉得自己的努力没有得到应有的回报，心中的不满逐渐积累，经营公司越来越不上心。

小达见此主动参与进公司的经营，但两人的意见相左，按照股权比例，应该完全听小达的，可阿远就是不服。甚至在一些项目上故意拖延，影响公司的正常运营。

相持不下之后，阿远决定离开公司，另起炉灶，还带走了大部分的研发人员。这家公司终于因为投资人与创始人的经营权争夺，逐渐走向衰落。

多轮融资，创始人出局

一家享有盛誉的投资机构，凭借独到的眼光和敏锐的商业洞察力，看中了一家初创企业的盈利模式，决定注入资金，以支持其发展壮大。然而，在双方签订投资协议的时候，公司创始人对股权设置的重要性并未给予足够的重视。

随着投资机构不断向公司投入更多的资金，几轮下来，创始人手中的股权不断被稀释，对公司的控制权也逐渐减弱。他开始意识到自己的股权已被严重侵蚀，但为时已晚。投资机构利用其股权优势，开始对公司的管理层进行改组，逐渐削弱创始人的权力。

当公司发展到一定规模时，投资机构开始对创始人的战略和决策产生怀疑，机构方面希望能在最短的时间内看到投资回报，这与创始人注重长期发展的想法相违背。双方的分歧越来越大。最终，投资机构决定采取行动，利用自己的股权优势，将创始人和他的团队踢出了公司管理层。尽管创始人仍然持有公司的一部分股权，但他已经失去了对公司的实际控制权。这一决定无疑给创始人带来了沉重的打击。

股权布局设计要点

看到上面这几个因股权问题引来的矛盾，每位老板都应该深刻认识到股权布局对企业影响之大。

在第一个事例里，缺少主导人，股权平分对公司的发展和运营带来了很大的负面影响。第二个事例里，阿远和小达的权力争夺，是因为忽略了阿远自身对公司的贡献，没有做到股权激励，是的，创始人也是需要被激励的。还有最后的创始人出局的事例，投资人看中的是短期回报，创始人心怀的是长久事业，双方的目标本身就不一致，各自为政之下，创始人失去了对公司的控制权，被迫出局，失去了自己一手建立起来的公司。

虽然三个事例的走向各有不同，但都有一个核心，那就是，股权的合理分配是一个大问题。因为这是一项需要写进公司章程的内容，每家企业都应该慎重，再慎重。

以下是几个股权布局的设计要点，仅供参考。

❀ 控制权归属

在公司控制权归属方面，股权布局最好能确保创始人或核心团队牢牢控制公司。一般情况下，创始人拥有足够的股权比例，在公司决策中才有决定性的投票权。

在具体的比例设计上，有两个数字要牢记。一是绝对控股67%，二是相对控股51%。拥有67%及以上的股权，创始人就能掌控公司的决策权，无论是修改公司章程，还是企业合并，一切重大决策尽在掌握。另一种是相对控股情况，这种情况下创始人需要持有51%的股权。尽管不能直接决定企业事项，但可以参与到一切重大决策中。还拥有较大的投票权，对公司决策产生重要影响。

❀ 股权合理分配

股权分配是公司治理的重要一环。合理的股权分配可以激发股东的积极性和责任感，促进公司的发展。

在分配的时候，各股东的贡献、责任和利益应该得到充分考虑。对于那些对公司的发展做出重要贡献的股东，他们应该得到更多的股权，以体现其付出和努力。同时，那些承担更多责任和风险的股东，也应该得到更多的股权，以确保其利益得到保障。

为了实现合理的股权分配，公司可以采取多种方式，比如设立股权激励计划。第二个事例，当阿远提出不满的时候，小达应该重视这种不满，当然，直接调整股权比例有损小达的权益。但小达可以以一个较低的价格向阿远出售所持股权。或者在投资之初签订对赌协议，业务达到多少，拿出一定的股权奖励给阿远。或许能避免后来因内部纷争导致的公司衰落的命运。

❀ 留有余地作他用

公司在规划股权布局时，可以预留部分股权空间，比如20％，以备将来融资之需。另拨少许用于后续员工激励。

这是因为公司的发展是一个长期的过程，不可避免会涉及融资问题。所以，在规划股权布局时，就需要考虑到未来的需求，预留出一点股权空间，这样创始人在引入新的投资者时不至于稀释原有的控制权。

同时，员工也是公司的重要资产，不少企业会设立股权激励计划，让员工分享到公司的成长和收益，从而激发他们的工作热情和创造力。所以，在规划股权布局时，也需考虑到员工的激励问题，为将来给员工股权激励留出余地。

✿ 风险隔离与税务筹划

股权布局架构合理，可以将股东个人的资产与实体公司的风险隔离开来，为个人和企业的发展提供更多的灵活性和可能性，如图 9-5 所示。

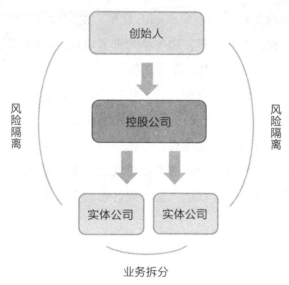

图 9-5　股权架构设计的风险隔离作用

例如，股东可以通过设立控股公司来持有实体公司的股权，这样即使实体公司遭遇财务困难或法律纠纷，中间还隔着一个控股公司，股东个人的资产也不会受到直接影响。拆分开来的实体公司还可以各自上市，分开吸引投资，不必整体打包，也避免了因总公司体量大不好投资，引得投资人望而却步的情况。

在税务筹划方面，当实体公司进行分红时，如果股东直接持有实体公司的股权，那么分红可能需要缴纳个人所得税。然而，如果股东通过控股公司来持有实体公司的股权，控股公司可以将分红再投资到实体公司，从而避免了个人所得税的缴纳。又或者，当实体公司将利润转增为股本时，股东通过控股公司来持有实体公司的股权，控股公司可以将转增的股本再投资到实体公司，避免缴纳个人所得税。

　　具体的税务筹划方案需要根据企业的实际情况进行设计，并且需要遵循相关的法律法规。建议企业在进行股权架构设计时，咨询专业的税务顾问，以确保合法节税。

第十课

管理艺术的变现

✍ 管理也是生产力！

01　小企业的大文化

人需要工作，是因为要实现个人价值。可不是每一份工作都能令人产生认同感。企业文化最基本的作用，就是让企业的员工产生认同感。有了认同感，才能把企业的目标当作自己的目标，把创造企业价值等同于实现自我价值。

认识企业文化

企业文化三要素：使命、愿景、价值观，如图 10-1 所示。

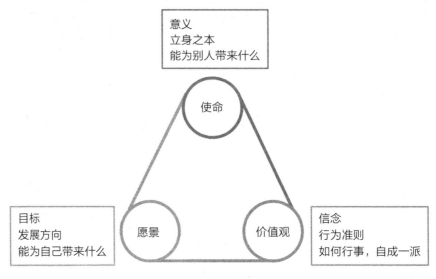

意义
立身之本
能为别人带来什么

使命

目标
发展方向
能为自己带来什么

愿景　价值观

信念
行为准则
如何行事，自成一派

图 10-1　企业文化要素

这三要素之间相互影响、互为支撑，共同构成了企业文化的基本框架。

❀ 使命

使命是企业的立身之本，回答了企业因何存在的问题。有使命的企业明白自己要做什么，为了什么而努力。比如：

阿里巴巴的使命：让天下没有难做的生意。

美团的使命：帮大家吃得更好，生活更好。

字节跳动的使命：激发创造，丰富生活。

从这些使命我们能看出，企业的使命基本在围绕用户需求和社会责任来谈，不论从哪个角度切入，最终要惠及广大民众，甚至全人类。使命足见一家企业的格局，好的使命能成为企业与外界的纽带。而且这个使命无谓企业规模的大小，哪怕小企业也可以有大胸怀。

❀ 愿景

愿景就是企业的梦想，是企业想要达成的终极状态。有一个远大的愿景，企业就有了明确的发展方向，员工也有了努力的目标。比如：

阿里巴巴的愿景：追求成为一家活102年的好公司。让客户相会、工作和生活在阿里巴巴。

美团的愿景：把世界送到消费者手中。

字节跳动的愿景：建设"全球创作与交流平台"。

可见，愿景是企业使命必达的终点。基本是围绕企业自己定位而言的，有目标才不会迷失航向。企业只有明白自己想要什么结果，才能为此付诸行动。

❀ 价值观

价值观就是企业做事的标准和原则，是企业在追求经营成功过程中所推崇的基本信念。企业的价值观也影响着员工的价值观。比如：

阿里巴巴的价值观：客户第一，员工第二，股东第三。因为信任，所以简单。唯一不变的是变化。今天最好的表现是明天最低的要求。此时此刻，非我莫属。认真生活，快乐工作。

美团的价值观：以客户为中心、正直诚信、合作共赢、追求卓越。

字节跳动的价值观：追求极致、务实敢为、开放谦逊、坦诚清晰、始终创业、多元兼容。

知行合一，价值观影响行为，员工认同企业的价值观，自会成为一批志同道合的同伴，以企业价值观为准则行事，具有鲜明的风格特色。

一家企业的文化框架不是想到什么随手写下的，其本身就凸显出企业对自我的认知。当你看到一家企业的文化内容，就会形成对企业的第一印象。所以才有人说企业文化就是企业的灵魂。小企业也可以有一个大格局的灵魂。

正所谓知行合一。在价值观影响下的行为自然也是企业文化的延伸内容。所以，在企业中，除了基本的三要素，企业的制度、管理流程及员工关怀其实都是企业文化的一部分。

润物细无声

不同于真实的生产力，企业文化本身是一种无形的东西。甚至有人对此不屑一顾，认为不过是些虚词。这种情况的存在只能说明那些企业的文化内容根本没有落地执行，仅仅化为一纸空文，装模作样地被摆在那里，无人信守。

如果你真正感受过企业文化的魅力，就会感悟到什么是"润物细无声"。

> 阿晏大学毕业，进入一家科技公司工作。在入职培训中，他第一次接触到公司的价值观，内容不长，只有短短八个字：革故鼎新、和衷共济。阿晏看了看也就略过去了，并没有什么特别的感悟。

很快，阿晏投入紧张的工作中。但从相对节奏缓慢的大学里一下子步入社会，阿晏有些不适应，与同事之间也很少交流，只闷头做自己的事情，重复一样的工作。

在阿晏入职的第二个月，直属主管发现了他的不在状态，主动找到他进行了一次深入的谈话。在这次谈话中，主管分享了自己的从业经历，其中又一次提到了"革故鼎新、和衷共济"这八个字。在主管的经历中，阿晏终于领会到那八个字或许不止是一句口号而已。

这次谈话后，阿晏很快转正，被分派到一个团队项目中。项目进展不是很顺利，但看着大家一起想办法，彼此不抱怨，互相鼓励，阿晏觉得自己可能知道"和衷共济"是什么意思了。在项目一筹莫展的时候，项目总负责人忽然推翻了之前所有的工作，只说了一句重来。换了个方向，项目重新开始了，大家又一次忙起来，这一次终于跨越了之前的障碍，不少人由衷赞叹项目总负责人的魄力。看着工作的成果，回想之前的坎坷，阿晏知道了为何要革故鼎新。

就这样，日复一日，阿晏也终于成长为公司的骨干。某年，对着新分进自己项目组的大学毕业生，阿晏笑着分享了自己的工作经历，慎而又重地向他们说起"革故鼎新、和衷共济"这八个字的含义。看着他们懵懂的眼睛，阿晏最后只说了一句："你们会懂的。"

很多时候，企业文化在一个人眼里只是一句口号，是因为文化没有落地，没有令员工奉为圭臬。但就像教育本身存在滞后性一样，不到设身处地，一些情感与观念总不能真正内化成为自己的东西。

企业文化就存在于那里，员工入职培训会了解企业文化的表意，当真的工作一段时间，或许员工就能从一句话、一件事、一场合作，或是一次突破中获得成长，瞬间明悟其真谛，从而达成对企业的认同，产生归属感，而这种归属感就是员工忠诚度的起点。

企业文化如何落地

没有落地的企业文化只是一座空中楼阁，起不到真正的作用，影响不到员工的工作态度与行为方式。想要让企业文化成为生产力，以下思路或可借鉴。

❀ 讲好企业故事

企业文化要起到的作用是改变员工的认知。只是一段干巴巴的文字，没办法把企业文化的精神真正传达到员工脑中，就算宣传再多次，左耳朵进，右耳朵出，又能起到什么作用呢？所以，讲好企业故事很重要。

企业文化必然不是凭空产生的，很多时候跟创始人的创业经历相关，或者受到一次经历的启发等等。所以企业故事可以就地取材，从创业故事、创始人精神里面提取要点。

比如，要想以拼搏、进取、努力等精神作为企业文化内容，可以从创业艰辛、重要的转折点及取得的成就中获取灵感，表现出创始人不畏风险、迎难而上的姿态。又或者，责任、爱心等精神的灵感，可以从客户服务故事、企业社会实践与贡献中寻找。

当抽象的企业文化转化为具体的故事，员工自然更易于理解。然后借着内部培训、宣传资料、企业活动等机会，将这些故事分享出去，宣传效果倍增。

❀ 赋予仪式感

仪式感本身就具有极强的记忆点。员工回想起自己的从业经历，或许记不得过去某一天做了什么报表，完成了什么报告，但一定会记得新员工的入职宣誓，给自己的表彰大会，员工关怀的生日活动，年会上汇报演出。

这些特别的经历所带来的仪式感能够轻易挑起员工对企业的归属感和认同感。人本身就容易受到情绪的影响，这些仪式感恰好能够满足员工的情绪价值。比如，大声宣誓带来的热血感，表彰大会带来的荣誉感，生日活动产生的温馨感，汇报演出带来的参与感。这些感觉都能深刻让员工认识到自己是企业一员，从而感悟出企业文化的深意。

❀ 设计文化符号

企业文化的内容有时候过长，很难做成标语张贴各处。这时候就需要一个具有象征意义的文化符号，比如企业 Logo、吉祥物等，用更简洁的方式和更有趣的造型传达出企业的核心价值观、使命和愿景等信息。

例如，企业的 Logo 可以设计成具有代表性的图案或形状，让人们一眼就能认出该企业。吉祥物可以往可爱、有趣的方向靠拢，与企业文化给人的第一感觉相契合，让人们更容易产生情感共鸣。

这些文化符号可以广泛应用于企业的各种宣传推广活动中，如广告、宣传册、办公用品等。当文化符号融入企业的日常工作和环境中，就能自然起到润物细无声的效果，最后真正成为企业文化的一部分。

02　人手紧张刚刚好

人浮于事、工作不饱和都代表着人工成本的浪费。企业其实没办法做到人手和工作量的匹配百分百契合，但在人手紧张和人手富余中来选择的话，人手微微紧张就是最好的状态。

一个员工在公司的成本有多少

公司里多一名员工，所要负担的成本可能比企业想象的要多得多。我们以一名最普通的员工为例，大致计算一下其成本，如表 10-1 所示。

表 10-1　一名员工一年的成本

	成本项目	简介	估算数 / 年
显性成本	工资	月薪 5000 元	60000 元
	社保（单位部分）	不同地区缴纳比例标准不同。假设养老保险 16%，医疗保险 8%，失业保险 1%，工伤保险 0.5%，生育保险 1%。月度缴纳合计 1325 元	15900 元
	公积金（单位部分）	假设缴纳比例 10%，每月 500 元	6000 元
	年终奖	多发放一个月工资	5000 元
	过节费	每年过年、端午、中秋等节日发放福利	1000 元
	办公耗用	约每月 50 元	600 元
	团建费	约每季度 100 元	400 元
	其他费用（如加班饭费、交通费等）	约每月 50 元	600 元
隐性成本	招聘成本	公司需要花钱开通招聘网站账号，购买相关服务，某招聘网站会员费一个月 500 元	
	培训成本	员工入职培训、后期技能培训，都需要企业提供。甚至一些企业实行"老带新"，给老员工发补贴，如一个月 500 元	
	工位与工作设备	每位员工要配备单独的工位和工作设备，如电脑、桌椅等。一些特殊岗位如设计师，还需要更高端的电脑。或者职级较高的员工需要单独一间办公室	
	管理成本	企业需要有人专门管理员工，检查相关工作，处理员工关系，绩效评估等	
	福利成本	员工带薪休假，病假发放 80% 工资等福利待遇	

以上就是企业需要为一名普通员工付出的人力成本，显性成本可以计算出来，但很多隐性成本无法准确计算，因而可以看到，多一名员工，企业所要付出的成本绝不是 5000 元工资那么简单，实际上可能是员工工资的两三倍。而职级越高，这种成本会更多。

当有员工离职，不要着急招人

每当有员工提出离职，企业的第一反应就是交由 HR，立刻招来一个新人与上述员工交接，越快越好。可反过来思考一下，或许招人不是最佳解决办法。员工离职可能也是一个降低企业成本的好机会。

代入以下场景来细细分析。

假设公司里某个部门有五个人，原本运转一切正常。某天，其中一个人要离职，因为大家都在一个部门工作，彼此都很熟悉对方的工作内容。偶尔有人碰上急事，其他人帮忙完成工作也是有的。

所以，如果把这个人的工作分给其他四个人，每个人分到四分之一，大概率是能完成的。只不过平白无故增加工作量会引起其他员工的不满。可如果企业把这个人的工资也分给这四个人呢？这时候就有人愿意了。

有的企业老板会说："那我多招聘一名员工也是给这么多工资啊，怎么能说降低成本了呢？"

别忘了我们前面对员工成本的计算，多一名员工，企业所要付出的成本绝不是一份简单的工资。首先社保、公积金就少了一份，其他零星费用暂且不提。还有很多隐性成本，像招聘成本、培训成本、管理成本、福利成本都省下来了。

比如，新员工入职需要经过岗位培训才能做好当前的工作，老员工接手则不必这么麻烦；部门里的几个人已经十分熟悉，彼此配合度高，新来一个人，还要在管理、协作上多花时间；另外，一个部门里的工作大多是有连贯性的，比如你出的表里有我要的数据，我的数据分析结果出来，你才能根据我的分析结果出报告。工作的上下游由不同人负责，因而会产生沟通成本，现在，工作合并给相关人员，就能在一定程度上省了这种沟通，不会产生"我不了解数据要你解释"这种情况，因为很可能出表格的是你，做报告的也是你。

显然，把工作分给其他四个人，同时把这个人的工资也分给这四个人对企业来说更划算。

所以，下次再有员工离职的时候，一定不要着急招人。工作的重新分配或许是个不错的办法。工资一涨，剩余四个人的工作积极性说不定还提高了。只有实在没办法了，企业可以考虑招人。

人手紧张才能体现出哪些工作需要舍弃

当全员工作饱和，就会按照轻重缓急给工作进行分类排序，如图10-2所示。

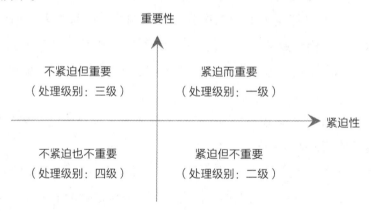

图 10-2　"紧迫性－重要性"工作分类

一般来说，按照处理级别，紧迫而重要的任务会优先被处理，比如，回应客户投诉；或者一个项目马上到期，其中的关键任务必须优先完成，确保按时结项。随后，员工会处理二级任务，即紧迫但不重要的工作，比如回复日常邮件，参加一些不重要的会议，等等。接下来是第三级任务，不紧迫但重要。比如员工培训、制订战略计划，这些任务很重要，但不是一时半会能做完的，所以放在这一步。最后是那些不紧迫也不重要的任务，比如清理文件、整理桌面等。这些工作大概率会被放弃，或者放到下班时间来完成。

当人力和时间有限，工作的价值也就浮出水面了。如果确实来不及，员工只会优先完成那些紧迫而重要的工作，这类工作就是岗位的核心工作。至于三级任务，也是不能放弃的，其中包含的长期价值不容小觑。

可那些二级任务和四级任务就需要企业来考量了，尤其是二级任务，企业大多将资源浪费在二级任务上。无效的会议、重复的报表、走形式的任务……这类工作往往需要占用很多的工作时间，但实际上却不产生多少价值。

企业不妨思考一下，真的需要这些工作的存在吗？如果不能舍弃，那有没有什么办法能更快更简单地完成呢？

比如，企业老板想知道每天下班的时候公司账户上有多少钱，为此，出纳每天下班之前都要提交一份资金报表，里面详细列出了一天的资金流水和每个账户的款项。然而老板打开这张报表，只会看最下面那个合计数。这种工作其实完全可以优化掉，直接报数比这样简单得多。

又或者，同样一张销售报表，每天销售部门要出一个详细的合同台账和销售表格，财务部门要根据流水情况出具销售日报，双方把各自的报表提交给运营部门，由运营部门来核对双方数据是否吻合。可销售部和财务部提交的表格形式又不同，运营部门还得自己重新梳理，再行核对。怎是"烦琐"两字能表达得出的？简直是人力资源的高度浪费。这种工作，一个标准化的数据表格，或者线上系统就能完成，压根不需要三个人来回核对这点数据。

所以，这类工作就是企业需要考虑优化的，只有如此，员工才能从很多低效重复的工作中释放出来，将更多的精力和资源集中在重要的任务上，从而提高整体的工作效率和业务成果。

发现人手富余，及时调整

一些企业的人手富余问题是因为淡旺季的存在导致的。由于企业淡旺季的交替比较频繁，比如周一到周四淡季，周五到周日旺季。这就导致企业会在淡季的时候保留人手，以便应对旺季人员不足的情况。多余的员工只能临时去干一些不太重要的事情，很容易造成人工成本的浪费，人浮于事情况严重。

面对这种情况，企业可以采用灵活用工方式。比如把人力资源外包出去，尤其是一些低价值的岗位，交给人力资源公司，令其定期派遣员工支持旺季经营需求。或者采用远程办公的形式，把业务分给兼职员工。

当然，除了因为淡旺季导致的人手富余，有些企业确实存在员工工作不饱和的现象。这种时候如果没有合适的岗位进行调整。那么，企业管理者也要有魄力进行裁员。

为什么说要有魄力？因为有些管理者不愿意主动开除员工。这些管理者会说："我手下的员工。个个都是好的。"但其实人多了，"将军里面也能拔出矮子"。不断的淘洗中，员工质量会得到很大程度的提升。这对企业来说并不是一件坏事。所以，有时候你能看到很多企业一边在裁员，一边在招聘，就是在动态地调整团队的质量。

保持人手刚刚好，这一做法本身也在变相要求刚刚好的人手中，必须个个优良。否则，有人工作效率低下，完不成自己的任务，新的岗位就会诞生，毕竟只要每个人分出一点点工作，就能一下子创造出一个团队。很多时候，组织机构臃肿就是这么来的。

03　业财融合需要"双向奔赴"

企业管理理念在发展，信息技术水平在进步，出于对企业效率的追求，部门协作一直是企业管理绕不开的话题。业务是企业的赚钱部门，财务是企业的守财部门，若是两相配合，能令企业的利润上一层新台阶。

财务不懂业务有多可怕？

有一位老板生产电器配件，生意经营得不错。但很长时间内，销售规模很难实现量级的提升。一个偶然的机会，来了一笔大订单。一个专门做外贸的经销商，看中了这位老板的数据线、耳机，想采购一大批销往南美、非洲等地。但是这个外贸商把价格压得特别低，已经低于企业的出厂价格。

老板特别想做成这门生意，但又怕亏。于是，让财务去算数。看看这个生意到底能不能做？哪怕不赚什么利润，只要不亏本就行。

财务就按照往常的计算方式，把产品的固定成本、变动成本一算，得到的结果略高于外贸商给出的价格。财务就跟老板说："算来算去，都是亏的，这门生意不能做。"最后，老板忍痛舍弃了这门大买卖。

后来怎么样呢？这件事过去一年之后，话题聊到这方面，老板告诉自己的一个朋友。那朋友有财务的专业背景，给老板算了一笔账。

> 这笔买卖的交易额已经相当于老板半年的营收。按照往年的数据，老板这半年的营收，所要付出的营销成本不是一个小数目，如果把这笔营销成本考虑进去。企业完全可以做这门生意。因为这单生意做成了，企业获得同样的营收不需要另行支付那么多的营销成本，最后其实还能挣一些。

可见，财务不懂业务是很可怕的，分分钟可能让企业失去一大笔生意。如果企业的财务就只会算账、记账，相当于一大资源浪费，根本谈不上支持企业决策，服务企业管理。

所以，在财务领域的发展延伸中，产生了业财融合这一概念。业财融合是指业务部门和财务部门之间的协作和信息共享，财务管理不再只是单纯的记录和报告企业的财务数据，而是与业务部门紧密合作，支持企业决策。

传统的财务管理模式中，财务部门和业务部门之间缺乏有效的沟通和协作，导致了信息孤岛和数据不一致的问题，这会影响企业的决策和运营效率，严重的甚至会出现上述案例中的情况。通过业财融合，财务部门可以更好地了解业务运营情况，为企业决策提供更加准确和更有价值的信息。同时，业务部门可以更好地掌握企业财务状况，方便业务运营和资源分配。

正因如此，业财融合被视为财务管理的转型趋势，受到企业的追捧。

"剃头挑子一头热"

业财融合的出现是在财务领域，作为财务管理的一种转型趋势被提出。所以，很多时候这一概念是在督促财务主动去融入业务、服务业务。但如果企业真的秉承这种思路推行业财融合，会发现根本落不到实处。因为推行来推行去，总是财务在"剃头挑子一头热"。反倒在业务眼中，财务这种凑上门的行为就是在增添负担，而不是提供支持。

有一家公司里，业务小李接到了一个重要的客户订单。按照以往的惯例，他迅速与客户签订了合同，并提交生产部门安排生产。然而，财务小王在审核合同时发现了一些问题：合同中的付款期限不够明确，可能导致公司收钱不及时。

财务小王立即与业务小李沟通，指出了这些问题。可业务小李认为自己一直以来都是这样处理合同的，而且这位客户是长期合作的重要客户，不可能会出现问题。但财务小王坚持认为这个问题需要解决。业务小李指责财务小王不了解业务的实际情况，办事死板。财务小王也不甘示弱，指出业务小李的工作方式存在风险，可能会给公司带来损失。

在这种情况下，"新仇旧恨"齐上阵。连以前财务部门卡业务报销的事情都被拿出来又讨论了一遍，财务小王坚称没有发票就是不能报销。

二人的冲突后来逐渐演变成财务部门和业务部门的冲突。财务人员指责业务人员在处理合同和支出时经常不合规，而业务人员则认为财务人员纯粹在找茬儿。双方僵持不下，最后总经理出面才平息了此次冲突事件。

这样的场景不是某一企业特有的，很多企业都会上演。既然是业财融合，就必然是一场双向的奔赴。如果只是财务在主动靠近业务，而业务唯恐避之不及。那么，业财融合就永远只是一句空话。

在企业中，财务部门的职责是确保公司的财务合规和风险控制，而业务部门的目标是拓展市场、增加收入。双方的目标虽然不同，但都是为了公司的整体利益。当财务和业务之间出现分歧时，双方应该保持开放式的沟通，共同寻求解决方案，以实现公司的长期发展。

当彼此抱着对立的态度，业财融合就是一个笑话。所以，财务和业务双方的合作态度，是企业推行业财融合的大前提：财务不能抱着越位干预的态度，插手业务运营，应该演好服务的角色，帮到就是赚到，帮不到，没必要硬上，牛不喝水强摁头；而业务也应该看清楚，财务是来提供帮助的，而不是来找茬儿的。一切以为企业创造价值这一目标服务。减少由内部对抗造成的资源消耗才是上策。

业财融合的三个维度

业财融合，到底怎么才算真正的融合？如图 10-3 所示。

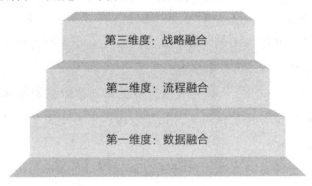

第三维度：战略融合

第二维度：流程融合

第一维度：数据融合

图 10-3 业财融合的三个维度

❀ 第一维度：数据融合，互通有无

数据层面的融合是业财融合的第一维度，也是最容易做到的一个维度。比如，企业只需将销售数据和财务数据整合在一起，就能分析销售收入、成本、利润等指标，确定更加精准的营销策略和销售计划。或者接入采购数据，分析采购成本、供应商绩效等指标，优化采购策略和供应商管理。

现在倡导的企业的数字化就是在做数据融合这项工作，借此建立数据共享平台，统一数据标准，挖掘数据价值，实现数据的可视化呈现等等。业财数据只是数据融合中的一部分而已。这种数字化最终能做到企业全部数据的融合，实现效率的跃迁。

❀ 第二维度：流程融合，协作共赢

过去的企业管理中，业务线与财务线本不相交：业务人员负责各项业务活动，比如订单处理、客户服务、库存管理等；而财务人员就专注于记录公司的各种开销和收入。这两个部门之间的交流，基本就是业务工作完成之后，财务再来记账和算账。

可是，现在市场竞争激烈，传统的企业管理模式已经跟不上时代的步伐。企业需要实现业务与财务之间的深度融合，以提升企业的综合竞争力。而简单的数据融合只能在某种程度上提高效率，却不能让财务顺利嵌入业务流程中。所以，业财融合的第二维度是让业务工作和财务工作的流程完美衔接，实现协作共赢。

要做到这一点，有效的沟通机制必不可少，定期的会议、跨部门团队合作等方式，都是促进双方交流和理解的好方法。而且，企业需要分析业务流程中与财务相关的环节，找出其中的痛点和优化点，进行流程改进和优化，确保业务数据能够及时、准确地传递给财务部门，避免数据不一致或者延误等问题。

❀ 第三维度：战略融合，不分你我

有人说自己公司一直都是业财融合，不光做到了这一点，还做到了管财融合、人财融合。别人问他是怎么做到的，他说："全公司上下除了老板，就是我，销售、记账、招聘，啥活儿都是我干，可不是业财融合嘛！"

虽然这是一个笑话，但是从中我们能体会到，真正的业财融合，精髓是财务懂业务，业务懂财务，一起服务于企业战略。

财务知道业务的运行逻辑，算得出业务的各项数据，给得了相应

的数据分析。抛开记账报税那一套，真正把自己当作业务部门的一名员工，以财务的第三视角帮助企业合理分配资源、做出决策。反过来，业务知道怎么样行事可以降低财务风险，企业的资金可以负担多大的订单，真正做到"随心所欲不逾矩"，一举一动皆合规。这就是业财融合的至高境界。

04 闭环思维：管理是一个"圈"

前期计划周全，中期准确执行，后期总结经验教训指导下一次行动。能够完全做到这一点的人，无一不是自控力、执行力满分的强者。这一思路在企业管理中亦很重要。

靠谱是一种认知

生活中，我们怎样形容一个人很靠谱？无外乎"事事有回音，件件有着落"，什么事交给这个人，不推脱，不敷衍，无论事情办不办得成，进展到哪里，他都会如实相告，与之合作十分愉快。

有人把靠谱列为一种性格特征，其实不然，靠谱是一种认知。人们的认知思维决定人们做事的思路和态度。有的人也很认真负责，态度没问题，但认知上的差距导致这个人做事就是没有那么周全。能把事情办得有始有终，需要一种周到的逻辑，亦可以称之为"闭环思维"。

闭环思维就是，你完成一项任务或者解决一个问题，要从头到尾想一遍，预设到所有的环节，并能预见可能的结果，一环扣一环，形成一个完整的、可追溯的流程。一次的结果能给下一次提供经验教训，使得一件事越办越好，呈现"螺旋式前进，循环式上升"的趋势。

用一句话概括，叫作办事有章法。

"事事有回应，件件有着落"就是一种章法，强调的是对于每一个任务或事件，都有明确的结果和反馈。在实际工作中，这种方式可以保证项目进展的每一个环节及时被反馈给负责人，包括任务的成果、遇到的问题以及可能的解决方案等，从而使项目负责人对项目的总体进展情况有一种掌控感，进而根据发展态势，对可能出现的情况提前准备。同样地，负责人也应做到信息的向下反馈，指令清晰，让执行人心中有数，遇事不慌。

这种工作方式自然被视为闭环思维的一种具体体现，如图 10-4 所示。

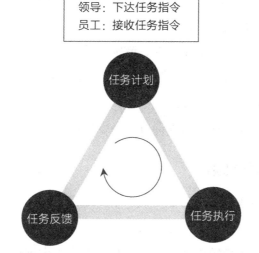

图 10-4　工作反馈闭环

现在流行的向上管理和向下管理，相关策略处处有闭环思维的身影。

比如，在向上管理中，经常提到的三点叫作目标沟通、建议寻求和任务汇报。

目标沟通：接收指令不能稀里糊涂，要充分与上级沟通，明确项目的目标、期望和关键节点。在项目进行过程中，作为员工，你定期向上级汇报项目的进展情况，确保自己的工作始终与上级的期望保持一致。

建议寻求：不要怕问问题，有人担心工作中遇到难事向上级寻求帮助，会显得自己很无能。恰恰相反，如果因为自己的面子导致耽误工作进度，或者出现失误，才更令人失望。多问问题、多沟通是一种认真负责的工作态度。在上级给出建议后，要将其应用到实际工作中，并及时向上级反馈实施的结果，以便上级了解建议的有效性，并在需要时提供进一步的支持。

任务汇报：当你完成了上级交给你的任务后，要及时汇报任务的完成情况。这样，上级就能了解你都做了哪些工作，工作进展如何。

以上三点恰好跟图 10-4 中的三个节点相呼应，形成一个完美闭环。向下管理中的分配任务、工作指导、激励与认可也是一样，都是在一项工作的进程中，上级给予下级的反馈。这上下配合得好，彼此沟通顺畅，气氛和谐，工作效率就高。

可见，补上闭环思维，人人都可以办事靠谱。

有闭环才有好结果

到底过程重要还是结果重要？

在很多时候，过程和体验是更重要的。比如，学生的学习过程和成长经历比他们的考试成绩更为重要。同样，在个人发展中，人们可能更关注自我提升和成长的过程，而不仅仅是最终的成就。

但是，在企业里呢？企业孜孜以求的利润、销量、市场份额、行业地位，本身就是一个一个的数据结果。要是员工都成长了，企业的事却一件没办成，这要跟谁说理去？

所以，在企业管理中，结果更重要。为什么很多时候，企业投入了那么多资源，高薪聘请了那么多能人，可就是做不出来一个成绩。也许就是少了闭环思维。

有闭环才有好结果，这句话是很有深意的。

假设你正在管理一个项目，任务一分，手底下的人就各自去忙了。时间过去一半，大家进展到哪里了你不太清楚。于是挨个儿问了一遍，发现有的人快，有的人慢。对于那些死磕问题拖慢速度的人，你逐一帮他们分析了一下情况，给出了一些解决方案，让他们试试。

又过去几天，你又去跟踪进度，大家平均都完成80%，速度快的马上就要做完了，但其中一个人才完成30%的任务量，一直停滞不前。细问之下，这个人上次的问题还是没解决，也没有上报，自己继续死磕，任务进度一筹莫展。你问他上次给的建议试了吗，他说"试了，还是解决不了！"问他解决不了为什么不说呢？他就沉默。

眼看项目整体进度要因为一个人耽误，甚至可能无法按时完成，这才认识到一开始就应该设定一个定期汇报机制。

从上述这个场景足可以看出，没有闭环系统来监控和调整项目的进展，你作为项目负责人就无法确定过程中的问题，即便主动问询，并给出了参考解决方案，成与不成对方没有反馈，你也不知道到底解决没有。手底下人那么多，每天的工作也很繁重。当没有人来反馈，你自动默认大家都很顺利，没有问题，最后的结果只能让你傻眼。

在管理活动中，企业管理者不能寄期望于手下的人个个都有闭环思维，个个都会主动汇报。所以，必要的闭环管控机制就是工作顺利完成的保障。

每家企业都有自己的管理方式，比如海尔的OEC管理法。OEC代表"Overall Every Control and Clear"，即全方位、每人、每件事、每一天都要进行控制和清理。通过对每个环节的严格控制和及时反馈，不断改进产品质量和生产效率，提高客户满意度。再比如华为的质量管理体系，通过建立严格的质量标准和流程，对产品研发、生产和售后服务等环节进行全面的质量控制。同时，华为鼓励员工积极反馈问题和提出改进建议，形成一个不断优化的质量管理闭环。

这些管理办法无一不具备着闭环思维。此时再来讨论过程和结果。我想，在企业里，过程的有效控制更容易产生期望的结果。而这个控制的有效性，还需仰赖闭环系统。

企业管理不得不学的 PDCA 循环

1930 年，PDCA 循环被美国质量管理专家休哈特博士提出，包括计划（Plan）、执行（Do）、检查（Check）和处理（Act），如图 10-5 所示。

计划（Plan）： 　　明确目标和计划，确定需要采取的措施和步骤	执行（Do）： 　　按计划执行，确保计划得到有效的实施
处理（Act）： 　　根据检查结果，改进和完善计划，提质增效	检查（Check）： 　　检查计划执行效果，评估是否达到预期的目标

图 10-5　PDCA 循环

这一质量管理办法初时不显，后被另一质量管理专家戴明推广普及，人们才了解其中价值，因而 PDCA 循环又被称为"戴明环"。随后，PDCA 循环被很多企业采纳作为质量管理办法，又因其实用性，逐渐应用到企业管理的各个领域。

当你仔细了解过 PDCA 循环，就会发现这种管理办法的底层逻辑就是闭环思维。

在这个循环中，每个阶段都与下一个阶段紧密相连，形成一个封闭的环路。计划阶段确定目标和计划，执行阶段实施计划，检查阶段评估结果，处理阶段则根据评估结果采取行动，以改进下一个循环。且这个循环不是运行一次就结束，而是周而复始地进行，一个循环完了，解决一些问题，未解决的问题进入下一个循环，企业由此可以改进各种管理问题。

这种通过反馈和调整来不断提高和改进，以达到预期目标的工作方式，不正与之前所提到的闭环思维逻辑一致吗？可以说，PDCA 循环就是企业可以实际操作的闭环工具，用来优化各方面的管理工作。

我们来实践一下。

假设你是一家餐厅的经理，近期顾客对餐厅的服务质量有所抱怨。你决定使用 PDCA 循环模型来改进餐厅的服务质量。

▶计划阶段。

①你需要明确改进的目标，即提高顾客对餐厅服务质量的满意度。

②你可以通过收集顾客的反馈、分析投诉原因等方式，确定需要改进的方面，比如服务员的态度、上菜速度等。

③你要根据目标和问题敲定解决方案。比如，规定顾客下单 20 分钟内上齐所有菜品；如有延迟，给出补偿。或者培训员工微笑服务。

▶执行阶段。

根据计划阶段确定的改进措施，紧跟落实。

比如，完全按照培训计划表开展服务培训；购买一批沙漏，专门用于下单计时，出现延迟上菜，当场给顾客做出赔偿。

▶检查阶段。

在执行改进措施后，你需要对结果进行评估和检查。这一点可以通过顾客满意度调查、观察员工的工作表现等方式，了解改进措施的效果。

比如，随机抽取来店就餐顾客，并让他们给服务质量打分，附上小礼品。随后，汇总打分结果，检查执行成效。

如果在这一轮调查中发现了新问题，比如有顾客打分较低是因为菜品冷掉了、口感不好，这些新问题将作为下一轮改进的重点。

▶ 处理阶段。

根据检查阶段的结果，你可以采取进一步的行动。如果改进措施取得了预期的效果，可以将这些措施标准化，并持续监控以确保服务质量的持续提升。如果效果不理想，你可以重新分析问题，调整改进措施，并再次进入 PDCA 循环。

比如，沙漏的方式确实提升了整体的上菜速度，没有顾客再反映迟迟不上菜的情况，那就把这种方式继续执行下去。而如果服务态度问题方面没有什么改善，还是持续有投诉，那就说明培训没有起到效果，可以考虑转变策略，如把员工服务态度与绩效挂钩。

经过一轮又一轮的循环，餐厅的服务质量会持续改善，这就是应用 PDCA 循环解决问题的实际案例。

在真实的企业管理中，绝大多数的工作可以应用这种方式，将整个管理过程视为一个封闭的循环，从输入到输出，再从输出回到输入，形成一个不断反馈和调整的过程，逐步提高工作质量和效率。

05　不忘初心，方得始终

回到本书的第一章第一节，公司存在的主要目的就是追求利润，不仅要追求短期的利润，还有长期的利润，要利润的初衷绝不动摇。但企业必须警惕一些管理陷阱，有时候，一次弯路就会输掉十年的积累。

企业管理忌"想一出是一出"

中小企业中，特别是很多创业企业，自身管理制度、经营理念还没有定型，很容易发生一种令人诟病的现象，就是老板"想一出是一出"，管理全看当天的心情。今天学到一个 PDCA 循环模型，好，全公司开会培训推广，大家都按这个去做。明天听说一个"业财融合"，赶紧下令财务去对接业务，恨不得立刻培养出来一名财务 BP。后天看到有人卖清洁剂很赚钱，放着好好的服装生意不做，非要搞个新的产品线出来。

整体给人的感觉就是一个字：乱！

面对如此多变的老板，公司的员工也是就一个感觉：心累。因为计划赶不赶得上市场的变化不知道，总归赶不上领导的变化。

这种朝令夕改的老板，员工有多苦不堪言先不提，企业的资源会浪费多少就得好好算一算了。员工再怎么降本增效，恐怕都没有老板一个半途而废的新点子消耗得多。更重要的是，这种行为本身就在破坏公司管理的严谨性和权威性，反正要不要听令、怎么执行都是老板一句话的事儿。如此氛围下，有多少员工还在干实事就不得而知了。

所以，老板们要先认识到这种情况的危害，"吾日三省吾身"，搞清楚自己的战略是什么，愿景是什么，一切行为都要为目标服务，行事有度，做事有法，方为一名合格的领导者。

或许有人觉得战略、愿景本身是一些很虚的东西，做多少战略，许多少愿，来回都是为了创造价值。其实要务实、要直接的话，你完全可以把创造价值作为公司的战略。

比如，企业愿景就是成为最有价值的公司。

有了这个愿景，你的方向就定了，战略就是你怎么达成这个愿景，要做什么，不要做什么。这时候，你会面临很多选择，一些业务确实有利润，但是对企业来说没有价值。就像卖力气搬砖能赚点糊口的钱，但长期而言，于个人成长无益。有些业务对企业而言就是"搬砖"，既不能帮企业打响名声，又不能成为企业的优势产品。这就不符合你"成为最有价值的公司"这一愿景，所以就该舍弃。而另一些业务可能目前不赚钱，但具有潜在的价值和影响力，能够提升企业的品牌信誉，为企业带来更广阔的发展空间，就该纳入你的考虑。

当你所有的决策都在往提升企业价值方面靠拢，量变产生质变，你的公司哪怕一时半会没办法成为最有价值的公司，也会成为一家颇具价值的公司。所谓"求仁得仁"，便是如此。

企业的目标作用比你想象的还要巨大，因为目标的存在，企业领导才不至于在努力的路上被其他风景吸引走，导致企业半途而废，离最初的梦想之地越来越远。

小心一失足成千古恨

利润是对风险的补偿，可风险也能瞬间掀翻企业的一切努力。外部风险自己无法掌控，但很多企业是栽在内部风险上的，尤其是栽在自己给自己挖的坑上。

最常见的要数税务风险问题，一则公开的税务处罚新闻，就能让企业积累十年的品牌形象瞬间全无，也能让企业的产品一夜之间无人问津。可这种结果都是咎由自取。

比如在发票上动歪脑筋的企业。虚开发票、对开发票、买卖发票、伪造发票，这些罪名一个比一个"刑"。碰上一个，就别谈什么企业目标、长远价值了，喝茶间"樯橹灰飞烟灭"不是开玩笑的。

这种情况一查一个准，金税四期的能力已经超出了很多老板的认知，大数据挖掘起你所想隐藏的秘密来也是毫不留情。因为你的"四流"很难做到一致。

什么是四流一致？就是正常一笔买卖，合同、资金、货物、发票都能一一对应，证据完整，共同证明一笔交易是真实存在的，不是企业虚构的，如图 10-6 所示。

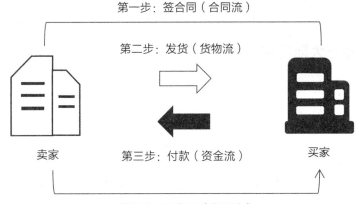

图 10-6　四流一致

假如你合同签了，发票开了，没有付款记录，就说明这笔交易是假的。

或者你钱也转了，但是没有发货记录，也说明交易根本不存在。

就算你"四流"都考虑到了，如果交易为假，你转出去的钱必然还得想办法转回来，只要追踪这笔钱的去向，总能发现它最后又绕回了企业，说明交易为假，那发票就有问题。

如果你说："其实那家公司也是我的，这钱我不往回转是不是也就没事了？"既然公司都是你的，那公司的财务肯定也是一批人，税务登记的财务负责人、办税员一样，是不是也能证明这笔交易有问题呢？付钱的和收钱的账户都在同一 IP 地址，是不是还能证明这笔交易有问题呢？

这时候，如果还抱有侥幸心理，企业确属自己挖坑自己跳了。

除了税务风险，还有法律风险：不正常给员工缴纳社保，倒卖客户的隐私信息，侵犯他人知识产权，等等。这桩桩件件，难道企业老板做之前不知道会有问题吗？其实都知道，但就是有人为了那点蝇头小利冲昏了头脑，忘记了自己最初想要一家什么样的企业。

有些路就是不能走，走了就回不了头，一失足之所以能成千古恨，就是因为失足这件事的存在抹不掉，所有的证据都留下了，总有被查到的一天。

光明正大地追求利润

自始至终坚持光明正大地开展事业，追求正当利润，为社会多作贡献。

——稻盛和夫

创立两家公司，均做到世界 500 强，78 岁时还能短短一年让日航起死回生，这就是稻盛和夫。在稻盛和夫的经营哲学里，光明正大地追求利润是很重要的一项内容。

这一点看起来相当简单，但又有多少企业做到了呢？

之前在企业文化的内容里，我们提到过价值观，作为企业文化的三要素之一，价值观是一家企业的行事准则。这个价值观不只是给员工看的，更是给社会看的。价值观不正的企业行事无度，很容易"人设崩塌"。比如标榜自己是"良心卖家""只卖好货"，尽管价值不菲，也有消费者信任下单，可拿到手一看，货不对板，甚至流传出一句"你永远买不到主播间展示的那一件。"如此有何面目自称"良心卖家"。

那么，企业怎么才算是光明正大追求利润呢？这是一个备受关注的问题。其实，我们可以借助儒家的义利观来解答。

《论语》有云："不义而富且贵，于我如浮云。"《孟子》中也提到"居仁由义"，意思是，要心存仁爱，做事遵循道义，可见"义"之重要性远高于"利"。

在实践中，企业应该以符合道德标准为前提来追求利润，不要为了追求利润而违背道德。在面对利益时，企业应该思考这个利益是否有损他人利益，这场交易是一场双赢，还是一方的胜利。做到见利思义，而非见利忘义。否则，即使获利也不会长久，甚至会带来灾祸。

如此，称得上光明正大地追求利润。